ALBERTO VILLOLDO / STANLEY KRIPPNER

HEILEN UND SCHAMANISMUS

ALBERTO VILLOLDO STANLEY KRIPPNER

HEILEN UND SCHAMANISMUS

DOKUMENTE ANDERER WIRKLICHKEITEN

Innenfotos: Franz Riess

SPHINX

Aus dem Amerikanischen
von Tina Lüscher

CIP-Kurztitelaufnahme der Deutschen Bibliothek

Villoldo, Alberto:
Heilen und Schamanismus: Dokumente anderer Wirklichkeiten/
Villoldo; Krippner. [Aus dem Amerikanischen von Tina Lüscher]. –
Basel: Sphinx-Verlag, 1986.
Einheitssacht.: Healing States ‹dt.›
ISBN 3-85914-168-6

NE: Krippner, Stanley:

2. Auflage 1986

Originaltitel: Healing States
Erschienen bei Simon & Schuster Publ., New York

Umschlagfoto: Michael Plappert
Umschlaggestaltung: Charles Huguenin
Satz: Reinhard Amann, Leutkirch
Herstellung: Franz Spiegel Buch GmbH, Ulm
Printed in Germany
ISBN 3-85914-168-6

INHALT

Zwölftes Kapitel

Dreizehntes Kapitel

Vierzehntes Kapitel

VORWORT

«Alberto Villoldo hat mich eingeladen zu diesem Buch ein Vorwort zu schreiben.

Ich folge dieser Einladung mit großer Freude und möchte anstelle einer bloß ‹gedachten›, mentalen Einleitung Eva-Maria und mich als Personen einführen: Zwei skeptische Europäer auf der Suche. Eine Dyade, die auf dem gemeinsamen Weg völlig unterschiedliche Erfahrungen macht...

Wir haben zusammen die Fernsehserie ‹HEILEN UND SCHAMANISMUS› produziert, die zum Teil auch Basismaterial dieses Buches ist.

Eva-Maria Stelljes

Unsere persönlichen Erfahrungen mögen – wenn auch bruchstückhaft und phantastisch klingend – ein lebendiger Zugang in die Welt des Schamanismus sein, ein möglicher Einstieg in diese wundersame, kraftvolle Weltsicht.

Damit Sie, geneigter Leser, einen Geschmack bekommen, wer wir sind, haben wir unsere private Geschichte mit einigen unserer Erlebnisse während der Arbeiten an diesem Film verknüpft.

Wir hoffen und wünschen uns, daß Ihnen diese offene Art der Annäherung an ein Buch Freude macht.»

Georg Lhotsky

«Wir müssen weitermachen
mit dieser heilenden Arbeit,
die über uns hinausgeht.
Wir werden zu einem Kanal
für dieses Wissen.
In demselben Ausmaß,
in dem es uns gegeben wurde,
übernehmen wir die Verantwortung,
es anderen weiterzugeben.»

Eduardo Calderon Palomino

FAKTEN & VISIONEN

Georg: «Ich bin am 6. Februar 1937 in Troppau, CSSR, geboren. Mein Vater ist 1944 gefallen. 1945 Flucht mit Mutter und Schwester nach Österreich. Volksschule im Waldviertel. Die ersten zwei Jahre Gymnasium in Stift Zwettl als Sängerknabe. Der damalige Präfekt hat mich so beeindruckt, daß ich unbedingt Priester werden wollte wie er. Er wurde später Abt des Klosters und ich Schauspieler.

Als Schauspieler und Regisseur arbeitete ich an Theatern in Wien, Berlin, Münster und Lübeck. Meine letzten großen Rollen waren ‹Richard, der Dritte› und ‹Mephisto›. Als ‹Mephisto› riß ich mir die linke Achilles-Sehne und habe meine Arbeiten am Theater beendet. (Die rechte Achillessehne habe ich mir später beim Tennis gerissen. Ich habe auch mit dem Tennis aufgehört).

Seit 1965 bin ich freischaffend als Autor, Regisseur und Schauspieler für Film und Fernsehen tätig: vom ‹Tatort› bis zur Literaturverfilmung.

Im Jahre 1968 habe ich zum ersten Mal mit Freunden einen Spielfilm geschrieben, inszeniert und produziert: *‹Moos auf den Steinen›*. Der Film wurde als bester Debütfilm zum *Oscar* eingeladen.

Immer wieder haben mich die Bereiche in meinem Leben interessiert, wo ich Grenzen fühlte, sah und dann auch überschreiten konnte. So sollte ich einen Film über Gruppendynamik machen. Der Prozeß des Erfahrungslernens hat mich dann so interessiert, daß ich Trainer für Gruppendynamik wurde und dabei die Aufnahmebedingungen änderte: Einschlägige Erfahrungen aus dem sozialen Bereich sind heute genauso Basis für die Anwärterschaft wie ein theoretisches Studium.

Zur gleichen Zeit begann ich eine klassische Freud'sche Lehranalyse, die nach 6 Jahren durch den Tod meiner Analytikerin beendet wurde.

Ich bin Mitglied der *EIT* (The European Institute for Transnational Studies in Group- and Organisational Development) und Gründungsmitglied und Lehrtrainer der *ÖGGG* (Österreichische Gesellschaft für Gruppendynamik und Gruppenpädagogik).

Im Jahr 1973 bin ich Eva-Maria Stelljes begegnet. Wir leben zusammen.»

Eva-Maria: «Ich bin am 10. Juli 1949 in Wien geboren. Vom Kindergarten bis zur Matura und zum kaufmännischen Abiturientenkurs – immer waren es katholische Klosterschulen.

Mit 17 war ich ein Jahr lang Kindermädchen in den U.S.A., dann arbeitete ich als Sekretärin in Hamburg, und ein Jahr war ich verheiratet.

Mein Vater wählte den Freitod. Die Tarot-Karte ‹Der Turm› drückt am besten aus, wie es mir ging. Nachdem ich gemeinsam mit meiner Schwester die väterliche Firma ‹rettete›, wollte ich nie mehr in meinem Leben etwas mit Geschäften zu tun haben, wurde Regieassistentin beim Film und lernte Georg Lhotsky kennen und lieben.»

Gemeinsam mit gruppendynamischen Freunden haben wir zur Weiterbildung eine analytische Gruppe gegründet und acht Jahre lang, einmal die Woche, gearbeitet. Viele unserer Freunde beschäftigen sich heute mit dem Schamanismus. Wir entdeckten, daß der Schamanismus oft der Schlüssel war, Erkenntnisse, die wir in der Anlayse gewonnen hatten, auch umzusetzen.

In den Jahren 1974/1975 arbeiteten wir ausschließlich als Gruppendynamiker. Ein Lehrerfortbildungs-Seminar «Politische Bildung» und ein Lehrauftrag am *Reinhardt-Seminar:* «Ensemble-Bildung».

In den Jahren danach begannen wir, das «Filmhandwerk» und die Gruppendynamik zu verbinden. Für das *Ministerium für Umweltschutz* gestalteten wir den Österreichischen Nationalbeitrag zur UNO – Ausstellung HABITAT, Vancouver: «Ist Ungleichheit Schicksal»?

In zwei «Shows» mit Erika Pluhar arbeiteten wir mit Tiefeninterviews. Das Besondere entstand aus der Eigenart einer Videoproduktion. Alle aufgezeichneten Tiefeninterviews konnten sofort anschließend angesehen werden. So entdeckte Erika Pluhar sich in einer ihr bisher nicht erfahrbaren Weise. Eine Art Bewußtseinserweiterung über den Blick in den unbestechlichen Video-«Spiegel».

Daraus entstand ein Lehrauftrag an der *Universität Klagenfurt:* «Theorie und Praxis des Tiefen-Interviews».

Unsere Arbeitssituation als Filmemacher war 1982 schwierig. Wir hatten eine Fernsehserie abgesagt, weil die Arbeit mit dem Autor nicht befriedigend war, und neue Projekte gab es auch keine. Nach Jahren intensivster Filmarbeit hatten wir plötzlich Zeit für uns. So konnten wir zum Kongress *Heilen und Schamanismus* nach Alpbach, Tirol, fahren. Dort haben wir Alberto Villoldo, der sich mit Schamanismus beschäftigt, kennen und schätzen gelernt. Wir waren von seinen Workshops so berührt und begeistert, daß wir ein paar Wochen später schon in Peru, in der Wüste von Nazca saßen, um – angeleitet und unterstützt von Alberto und seinem Lehrer Don Eduardo Calderon Palomino – Schamanismus zu erfahren.

Ich hatte in der ersten Nachtzeremonie in einer riesigen Spirale in Nazca die erste Begegnung mit meinem ‹Krafttier› – mit meinem ureigensten Zugang zur Naturenergie. Dieser erste Kontakt hatte mich so erschreckt, daß ich entsetzt mit einem Kraft-Schwert, das Eduardo mir zum Schutz auf meinem Weg durch die Spirale mitgegeben hatte, um mich schlug und die Energieform, die ich hinter mir spürte, zerstörte.

Bei meiner Rückkehr zur Gruppe erzählte Don Eduardo, daß ich einen Drachen als Tonal, als ‹Krafttier› hätte. Die Gruppenmitglieder bestätigten, daß die Energieform eines wunderschönen, riesigen Drachen hinter mir durch die Spirale gegangen wäre.

Am nächsten Tag, beim Tonal-Tanz, versuchte ich, mein Kraft-Tier zu entdecken, zu rufen. Nichts geschah – ich bin unbeweglich wie ein Stock geblieben. Dann wurde ich traurig. Unglaubliches Leid überschwemmte mich. Und ich wußte zuerst nicht warum, bis mir klar wurde, daß ich gestern in der Spirale mein Krafttier getötet hatte. Eduardo meinte, vielleicht sei es doch besser den Drachen zu zähmen, als ihn zu töten... Ich begann mit dieser Arbeit. Heute sehe ich den Kampf des Hl. Georg mit dem Drachen mit anderen Augen: Er tötet seine ureigenste Energieform, den Drachen, nie, sondern hält ihn mit dem Schwert des Bewußtseins unter Kontrolle.»

Georg: «Ich hatte das Gefühl, wie ein Wolf in die Spirale zu schnüren – in der Mitte angelangt, hörte ich erstaunte Rufe der Gruppe aus der Ferne, die mich beobachtete. Ich hatte einen Sekundenbruchteil lang die Phantasie ein Inka-Läufer zu sein, der eine wichtige Botschaft zu überbringen hat – er weiß nur nicht welche –, und ich rannte mit neuer Energie aus der Spirale wieder heraus. Alberto erwartete mich beim Ausgang und erzählte voll Freude, daß genau in dem Moment, in dem ich in der Mitte der Spirale stand, die angesagte Mondfinsternis eintrat.

Am nächsten Morgen bekam ich einen ‹Hexenschuß›, der mich so quälte, daß ich die Reisen im Bus nur stehend überstand.»

Eva-Maria: «Meinen dreiunddreißigsten Geburtstag verbrachte ich in Machu Picchu, in einem Heilungsritual vor der Patcha Mama. Das ist ein großer Stein, der ein Zugang zur Kraft der Mutter Erde ist. Eduardo rief mich genau in meiner Geburtsminute vor die Patcha Mama. Er sah mein Leid, beschrieb es und fing bitterlich zu weinen an. Alle hörten es – nur ich nicht. Dann nahm er mich bei der Hand und drehte mich aus allen alten Leidensmustern heraus – ich schien in der Erde zu versinken – auch für die Augen der Gruppe. Dann drehte er mich – diesmal nach rechts, und ich fühlte neue Energien in meinen Körper strömen und kam wieder aus der Erde heraus. Ich fühlte mich – wörtlich – neu geboren.»

Georg: «In derselben Nacht in Macchu Picchu ‹operierte› Don Eduardo meinen Hexenschuß. ‹Professioneller Neid›, gab Don Eduardo, als Ursache an. Ich verstand das erst ein Jahr später. Die ganze Gruppe sah, wie Eduardo bis zu den Ellenbogen in meinem Rücken verschwand und schwarze, zähe Flüssigkeit entfernte, die von seinen Händen auf die Erde tropfte.

Dabei hatte ich ein irritierendes Gefühl von Leichtigkeit. Vor mir, in der graublauen Nacht, sah ich die Gruppe, wie eine sich am Platz windende Ganzheit vor der Patcha Mama ‹liegen›. Gezischel, Gelächter, Töne des Erstaunens, der Freude und Betroffenheit.

In mir selbst war es ganz still. Weder Glaube noch Hoffnung, nur eine noch nie erlebte Klarheit. Ich hatte die Aufmerksamkeit dem inneren Zeugen überlassen und war entlastet-entspannt. Aufgehoben in der behutsam-vitalen ‹Behandlung› durch Don Eduardo. Er entfernte – für mich nicht sichtbare – Verunreinigungen aus meinem Körper. Aber er berührte mich dabei kaum, arbeitete eher eine Handbreit über meinem Körper. Dabei unterhielt er sich fröhlich mit Alberto, zeigte ihm und der Gruppe ‹herausgenommene› Dinge. Sie alle ‹sahen› offensichtlich etwas. Wie sie mir später erzählten, sah es wie ein jahrelang mitgeschlepptes, unerledigtes Ding aus: etwas wie zähflüssiges, häßliches, irgendwie eingetrocknetes Blut, ‹ural-ter Schmutz› jedenfalls.

Ich war geborgen in einem freundlichen, silbrigen, hauchdünnen Netz einer anderen Wirklichkeit, die ich mehr spürte als sah, fühlte mich seltsam erhoben und kämpfte mit Tränen unbekannten Ursprungs. Nach dem Heilungsvorgang reinigte Don Eduardo sich und mich. Ich fühlte mich augenblicklich besser. Am nächsten Morgen war der Schmerz aber wieder da. Fast ärger als zuvor. Enttäuscht beschimpfte ich Alberto und Don

Eduardo als Scharlatane. Don Eduardo war gelassen, und Alberto hat mich nur um Geduld gebeten: ‹Das war eben eine geistige Operation, sehr erfolgreich, und auf dieser Ebene sofort wirksam. Aber der Körper – auf der materiellen Ebene – braucht Zeit, er folgt nach. Und deine Schmerzen jetzt sind die ganz normalen Wundschmerzen nach einer Operation.›

Im Herzen war er nachsichtig mit meiner aggressiven Ungeduld. Eine Stunde später war ich schmerzfrei und einige Stunden später völlig gesund.»

Diese Erlebnisse waren der Anfang einer Reihe von Erfahrungen, die mit Worten sehr schwer zu beschreiben sind und am ehesten als «Heilende Bewußtseinszustände» oder «Andere Wirklichkeiten»bezeichnet werden könnten.

Zurück in Österreich versuchten wir, die «exotischen» Erfahrungen des Schamanismus in unser Leben zu integrieren. Diese Arbeit veränderte unser Leben und somit unser Verständnis von Arbeit.

Als Filmemacher möchten wir heute mit den laufenden Bildern einfühlend nachvollziehbare Erfahrungen zeigen, und so wieder begehbare Brücken bauen zum Alten Wissen.

Ein Ausdruck für diese Vision war 1983 die Gründung einer Filmproduktion gemeinsam mit Eva-Maria Stelljes. Unser Traum, unabhängig zu produzieren, nahm so Gestalt an.

Ein Jahr später waren wir wieder in Peru. Diesmal mit einer Filmcrew, guten Freunden, die alle die Welt des Schamanismus «am eigenen Leib» erfahren wollten und deshalb ihre Reise, ihren Aufenthalt und ihre Arbeit in das gemeinsame Filmprojekt investierten. Alberto wählte die Teilnehmer der Gruppe aus, die sich gern bereit erklärten, daß ihre Suche, ihre persönlichen Erfahrungen Bestandteil des Filmes werden. Auch das Film-Team war Teil der Gruppe und hat sich auf die nächtlichen Rituale, auf die ungewöhnlichen Erfahrungen eingelassen. Wir haben die Serie als teilnehmende Beobachter dokumentiert.

Aus über 30 Stunden belichteten Film bauten wir dann 1983/1984 eine 12-teilige Fernsehserie: *Heilen und Schamanismus –*

Dokumente anderer Wirklichkeiten, die Alberto präsentiert. Er hat gemeinsam mit seiner Freundin Angelika Lizius auch die Brasilien-Folgen gestaltet.

Die Serie entwickelt sich von der Heilung der Kranken durch geistige Kraft – begleitet von ungewöhnlichen Phänomenen – bis zur «Heilung der Gesunden», durch bewußte Erweiterung des Bewußtsein.

Wir wollen berichten, erzählen, nichts beweisen und stellen auch keine Behauptungen auf.

Die Serie beginnt in Brasilien. Das Besondere ist, daß die spektakulärsten parapsychologischen Heilungen von Schulmedizinern durchgeführt werden, die neben ihrer «normalen» Praxis ihre ungewöhnlichen Fähigkeiten ohne Entgelt anbieten. Diese Ärzte betrachten ihre Fähigkeiten als «normal», als erlernbar, und meinen, daß das Abendland dieses Wissen einfach vergessen hätte.

In den weiteren Folgen geht es um die Frage: Wie kann der gesunde Mensch gesünder, «ganzer» werden?

Eine Gruppe von sehr unterschiedlichen, wissenschaftlich geschulten, westlichen Menschen begibt sich offen und kritisch in das Erfahrungslernen einer schamanistischen Initiationsreise, auch um dabei zu überprüfen, ob ihnen dieses Wissen exotisch fremd bleibt oder in ihr Leben übertragen und integriert werden kann. Einige von ihnen werden von Don Eduardo initiiert, in den Transformationsprozeß der Initiation eingeweiht.

Wir wünschen Ihnen, daß Sie die Beschreibung dieser Reisen von Alberto Villoldo und seinem «Doktor-Vater» Stanley Krippner in dem vorliegenden Buch genauso fesselt – und befreit wie uns. Vor ein paar Jahren hat für uns in Alpbach «das mit dem Schamanismus und dem Heilen» angefangen. Es begann mit einer Erzählung Albertos. Vielleicht bedeutet dieses Buch Ähnliches für Sie…

ERSTES KAPITEL

Das Leben nach dem Leben

Ende des neunzehnten Jahrhunderts stellte der berühmte englische Wissenschaftler Sir Oliver Lodge sich die Frage: «Wenn man sich plötzlich im Jenseits befände, wie würde man dann seinen Freunden und Verwandten mitteilen, daß man noch am Leben ist?» Sir Oliver Lodge erwog eine Reihe von Möglichkeiten, darunter auch die, einen Freund zu einem sorgfältig ausgesuchten Versteck mit Dokumenten zu führen, dessen Lage nur er kannte, doch sah er ein, daß dies kein absoluter Beweis wäre; man könnte es leicht als Glücksfall oder sogar als Folge von Rutengehen erklären. Letzteres ist eine Technik, dank der ein Sensitiver in der Lage sein soll, Wasser und manchmal auch verlorene Gegenstände aufzuspüren. Auch die Übermittlung von Informationen, etwa der Ergebnisse seiner Experimente, mittels eines Mediums würde nicht als Beweis gelten, da diese bereits allgemein bekannt waren. Selbst wenn er einem Kollegen die Idee für eine brillante Erfindung übermittelte, konnte man das ohne weiteres als Glück erklären oder als Telepathie oder gar als Betrug, (wie das mit dem Tischrücken geschah, das damals derart in Mißkredit geraten war).

Sir Oliver Lodge kam zum Schluß, daß die Frage des Lebens nach dem Tod nicht im Bereich einer wissenschaftlichen Untersuchung lag und weder bewiesen noch widerlegt werden konnte. Dennoch tauchen immer wieder Anhaltspunkte für die Gültigkeit des Standpunktes auf, daß ein Element der Persönlichkeit nach dem körperlichen Tod fortbesteht. Frederick Myers und Edmund Gurney, zwei Gründungsmitglieder der amerikanischen Society for Psychical Research (S.P.R.), gaben bekannt, daß sie nach ihrem Tod versuchen würden, durch verschiedene Medien zu kommunizieren. Tatsächlich berichteten mehrere Medien dreißig Jahre lang nach ihrem Tod, daß sie Botschaften erhielten; gewöhnlich ein literarisches Puzzle, das nur einen Sinn ergab, wenn man die Botschaften von verschiedenen Medien zusammennahm.[1]

Es gibt eine Reihe weiterer Anhaltspunkte, die die Vorstellung vom Leben nach dem Tod erhärten. Der Psychiater Ian Stevenson hat über fünfhundert Fälle untersucht, die auf eine Reinkarnation schließen lassen.[2] Bei einem dieser Fälle ging es um die Familie Lorenz aus Südbrasilien. Eine enge Freundin von Ida Lorenz starb 1917 und sagte Ida auf dem Sterbebett, daß sie als ihre Tochter zurückkehren werde. Weniger als ein Jahr später gebar Ida eine Tochter, Marta, die im Alter von zwei Jahren spontan begann, ein früheres Leben zu beschreiben. Marta beschrieb nicht nur die Farm, auf der sie damals wohnte, sondern gab auch den richtigen Namen und Kosenamen von Idas verstorbener Freundin an, und machte zutreffende Angaben über Vorkommnisse in ihrem früheren Leben. Dr. Stevenson überprüfte sorgfältig achtundzwanzig der von Marta gelieferten Fakten und entdeckte, daß mindestens sechs davon niemand anderem bekannt gewesen sein konnten.

Künstler und Psychotherapeut

Wir wollen Sir Olivers Frage noch einmal stellen, doch dieses Mal annehmen, daß wir nicht Wissenschaftler, sondern ein Künstler sind, der sich plötzlich im Jenseits wiederfindet und seinen Mitmenschen mitteilen möchte, daß es ein Leben nach dem Tod gibt. Eine Möglichkeit wäre dann, wieder neue Meisterwerke durch die Hände eines Mediums oder eines Sensitiven zu malen, der seine Hände für die Kommunikation mit den Geistern Verstorbener zur Verfügung stellt. Dies ist genau, was Michelangelo, Modigliani, Toulouse-Lautrec und andere berühmte Künstler der Vergangenheit vorgeben zu tun, wenn sie durch das brasilianische Medium Luis Antonio Gasparetto, einen berühmten brasilianischen Psychologen, neue Kunstwerke schaffen.

Wir trafen Gasparetto zum ersten Mal im Jahre 1972, als er neunzehn Jahre alt und Psychologiestudent an der Universität von São Paulo war. Gasparetto erklärte uns, daß er in einer Familie von Medien aufgewachsen war und Geister inkorporiert hatte, seit er zwölf Jahre alt war. Vor seinem zwanzigsten Geburtstag hatte Gasparetto bereits über zweitausendvierhundert Gemälde auf Leinwand gemalt, die die Unterschrift von mehr als fünfzig verstorbenen Malern trugen. Jedes Gemälde

Der brasilianische Psychologe und «Geistmaler»
Luiz Antonio Gasparetto.

war ein Original im Stile Leonardo da Vincis, Monets, Degas' und anderer. Alle Bilder wurden in einem halbdunklen Zimmer, in dem man die Farben nicht voneinander unterscheiden konnte, und in einem außergewöhnlichen Tempo – er benötigte weniger als zehn Minuten pro Werk – gemalt. Sie trugen alle die unverkennbare Handschrift des Künstlers, der das Werk mit seinem Namen versah.

Gasparetto behauptet, daß er nicht einfach malen kann, wann er will; er muß mit den Malern einen Zeitpunkt vereinbaren, der ihnen beiden paßt, da die Maler im Jenseits ein eigenes Leben führen und sehr beschäftigt sind. Die Künstler nehmen das Malen durch ihn wieder auf, um ihm zu helfen, «eine Revolution in unserem Denken über Leben und Tod zu bewirken». Er meint, daß es viele Menschen gibt, die an einer Krankheit leiden, die ihren Ursprung in der geistigen Welt hat, auch wenn sie nicht an Geister glauben. Außerdem gebe es viele Seelen, die zwischen dieser Welt und der nächsten gefangen sind und leiden, weil sie unbewußt und vollgepumpt mit Medikamenten gestorben sind. Gasparetto ist der Ansicht, daß die Lebenden lernen müssen, ehrenhaft zu sterben, und daß die Toten lernen müssen, sich bewußt in die geistige Welt zu begeben.

Heute ist Gasparetto ein ausgebildeter Psychologe und leitet eine erfolgreiche Klinik, in der sowohl Klienten mit geistigen als auch Klienten mit psychologischen Leiden behandelt werden.

Alberto Villoldo besuchte ihn im April 1983 in seiner Klinik: «Ich traf dort mit einer Gruppe ein, gerade als der letzte Klient gegangen war. Wir wurden von der Mutter des Mediums empfangen und in ein großes Konferenzzimmer geführt. Sie teilte uns mit, daß Luis Antonio immer im Dunkeln arbeite, und daß ihm die starken Scheinwerfer, die wir benötigen, um seine Arbeit zu fotografieren, sehr stören würden. Später erklärte uns Gasparetto, daß das helle Licht das ‹Ektoplasma› der Geister, die auf Besuch waren, verbrenne, und es ihnen erschwere, mit seinem physischen Körper verbunden zu bleiben.»

Der erste Schritt der medialen Malsitzung bestand darin, die Geister der Maler herbeizurufen. Gasparetto schloß die Augen und versetzte sich in einen Zustand, in dem er seine Gedanken abschaltet, damit eine fremde Intelligenz seinen Körper übernehmen kann. Er hatte sich bereits umgezogen und trug jetzt einen mit Farben beklecksten Overall; er saß auf einem hohen Stuhl vor einem Zeichentisch, auf dem ein großes weißes Blatt Papier lag. Er bat uns, einander bei der Hand zu fassen, einen Kreis um ihn zu bilden, uns dabei zu konzentrieren und ihm Energie zu schicken. Dann atmete er mehrere Male tief ein und sagte: «Ich bitte Gott für die Anwesenheit der Geister, der Geistführer, um uns zu helfen, mehr vom geistigen Leben zu begreifen und damit unsere Zweifel zu zerstreuen. Im Namen Gottes und der geistigen Freunde, laßt uns beginnen.»

Mit diesem Bittgebet schienen sich Gasparettos Züge zu verändern; sein Gesicht verzog sich und seine Augen nahmen

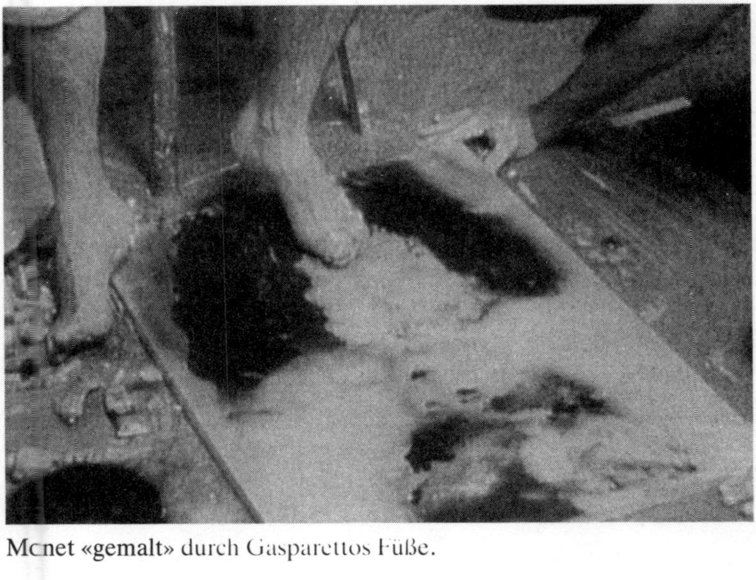

Monet «gemalt» durch Gasparettos Füße.

einen abwesenden Blick an. Einer der Assistenten stellte leise, klassische Musik an, während das Medium einen schwarzen Stift ergriff und begann, in rasendem Tempo die Umrisse einer Gestalt zu zeichnen. Das Zeichenpapier mußte gehalten werden, da es sonst wegen der Heftigkeit seiner Bewegungen eingerissen wäre. Schweigend schauten wir zu, während er das Porträt einer jungen Frau in Schwarz beendete und mit Claude Monet signierte. Gasparetto hatte das Bild in weniger als fünf Minuten fertiggestellt und seine Augen größtenteils geschlossen oder bedeckt gehalten. Später erklärte er uns, daß die Bilder bereits in der geistigen Welt vollendet worden seien und wie eine Schablone über seine Leinwand gelegt würden. Er folge einfach dem Vorbild, und zwar so schnell wie möglich, denn seine Bewegungen würden von den «Gedanken» des Meisters, der durch ihn malte, bestimmt.

Sobald er Monets ‹Mädchen in Schwarz› beendet hatte, begann er eine junge Frau mit Schwanenhals zu zeichnen. Dreieinhalb Minuten später war das Porträt fertig und mit der Jahreszahl 1983 sowie Modiglianis Unterschrift versehen. Wie Monets Unterschrift war auch die von Modigliani eine identische Kopie der eigenen Unterschrift des Malers; ebenso die Farbkombinationen, die er verwendete, und selbst die Modelle ähnelten denjenigen, die die Künstler zu ihren Lebzeiten benutzt hatten.

«Die Geister kommen zu mir», meinte Gasparetto, «zeigen ihren Stil, unterzeichnen mit ihrer eigenen Unterschrift und schaffen unglaubliche Werke. Ich sehe Toulouse-Lautrec und ich spreche mit Van Gogh, und diese Künstler wollen beweisen, daß sie noch leben, daß sie ihre Persönlichkeit beibehalten, und daß das Leben ewig ist.»

War es der Geist von Modigliani, der tatsächlich durch das Medium malte, oder hatte Gasparetto Zugang zu einer Art «Datenbank», die Erinnerungen und sogar das Können dieser Maler speichert? Oder war es reine Fingerfertigkeit?

*

Gasparetto ist nicht der einzige mediale Maler in Brasilien. 1983 verbrachte Stanley Krippner einen Abend mit einem anderen Medium aus São Paulo, nämlich Jão Pio de Almeida Prado. Innerhalb von sechzig Minuten schuf de Almeida Prado zehn glaubwürdige Pastellzeichnungen, die von Manet, Picasso, Renoir, Portinari und anderen signiert worden waren, und später verkaufte er mehrere seiner Bilder zu vernünftigen Preisen an Mitglieder der Gruppe. Gasparetto hingegen verlangt kein Geld für seine Trance-Bilder, da er seinen Lebensunterhalt ausschließlich mit seiner psychotherapeutischen Praxis verdient.

Geistige Psychotherapie

Gasparetto weist darauf hin, daß nicht alle Botschaften aus dem Jenseits wertvoll sind. Allein die Tatsache, daß man gestorben sei, mache einen nicht automatisch zum Weisen oder Heiligen. Wie in der normalen Welt gebe es auch in der Geisterwelt böse und verderbliche Wesen, die sich mit einer lebenden Person verbinden und sowohl physische wie auch psychische Leiden verursachen können. Personen mit stark entwickelten medialen Fähigkeiten, die «offene Fenster» in die Geisterwelt haben, sind diesen Einflüssen gegenüber am verletzlichsten; sie werden oft zu Opfern ihrer eigenen medialen Kräfte. Solche Menschen bilden die Mehrheit von Gasparettos Patienten, da sie mit ungewollten Botschaften aus der Geisterwelt bombardiert werden.

Als Psychologe muß Gasparetto zwischen psychologischen Krankheiten und medial bedingten Störungen unterscheiden. Leute mit ernsthaften psychologischen Problemen wollen im allgemeinen keine Hilfe, meint er: «Was wir normalerweise als Psychose bezeichnen ist eine persönliche Entscheidung, bei der man keine Verantwortung mehr haben will». Er fährt fort: «Als ich an der Universität studierte, mußte ich an der psychiatrischen Klinik gestörte Menschen untersuchen. Aufgrund meiner psychischen Sensitivität schätze ich, daß heute achtzig Prozent der Menschen in psychiatrischen Kliniken Sensitive oder Medien ohne Schulung oder Unterstützung sind.»

Psychosomatische Krankheiten

Die Spiritisten sind nicht die einzigen, die glauben, daß ungeschulte geistige Fähigkeiten Krankheiten verursachen können. Immer mehr westliche Ärzte sind der Überzeugung, daß achtzig Prozent aller Krankheiten eine psychosomatische Komponente enthalten. Unsere westliche Medizin, die offiziell den psychischen Bereich nicht anerkennt, hat immer noch keine Erklärung für den Ursprung und die Behandlung vieler psychosomatischen Störungen und spricht oft nur von «unbewußten Konflikten», die Krankheiten auslösen können. Während die westliche medizinische Sicht die Ursache einer Krankheit im «Innern» finden will, suchen die Spiritisten die Ursache bestimmter Krankheiten «draußen», in der Geisterwelt. Dennoch beweist die westliche Psychotherapie, daß wir ebenso viele «Geister» und «Gespenster» in unserer Innenwelt des Unbewußten finden können, wie die kühnsten Spiritisten in der Geisterwelt.

Westliche Psychotherapeuten verwenden Begriffe wie «komplexe» und «sekundäre Persönlichkeiten», um die gleichen Ursachen zu bezeichnen, die Gasparetto Geister nennt doch sind ihre Beschreibungen erstaunlich ähnlich. Zum Beispiel beschreibt C. G. Jung die «Komplexe» als Teilpersönlichkeiten, die mit Absicht ein Ziel verfolgen können. Sie können «eine Magenverstimmung verursachen... die Atmung unterbrechen oder das Herz beeinträchtigen».[3] Nach Auffassung von Jung waren diese «Gestalten aus dem Unbewußten» häufig «unwissend» und ähnelten Beschreibungen des «Geistes des Verstorbenen», der ins Bewußtsein gebracht werden müsse, damit er der Person nicht mehr schade.[4] Um seinen Patienten zu helfen,

Verbindung mit ihrem Unbewußten aufzunehmen, benutzte Jung häufig spontanes Schreiben und Malen, sowie künstlerische Rituale – alles Techniken, die von Gasparetto und anderen Psychotherapeuten mit spiritistischer Einstellung benutzt werden.

Gasparettos Patienten müssen auch zu einem der sechshundert spiritistischen Zentren in der Stadt São Paulo gehen, wo sie kostenlos geistige Heilung erhalten. Zwar brauchen sie nicht die Philosophie der Spiritisten anzunehmen, doch müssen sie akzeptieren, daß sie offensichtlich mediale Fähigkeiten besitzen. Gasparetto ist überzeugt, daß eine Person nur dann vollständig geheilt werden kann, wenn sie für ihre unbewußten Verbindungen zur geistigen Welt volle Verantwortung übernimmt. Ein geschultes Medium sei in der Lage, Verbindung zu «höheren» Quellen des Wissens aufzunehmen, während ein ungeschultes und unbewußtes Medium diesen Kräften ausgeliefert sei und Symptome aufnehme, an denen noch viele Geister leiden.

Gasparetto machte Alberto Villoldo mit Marta Gonzales bekannt, die in den letzten Monaten bei der spiritistischen Vereinigung Heilung gesucht hatte. Marta hatte mehrere Jahre lang an Migräne, Schlaflosigkeit und allgemeiner Nervosität gelitten, und kein Arzt konne sie erfolgreich behandeln. Nachdem sie alle Möglichkeiten der westlichen Medizin erschöpft hatte, wurde sie zur Behandlung ans spiritistische Zentrum überwiesen.

Die Spiritisten glauben, daß psychische und mediale Probleme die ganze Familie betreffen, sich jedoch durch das sensitivste Mitglied der Familie manifestieren. Deshalb mußte auch Martas Gatte bei der spiritistischen Vereinigung behandelt werden. Ihr Zentrum ist mit seinen über zweitausend täglich behandelten Patienten eines der größten überhaupt. Jeder Patient muß sich einem «Eintritts»-Interview unterziehen, um zu ermitteln, ob die Ursache seiner Krankheit psychisch, psychologisch oder geistig ist. Alle physischen und etwa zwanzig

Prozent der psychologischen Probleme werden an medizinische Fachleute und Psychiater überwiesen, da die Spiritisten glauben, daß sie nur jene Krankheiten mit Erfolg behandeln können, die einen geistigen Ursprung haben, auch wenn diese von körperlichen Symptomen, einschließlich bestimmter Krebsarten, hohen Blutdrucks, Epilepsie und sogar Schizophrenie begleitet werden.

Martas Problem wurde als «Besessenheit» diagnostiziert, d.h. ein gestörter Geist bereitete ihr körperliche und seelische Qualen. Sie galt als Opfer ihrer eigenen medialen Fähigkeiten, indem sie unbewußt niedere Wesenheiten anzog, von denen sie die Krankheitssymtome auflas. Marta und ihr Mann wurden zur Abteilung für Intensivbehandlung geschickt, auf der dreißig weitere Personen, die auch unter unbewußten Verbindungen zu «niederen Geistern» litten, warteten. Der Spiritist erklärte, daß «Besessenheit» ein sehr schweres Leiden sei, das rechtzeitig behandelt werden müsse, da sonst unheilbare organische Schäden daraus resultierten. Einer der Heiler saß vor der Gruppe und las Abschnitte aus den Schriften von Kardec, dem französischen Medium, das den Spiritismus gegründet hat. Dann kam jede Person nach vorne, wo sie «magnetische» heilende Striche, sogenannte «Passes», erhielt, um die feinstofflichen Energiefelder, die nach spiritistischer Auffassung den Körper umgeben und die Brücke zwischen der körperlichen und der geistigen Welt bilden, auszurichten.

Marta und ihr Gatte wurden dann in ein kleineres Zimmer geführt, in dem drei Gruppen von sechs bis sieben Medien im Kreis saßen. Marta nahm Platz in der Mitte der Gruppe von Medien, und ihr Mann in einer anderen. Zwar erlebte Marta die Symptome, doch war der störende Geist möglicherweise ein verstorbener Verwandter oder Freund ihres Mannes. Die Medien sprachen ein stilles Gebet und wandten sich an die Wesenheit, die Marta störte.

Plötzlich richtete sich eines der Medien in Martas Kreis auf und begann mit verzerrtem Gesichtausdruck und lauter, vulgärer Stimme zu reden – sie hatte eine störende Wesenheit inkorporiert. Dabei handelte es sich um einen jungen Mann aus dem Norden Brasiliens, der bei einem Autounfall ums Leben gekommen war. Das Letzte, woran er sich erinnerte, war, daß er im Auto eines Freundes saß und sah, wie ein Lastwagen auf seine Fahrbahn geriet. Der junge Mann weigerte sich zu glauben, daß er gestorben war und behauptete, daß dies nur ein böser Traum sei, von dem er bald erwachen werde. Roberto Rodrigo, ein führendes Mitglied der Vereinigung, erklärte, daß der junge Mann sich immer noch in einem Schockzustand befinde und sich zu Marta wegen ihrer psychischen «Offenheit» hingezogen gefühlt habe. Durch sie könne er versuchen, seine Identität wiederzugewinnen, indem er teilweise einen physischen Körper bewohne.

Das Medium konnte die Anwesenheit dieses Geistes in ihrem Körper nicht mehr aushalten und übergab den Geist einem anderen weiblichen Medium im Kreis. Der junge Mann fuhr fort zu behaupten, daß er noch am Leben sei, und machte sich lustig über den Heiler, der ihm die Ereignisse, die zu seinem Tod geführt hatten, zu erklären suchte. Der Heiler forderte den jungen Mann auf, sich seinen Körper anzuschauen, und erschüttert stellte jener fest, daß es der Körper einer Frau war und nicht mehr sein eigener. Dann baten die Heiler ihre Kontrollgeister, diesem verwirrten jungen Mann zu Hilfe zu kommen. Die Spiritisten glauben nämlich, daß es im Jenseits Krankenhäuser gibt, um Geistern wie diesem zu helfen, in die nächste Dimension geboren zu werden, da sie den Tod als Anfang eines neuen Lebens betrachten. Allerdings ist die Geburt in beiden Welten eine komplizierte und oft schmerzvolle Angelegenheit.

Die Medien betonten, daß es hierbei nicht um Exorzismus ginge, und sie nicht die Absicht hätten, den Geist des jungen Mannes in die Finsternis zu schleudern. Oft handle es sich um den Geist eines Freundes oder Verwandten, der Hilfe brauche. Ihr Ziel sei, sowohl Marta als auch den leidenden Geist zu behandeln, an dem sie eine «Psychotherapie» durchführten, um ihm zu helfen, sein Bewußtsein wiederzuerlangen und mit seinem Leben in der geistigen Welt fortzufahren. Sie erklärten uns, daß sie mehr als eine Sitzung benötigten, um Marta von dem Geist zu befreien und dem jungen Mann Trost zu spenden.

Nach Ansicht der Spiritisten gibt es noch andere Geister, die der Heilung bedürfen; viele von ihnen sind Menschen, die an einer schweren Krankheit gestorben sind und die Symptome ihrer Krankheit in die geistige Welt mitgenommen haben. Diese Geister werden anders behandelt, meist durch Fernheilung oder durch Handauflegen, während sie sich im Körper eines Mediums befinden. Gasparetto informierte uns, daß eigentlich die ganze Zeit ein Austausch von positiven wie auch negativen Botschaften mit der geistigen Welt stattfinde, daß jedoch weder Ärzte noch Wissenschaftler diese Mechanismen verstünden. «Die Leute kommen völlig gestört zu mir», meint er, «sie haben enorme Probleme zu Hause und bei der Arbeit, und dann gehen sie zu einem Psychoanalytiker, der ihnen sagt, daß sie nur Halluzinationen hätten. Wir wissen, daß das nicht stimmt.»

Botschaften aus dem Jenseits

Die Künstler übermitteln während der medialen Malsitzungen wichtige Botschaften. Sie sagen, daß wir in einer Gesellschaft leben, die die Menschen nicht aufs Sterben vorbereitet. In unseren Krankenhäusern benutzen wir Medikamente, die die Sterbenden verwirren, so daß diese betäubt und unbewußt, also völlig unvorbereitet auf das nächste Leben, in die geistige Welt eintreten. Diese Geister finden sich oft in einem Alptraum wieder, gefangen zwischen dieser Welt und der nächsten, in einem Zustand, der jahrelang dauern kann. Überdies betonen die Spiritisten, daß nicht alle Geister eine Quelle unendlicher Weisheit sind. Wie in der Welt der Lebenden gibt es auch in der

Welt der Geister unehrliche und hinterlistige «Personen», denn diese werden nicht automatisch «rein», wenn sie sterben. Während ihrer Ausbildung lernen die Spiritisten, zwischen den wertvollen und den belanglosen Botschaften zu unterscheiden und nur mit den fortgeschrittensten Geistern Verbindung aufzunehmen.

Die Künstler weisen warnend darauf hin, daß Menschen mit großen mystischen Phantasien am meisten Mühe haben, sich an die Alltagswirklichkeit der geistigen Welt anzupassen. Beim Verlassen ihres Körpers erwarten sie von Christus auf einem Thron oder von Buddha empfangen zu werden. Leider werden diese Personen, wenn sie auf der Erde ein unbedeutendes Leben geführt haben, Entsprechendes in der geistigen Welt wiederfinden. Die Künstler meinen, daß unsere geistige Arbeit auf dieser Erde beginnt und bis in alle Ewigkeit fortdauert. Auch wenn sie durch Gasparetto malen, so behaupten Meister wie Picasso und Modigliani, arbeiten sie an ihrer geistigen Entwicklung, indem sie uns verstehen helfen, daß das Leben weitergeht, selbst wenn der physische Körper schon lange zu Staub geworden ist.

Gasparetto hat immer schon daran geglaubt, daß es keinen Tod gibt. Sowohl seine Eltern als auch seine Großeltern waren Spiritisten und förderten Gasparettos Medialität schon in jungen Jahren. Er behauptet, daß die Religion uns zwar lehre, daß wir ewig leben, daß wir jedoch dieser Frage auswichen, weil «wir dann nicht mehr Entscheidungen treffen können, ohne Verantwortung zu übernehmen und an die Zukunft zu denken. Wir müssen denken, weil das Leben weitergeht. Alle unsere Handlungen von heute haben morgen ihre Folgen».

1974 wurde Gasparetto von seinen Kontrollgeistern informiert, er solle Ballett lernen. Dies war eine verblüffende Botschaft, denn er hatte keine Vorliebe fürs Tanzen. Dennoch folgte er den Anweisungen, und ein Jahr später, während einer Malsitzung in Trance, krempelte er seine Hosen auf und begann zum Erstaunen aller Anwesenden mit seinen Füßen zu malen. Zwölf Minuten später hatte er das Porträt einer schönen jungen Frau beendet, das er mit «Renoir» signierte. Der Künstler erklärte, daß seine Arme und Hände bevor er starb, durch Arthritis dermaßen gelähmt waren, daß er nur noch mit Pinseln malen könnte, die an seinen Oberarmen festgebunden waren.

Seitdem haben wir beobachtet, wie Gasparetto drei Bilder gleichzeitig malte: eines mit den Füßen, und je eines mit der linken und der rechten Hand. Das Medium behauptet, daß die Geistmaler seine Hände nicht benutzen müssen, und daß seine Ballettausbildung dazu diene, seinen Füßen die nötige Beweglichkeit und Geschicklichkeit zu verleihen, um mit ihnen malen zu können. Bei unserem Besuch im Jahre 1983 zeigte Gasparetto abermals, daß er fähig ist, mit den Füßen zu malen. Er vollendete das Porträt einer jungen Frau mit der Unterschrift von Monet in zwölf Minuten. Gasparettos Hände hingen immer an seiner Seite; er ergriff die Farbe, drückte sie aus den Tuben und verteilte sie mit seinen Zehen auf der Leinwand.

Einer der Wissenschaftler in unserer Gruppe, Dr. George Araki, bemerkte: «Vermutlich könnte man die Arbeit von Gasparetto nachahmen, wenn man sehr lange üben und arbeiten würde, doch glaube ich nicht, daß es sich in diesem Fall um ein Simulieren aufgrund langer Übung handelt. Er bewegt seine Hände in einer Weise, daß ich einfach nicht glauben kann, daß er etwas tut, was er geübt und einstudiert hat.»

Nicht alle Reaktionen der Gruppe waren positiv. Einige Leute bekundeten Widerwillen beim Gedanken, daß der eigene Geist von einer anderen Wesenheit übernommen wird. Der Filmproduzent George Lhotsky drückte diese Gefühle am deutlichsten aus: «Es könnte durchaus wichtig sein zu beweisen, daß es eine Bewußtseins-‹Bank›, einen Speicher gibt, der die ganze Zeit tätig ist. Das ist zweifellos eine wichtige Information, doch hätte ich nicht gerne ungebetene Gäste in mir. Ich würde es vorziehen, ein unbedeutender Maler namens Lhotsky zu sein, statt ein Instrument von Picasso oder Monet.»

Toulouse-Lautrec-Bild von Gasparetto.

Andere Erkenntnisdimensionen

Wir beobachteten Gasparetto über zwei Stunden lang, und in dieser Zeit schuf er mehr als ein Dutzend Bilder unterschrieben mit Monet, Picasso, Modigliani und anderen Meistern. Wir waren neugierig, ob das Medium sich an das, was sich während der Malsitzung in Trance ereignet hatte, erinnerte. Gasparetto erwiderte, daß er zwar wach, aber in einem veränderten Bewußtseinszustand gewesen sei.

«Ich fühle, was sie fühlen», meinte er, «und ich habe ihre Gedanken im Kopf. Ich habe keine Macht über meinen Körper, aber wenn ich mich zurückhalten will, kann ich das. Manchmal geht ihr Kommen mit so schönen Empfindungen einher, daß es mir sinnlos erscheint, mich dagegen zu wehren. Und sie kommen nie allein, sondern in einer Gruppe, einer sehr großen Gruppe von Menschen. Ich habe Tänzer im Raum gesehen und

Modigliani-Bild von Gasparetto.

schöne Damen aus dem letzten Jahrhundert. Man sagt mir, daß sie glücklich sind, diese Arbeit machen zu können, und ich kann dieses Glücksgefühl spüren.»

Gasparetto erklärte uns, daß er oft den Einfluß von vier oder fünf Persönlichkeiten gleichzeitig spüre. «Sie kommen nahe an mich heran, halten meine Schultern und kontrollieren meine Arme. Aber es findet keine Identifikation mit ihren Gefühlen statt, und ich kann spüren, was sie malen werden. Sie berühren meinen Körper, sie denken, daß sie die Bilder malen, und sofort entsprechen meine Arme ihren Gedanken.»

Später kam uns der Gedanke, daß die geistige Welt uns unter Umständen die ganze Zeit Botschaften sendet, daß wir es aber einfach nicht merken. Wäre es also möglich, daß viele unserer intuitiven Einfälle und kreativen Gedanken von außen kommen? Obwohl die meisten westlichen Wissenschaftler glauben, daß Kontakte mit Geistern ein Phantasiegebilde des Unbewußten sind, kommen immer mehr von ihnen zur Ansicht, daß das menschliche Gehirn sich wie ein kompliziertes Übermittlungs- und Empfangsgerät verhalten könnte, das unter bestimmten Bedingungen Gedanken von anderen Gehirnen aufnehmen kann. Selbst im Westen glaubt man nicht selten an die Gültigkeit telepathischer Erlebnisse.

Weitere Theorien

Der englische Heiler Matthew Manning war eine Zeitlang ebenfalls in der Lage, im Stile von Matisse, Beardsley, Klee, Dürer und anderen Meistern zu malen. Für ihn war es eine Form von «Fernbesichtigung», bei der er sich hellseherisch Gemälde genau ansah und Kopien oder Kombinationen von ihnen anfertigte.[5] Auf der anderen Seite der Erdkugel wendet der sowjetische Psychoneurologe Wladimir Raikow Hypnose an, um die Kreativität von Kunst- und Musikstudenten zu fördern, d.h. er sagt ihnen: «Du bist Raphael», bzw. «Du bist

Rachmaninow». Die Ergebnisse sind oft außergewöhnlich, doch Raikow führt sie nicht auf Reinkarnation zurück.[6]

Weder Manning, de Almeida Prado noch Gasparetto hatten eine künstlerische Ausbildung, und sie malen meist in einem verdunkelten Zimmer, womit sie die Hypothese glaubhaft machen, daß der menschliche Geist die Schranken von Zeit und Raum überwinden kann, um die Gedanken alter Meister zu empfangen. Luis Antioni Gasparettos Arbeit ist möglicherweise der Beweis für eine wenig bekannte Fähigkeit des Geistes, Erkenntnis- und Kreativitätsquellen anzuzapfen, die jenseits unserer normalen Sinne liegen. Nach Auffassung der Spiritisten besitzen wir alle dieses Potential.

Immerhin interessieren sich schon einige Psychotherapeuten, die mit Fällen multipler Persönlichkeit zu tun haben, für den Spiritismus. Für Ralph Allison, einen amerikanischen Psychiater, der mit vielen Klienten, die dieses Problem haben, gearbeitet hat, dient die «andere Persönlichkeit» einem bestimmten und praktischen Zweck.[7]

«Immer wieder», bemerkt er, «bin ich Aspekten oder Wesenheiten der Persönlichkeit begegnet, die nicht echte andere Persönlichkeiten waren... Ich bin zur Überzeugung gelangt, daß es Besessenheit von Geistern gibt.»[8]

Es gibt immer einen Grund für eine «andere Persönlichkeit», gewöhnlich Mißhandlung oder ein Trauma in der Kindheit. Somit «stellt», nach Allison, «die Entdeckung einer Wesenheit, die keinem erkennbaren Zweck dient, ein diagnostisches Problem dar. Interessanterweise bezeichnen sich diese Wesenheiten oft als Geister. Im Laufe der Jahre bin ich zu vielen solcher Fälle begegnet, als daß ich die Möglichkeit der Besessenheit durch Geister völlig ausschließen könnte.»[9]

Weder Allison noch andere Forscher berichten von Fällen, in denen eine «andere Persönlichkeit» vom Patienten eingeladen wird, wie das Gasparetto und die Spiritisten tun, wenn sie die höher entwickelten Geister inkorporieren. Obwohl Psychotherapeuten wie Allison kühn genug gewesen sind, die Hypothese der Besessenheit durch Geister in Betracht zu ziehen, sollte man doch die möglichen Vorzüge der Inkorporation von Geistern und Medialität untersuchen, da dies Mechanismen sein könnten, anhand derer wir nicht nur neue Tiefen des menschlichen Geistes verstehen, sondern auch in neue Bewußtseinssphären dringen können.

ZWEITES KAPITEL

Der Geist-Chirurg von Recife

Brasiliens bekanntester Heiler war Zé Arigó, Sohn eines Mechanikers. Er konnte kaum lesen und schreiben. Im Trancezustand, so behauptet er, habe der Geist von Dr. Fritz jedoch seinen Körper übernommen. Dr. Fritz war ein deutscher Arzt, der angeblich im Ersten Weltkrieg an einer Verletzung starb, die durch eine Granatenexplosion verursacht worden war. Sowohl Dr. Fritz als auch Arigó wurden bald berühmt und führten chirurgische Eingriffe durch, bei denen sie nur ein Skalpell oder ein einfaches Messer verwendeten, das selten gereinigt wurde und manchmal sogar etwas rostig war. Hunderte von Menschen behaupteten, daß der Geistheiler ihnen das Augenlicht wiedergegeben oder ein Karzinom entfernt hatte, ohne daß sie Schmerzen oder Unbehagen während der Operation empfunden hätten. So wie Arigós Bekanntheitsgrad stieg, wuchs auch die Besorgnis der brasilianischen Ärztevereinigung, die schließlich Anklage wegen «Kurpfuscherei» gegen ihn erhob.

Der Fall erschien in den Schlagzeilen aller brasilianischen Zeitungen, denn Arigó hatte zwar Tausende von Menschen operiert und dabei ihre Haut mit einem rostigen Skalpell oder Messer zerschnitten, doch hatte sich nie jemand über ein Infektion oder einen Todesfall als Folge seiner Operation beschwert, und die Anklage konnte keinen einzigen Zeugen finden, um gegen ihn auszusagen. Dennoch gab er im Zeugenstand zu, ohne behördliche Genehmigung ärztliche Behandlungen durchgeführt und Arzneien und Kräuterheilmittel für Menschen verschrieben zu haben, die zu ihm gekommen waren, um geheilt zu werden. Er behauptete jedoch, daß nicht er es sei, der heile, sondern der Geist von Dr. Adolph Fritz. Der Richter, unfähig die Existenz von Dr. Fritz zu ermitteln, verurteilte Arigó widerstrebend zu sechs Monaten Gefängnis.

Die Nachricht schockierte die Brasilianer, besonders die Armen und die Bewohner des Landesinneren, die die Mehrheit seiner Patienten darstellten. Es wurden viele Beschwerden gegen die brasilianische Ärzteschaft eingelegt. Die Polizeibeamten im Gerichtssaal weigerten sich, Arigó ins Gefängnis zu führen, und so begab er sich allein dorthin. Der Pförtner des Gefängnisses weigerte sich, ihm Einlaß zu gewähren, und als Arigó darauf bestand, wurde er hineingelassen, doch weigerten sich seine Gefängnisaufseher, die Tür zu seiner Zelle abzuschließen. Bald begann er, an den Insassen und Wärtern Heilungen zu vollbringen, und innerhalb weniger Wochen konnte man in den frühen Morgenstunden vor den Gefängnistoren lange Menschenschlangen sehen, die vom berühmten Geist-Chirurgen geheilt werden wollten. Nach Verbüßung der Hälfte seiner Strafe wurde Arigó auf den Druck eines ehemaligen Staatspräsidenten Brasiliens hin freigelassen. Eine Reihe von Artikeln sowie ein populäres Buch[1] erschienen über Arigó, doch wurden niemals Forschungen über seine Arbeit in der medizinischen oder parapsychologischen Literatur veröffentlicht.

Zé Arigó starb 1971 an den Folgen eines tragischen Autounfalls und ganz Brasilien trauerte im ihn. 1980 erschien der Geist von Dr. Fritz angeblich wieder, und zwar operierte er diesmal durch die Hände von Dr. Edson de Queiroz, einem Arzt, der in Recife arbeitete. Wir besuchten Dr. de Queiroz im Frühling 1983 in seiner Klinik in einem Villenviertel, wo er als Facharzt für Geburtshilfe und Gynäkologie praktiziert. Als wir dort ein-

Dr. de Queiroz, das Medium von Dr. Fritz.

trafen, wartete ein halbes Dutzend schick gekleideter Frauen darauf, von Dr. de Queiroz untersucht zu werden. Eine junge Frau hatte ihr Kind bei sich, von dem sie, so erzählte sie uns, Dr. de Queiroz entbunden hatte. Sie behauptete, nichts von seiner Arbeit als Geist-Chirurg zu wissen, und daß sie nur gekommen sei, um von dem Arzt Dr. de Queiroz behandelt zu werden. Später stellten wir fest, daß er seine Tätigkeit als Geist-Chirurg im kardecianischen Spiritisten-Zentrum in der Innenstadt ausübte, und daß er in seiner Klinik nur konventionelle Medizin praktizierte. Sobald wir an der Reihe waren, erklärte sich Dr. de Queiroz einverstanden, einige Fragen über Geist-Chirurgie zu beantworten.

Alberto Villoldo: «Funktioniert die Geist-Chirurgie in derselben Weise wie die konventionelle medizinische Chirurgie oder wirken dort andere Mechanismen?»

Edson de Queiroz: «Nur in seltenen Fällen sind die Techniken die gleichen. Meistens sind die von den Geistern verwendeten

Methoden, wenn sie durch uns arbeiten, völlig anders als die in der konventionellen Medizin bekannten.»

A. V.: «Führen Sie auch konventionelle chirurgische Eingriffe durch?»

E. Q.: «Ja, ich mache auch gynäkologische und geburtshelferische Eingriffe.»

A. V.: «Führen Sie diese Art Eingriffe auf konventionelle Weise durch?»

E. Q.:«Während dieser Operationen verwende ich alle konventionellen chirurgischen Techniken, und zwar mit der größten Sorgfalt. Es mag sein, daß ich sogar allzu vorsichtig bin, weil ein einziges Mißverständnis seitens einer meiner Patienten Auswirkungen auf meine Arbeit als spiritistisches Medium haben könnte. Manche Leute verwechseln die Arbeit des Mediums mit der des Arztes und erwarten außergewöhnliche Resultate von einem konventionellen chirurgischen Eingriff.»

A. V.: «Wie viele Male pro Woche praktizieren Sie konventionelle Chirurgie und wie viele Male geistige Chirurgie?»

E. Q.: «Ich empfange jeden Tag Patienten in meiner Klinik und praktiziere westliche Chirurgie zwei oder dreimal die Woche. Im Spiritistischen Zentrum bieten Medien jeden Tag ihre Dienste für Heilungen an.»

A. V.: «Wie entdeckten Sie überhaupt, daß Sie imstande sind, mit dem Geist von Dr. Fritz Verbindung aufzunehmen?»

E. Q.: «Nachdem ich acht Jahre lang als Arzt und Chirurg tätig gewesen war, begann ich, unter der Führung des Geistes von Dr. Fritz in dieser experimentellen Weise als Medium zu arbeiten.»

A. V.: «Seit wie vielen Jahren praktizieren Sie Medizin?»

E. Q.: «1975 schloß ich meine Ausbildung ab, danach war ich ein Jahr lang Assistenzarzt und spezialisierte mich auf Gynäkologie und allgemeine klinische Medizin. Anschließend diente ich zwei Jahre in der Armee als Arzt.»

A. V.: «Welche Art von Klienten behandeln Sie in ihrer Praxis als Geist-Chirurg?»

E. Q.: «Als Medium behandle ich alle möglichen Krankheiten. Das kann ich deshalb, weil das geistige Team, das mit mir arbeitet, aus vielen Ärzten besteht, die einmal auf der Erde gelebt und die sich auf verschiedene Zweige der Medizin spezialisiert haben.»

De Queiroz wies darauf hin, daß Dr. Fritz nicht allein auf der geistigen Ebene arbeitete, da sonst die Anzahl und Vielfalt der chirurgischen Eingriffe, die er durchführen könnte, stark eingeschränkt wäre. De Queiroz behauptete, daß ein Team von über tausend Geist-Chirurgen und Spezialisten zusammenarbeite, um die geistigen Operationen durchzuführen, und lud uns ein, ihn am nächsten Tag bei einer Operation im Spiritistischen Zentrum zu besuchen.

Wir trafen um sechs Uhr morgens dort ein, um sicherzugehen, daß wir genügend Zeit hatten, die Kameras aufzustellen. Obwohl de Queiroz erst drei Stunden später eintreffen sollte, und die Tore des Zentrums erst um acht Uhr offiziell geöffnet wurden, bildete sich bereits eine Menschenschlange. Einige Leute hatten offensichtlich die Nacht unter dem Vordach des großen Gebäudes verbracht, aus Angst, sie kämen nicht an die Reihe. Da waren alte Männer, die von ihren Söhnen gestützt, Säuglinge, die von ihren unterernährten Müttern hergebracht wurden, sowie offensichtlich aus der Mittel- und Oberschicht stammende, elegant gekleidete Menschen. Später stellten wir fest, daß einige der letzteren Ärzte waren. Einige waren aus Neugier gekommen, andere hatten im Sinn, sich operieren zu lassen, da sie glaubten, das Risiko sei bei einer geistigen Operation geringer als bei einem konventionellen chirurgischen Eingriff, den sie aus erster Hand kannten. Als de Queiroz schließlich eintraf, warteten über zweihundert Menschen, von denen mehr als sechzig Klienten und der Rest Verwandte und Freunde waren. Jeder Klient hatte eine Nummer erhalten und war angewiesen worden, in diesem Raum geduldig zu warten, bis er an die Reihe kam.

Wir wurden in ein großes Zimmer geführt, in dem die Medien im Kreis saßen und in Gebet und Meditation versunken waren. De Queiroz nahm seinen Platz im Kreis ein; dann stimmte der Leiter des Zentrums das Vaterunser an und forderte die Medien auf, sich an ihre eigenen geistigen Lehrer zu wenden. Sie wurden ebenfalls aufgefordert, den Geist von Dr. Fritz zu rufen, damit er den Körper von Edson de Queiroz übernehme. Innerhalb von wenigen Minuten fing de Queiroz ganzer Körper an zu zucken, sein Gesichtsausdruck veränderte sich, sein Mund war verzerrt, und seine weitgeöffneten Augen nahmen einen konzentrierten Ausdruck an. Als er sprach, war es nicht mehr die Stimme von Dr. de Queiroz, sondern eine rauhe Stimme mit starkem deutschen Akzent. Er schritt zu uns herüber und fragte, wer wir seien. Als wir uns vorgestellt hatten, sagte er, sein Name sei Dr. Adolph Fritz.

In den nächsten drei Stunden herrschte im Zentrum reger Betrieb. In einem Wohnzimmer, das in einen behelfsmäßigen Untersuchungsraum umgewandelt worden war, empfing Dr. Fritz die Klienten; er stellte seine Diagnosen häufig in weniger als drei Minuten und verschrieb die entsprechenden Medikationen. Seine Assistenten, zwei Krankenschwestern und ein Arzt, schrieben die Rezepte und Gebrauchsanweisungen für die Arznei- und Kräutermittel aus. Oft handelte es sich beim Rezept um ein Medikament, das Anfang des zwanzigsten Jahrhunderts noch sehr verbreitet war, heute jedoch nicht mehr erhältlich ist. In einem solchen Fall fanden de Queiroz' Assistenten neuere Mittel.

Wir fragten den assistierenden Arzt, wie Dr. Fritz so schnell diagnostizieren könne. Er erklärte uns, daß die Diagnose bereits auf der geistigen Ebene gestellt worden war, und daß Dr. Fritz bloß die Ergebnisse von Untersuchungen mitteilte, die von seinen Kollegen in der geistigen Welt durchgeführt worden waren. Dann und wann wies Dr. Fritz einen Klienten an, ins Nebenzimmer zu treten, mit der Erklärung, daß sein Zustand einen chirurgischen Eingriff erfordere.

Um elf Uhr waren alle Diagnosen durchgeführt, und zwar kostenlos, da sowohl de Queiroz als auch die Mitglieder der Spiritistischen Zentrums ihre Zeit für diese Arbeit umsonst zur Verfügung stellen. Die nächsten fünf Stunden waren für Dr. Fritz reserviert, damit er rund zwanzig Klienten operieren konnte. Dies geschah ohne Spezialinstrumente, Anästhesie oder das geringste Zugeständnis an Sauberkeit oder Hygiene. Man sagte uns, daß bei den Hunderten von Klienten, die Dr. Fritz, angeblich durch de Queiroz' Hände operiert hatte, kein einziger Todesfall und keine einzige Infektion aufgetreten sei.

Der Operationssaal war ein relativ kleiner Raum, sechs Meter lang und drei Meter breit, vollgepackt mit Menschen, von denen einige Gäste von Dr. de Queiroz waren. Es war bereits Nachmittag, und die Sonne brannte glühend heiß. Außerdem machten die sechstausend Watt Filmscheinwerfer, die wir mitgebracht hatten, die Hitze in dem kleinen Raum schier unerträglich, und alle, einschließlich Dr. de Queiroz, waren in Schweiß gebadet. In der Mitte des Zimmers stand ein schmales Feldbett, das als Operationstisch diente.

Der erste Klient war Agenor Silva, ein Anwalt aus der Stadt Recife, der in den letzten Jahren drei Herzanfälle gehabt hatte. Er erzählte uns, daß er zwar nicht Spiritist sei, sich jedoch entschieden habe, sich vom Geist des Dr. Fritz operieren zu lassen, weil das Risiko bei einem konventionellen Eingriff zu groß sei.

Der Chirurg wies Silva an, das Hemd auszuziehen, sich auf das Bett zu legen, tief zu atmen und zu entspannen, während die Krankenschwester seine Brust rasierte. Wie die meisten Klienten, die wir beobachteten, war Silva ruhig und gefaßt, obwohl er wußte, daß er mit einem schmutzigen Skalpell operiert werden würde, das bereits für andere Klienten benutzt worden war.

«Das Rasieren der Brust erweist sich als blutiger als die Operation selbst», bemerkte der Chirurg. «Bei der Operation, die ich durchführen werde, handelt es sich um eine Operation am Körper, die vielen Leuten unbekannt ist und die die moderne

Medizin nicht anerkennt. Es ist eine Operation sowohl am geistigen Körper (Périspirit) als auch am physischen Leib. Ersterer ist ein ätherischer Körper und viel empfinglicher als der physische. Der Ätherleib stirbt nie, sondern entwickelt sich ewig weiter.»

Während er nach seinem Skalpell griff, das mit dem Blut früherer Klienten befleckt war, wandte sich der Chirurg zu Silva und sagte: «Denken sie an Gott den Herrn. Machen sie sich keine Sorgen.»

Er hielt das Skalpell über Silvas Herz, machte einen sechs Zentimeter langen Schnitt in die Brust und schnitt mit dem scharfen Instrument immer wieder bis zu einer Tiefe von etwa einem Viertel Zentimeter. Silva blieb gelassen und ruhig, mit geschlossenen Augen, als befinde er sich in einem Zustand tiefer Entspannung.

Nach Meinung von Dr. Fritz ist weder das Schneiden der Haut noch die Entfernung eines Tumors notwendig, da die Gesetze der geistigen Medizin anders sind als die unseren. Allerdings ist de Queiroz noch nicht bereit, diese Art der Chirurgie zu lernen, und so werden seine Fähigkeiten von Dr. Fritz in der wirksamsten Weise benutzt. Der Chirurg führte drei Spritzennadeln, jede mehr als zwei Zentimeter lang, in Silvas Brust. Er behauptete, der Pfropf in der Arterie sei auf einen Bruchteil seiner normalen Größe komprimiert worden und könne dann leicht aus den Nadeln sickern. Aus einer der Nadeln begann eine dunkle Masse zu fließen. Es war eine dicke Substanz, die keine Ähnlichkeit mit Blut hatte. «Was jetzt geschieht», erklärte Dr. Fritz, «ist ein Prozeß der Dematerialisation des Stoffes, der die Arterie verstopfte.»

Selbst mit einem Schnitt von einem halben Zentimeter in der Brust war Silva ruhig und zuckte nicht mit der Wimper, als der Geist-Chirurg die Hand eines Gastarztes über den Schnitt führte, um zu beweisen, daß echtes Blut aus der Wunde floß. Später fragten wir Silva, ob er während der Operation Schmerzen empfunden habe, und er erwiderte: «Nein, ich habe mich sehr wohl gefühlt, sehr ruhig. Ich war auf diese Operation geistig vorbereitet.»

Etwas früher hatten wir gesehen, wie der Chirurg eine Frau mit einem akuten Fall von grauem Star an einem Auge operierte. Dr. Fritz erklärte uns, daß dies die Folge einer dünnen Schicht von Zellen sei, die über die Linse des Auges gewachsen war, so daß sie trübe wurde und das Sehvermögen störte. Während er uns dies erzählte, griff er nach einer chirurgischen Klammer, mit welcher er das Gewebe, das über die Linse des Auges gewachsen war, geschickt einklemmte. In weniger als drei Minuten hatte er das überflüssige Gewebe abgeschnitten, ohne die Hornhaut zu ritzen, und das Auge der Frau verbunden. Später erfuhren wir, daß sich das Sehvermögen der Frau in den folgenden Wochen merklich besserte.

Dr. Fritz fuhr fort, daß die Grenzen der geistigen Chirurgie vom Grad des Glaubens des Klienten abhingen. Wir fragten, ob eine Person auch geheilt werden könne, wenn sie keinen Glauben habe. Der Chirurg antwortete: «Das ist relativ, weil der Glaube, von dem eine religiöse Person gern spricht, ein anderer ist als der Glaube im praktischen Sinne. Zum Zeitpunkt der geistigen Operation kann man ein Materialist sein und dennoch den Glauben hegen, den ich von meinen Klienten verlange, damit sie geheilt werden. Glaube bedeutet weder religiöses Wissen, noch findet man ihn in einer Kirche oder einem Tempel. Echter Glaube ist etwas anderes. Glaube ist jene innere Bindung ans Leben, die einem Menschen ein emotionales Gleichgewicht verleiht.»

Die nächste Klientin, die der Doktor behandelte, war eine Frau, die an akuter Sinusitis litt. Sie war eine der sechzig Personen, die vor Beginn der Operationen untersucht worden waren. Sie legte sich auf das blutbefleckte Feldbett und schien voller Vertrauen. Der Chirurg sprühte ihr ein Lösungsmittel in die Nase, seine Finger noch befleckt vom Blut der vorangegangenen Operationen, und bat die Schwester um Klemmen. «Dies sind gewöhnliche chirurgische Klemmen ohne Zähne», meinte er, und teilte uns mit, daß die Klientin eine Nasennebenhöhlenentzündung habe, weshalb sie auch an akuter und chronischer Sinusitis mit wiederkehrenden Infektionen leide. Er nahm das Instrument, klemmte ein Stück Watte ein und führte es ungefähr elf Zentimeter in ihre Nase ein, so daß man nur noch das Ende des Instrumentes sehen konnte, das der Chirurg hielt und in ihren Nasenkammern drehte.

«Schlucken sie, schlucken sie», bat sie Dr. Fritz. «Spüren sie Blut?» Die Frau nickte und blieb völlig ruhig, das einzige Zeichen von Unbehagen war eine einzelne Träne, die ihre Wange hinunterlief. Mehrere Ärzte, die Zeugen der Operation waren, bemerkten, wie schwierig es sei, eine so große chirurgische Klemme in die Nasenluftwege einzuführen, ohne ernsthaften Schaden zu verursachen.

Der Chirurg zog die Klemme heraus, das Stück Watte am Ende war blutgetränkt. «Sie können jetzt aufstehen», sagte er und wies sie an, sich zu entspannen und den Kopf nach hinten zu halten. Als sie sich auf dem Operationstisch aufrichtete, fragten wir sie, wie sie sich fühlte. «Gut, sehr gut», erwiderte sie. «Ich habe gar keine Schmerzen empfunden, es war, wie wenn man in Narkose ist und einen Zahn gezogen bekommt. Ich war so sehr im Einklang mit Gott, daß ich nichts spürte.»

Ein Mitglied unserer Gruppe, ein Medizinstudent, bemerkte später: «Das hat mir wirklich die Bedeutung des Gedankens klargemacht, daß meine Vorstellungen von dem, was möglich ist, nur Teil eines größeren Bereichs von Möglichkeiten sein könnten. Es war, als seien meine Erfahrungen nur ein kleiner Teil dessen, was möglich ist.»

Der nächste Klient war eine Frau, bei der man Brustkrebs diagnostiziert hatte und die gekommen war, weil sie befürchtete, mit einer konventionellen Operation ihre Brust zu verlieren. Sie war eine große Frau, Ende Vierzig, eine Hausfrau, die am Stadtrand lebte. Sie berichtete uns, daß sie Dr. Fritz aufgesucht hatte, weil ihr Arzt sie bereits für eine totale Brustamputation im örtlichen Krankenhaus angemeldet hatte. Als sie ihre

Bluse auszog und sich mit einem Handtuch bedeckte, das ihr die Schwester reichte, verriet sie uns, daß sie zwar Spiritistin, aber nur Anfängerin sei.

Dr. Fritz palpierte den Tumor mit den Fingern und massierte die Brust der Frau, denn er behauptete, nur durch Berührung des Körpers eine geistige Narkose herbeiführen zu können. Er erläuterte, daß der Tumor hart und verwachsen sei, und daß es eine schwierige Operation werden würde. Er hieß die Frau an Gott den Herrn zu denken.

Mit dem Skalpell in der Rechten machte der Chirurg einen sieben Zentimeter tiefen Schnitt in die rechte Brust. Von unserem günstigen Standort, etwa einen halben Meter entfernt, konnten wir ihn durch die verschiedenen Epidermisschichten schneiden sehen, bis er das innerste Gewebe der Brust erreichte. Die Klientin hatte die ganze Zeit gestöhnt und geklagt, daß es schmerzte und sie die Schmerzen nicht ertragen konnte. Doch zu unserer großen Überraschung blieb ihr Kör-

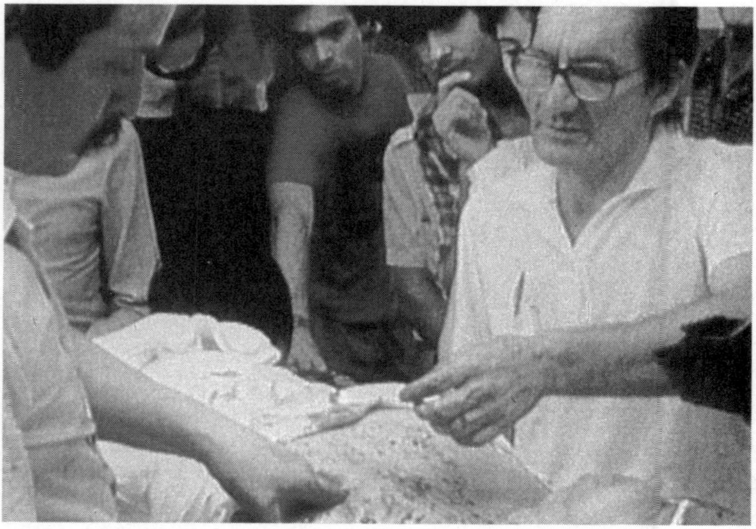

«Dr. Fritz» bei einer Operation.

per ruhig und entspannt, und sie leistete keinen Widerstand. Dies war einer der wenigen Fälle, in denen ich einen von Dr. Fritz' Patienten Schmerz empfinden sah, doch war der Schmerz nicht so stark, daß man sie hätte beruhigen müssen. Gemäß Dr. Fritz' Erläuterungen wurde ein größeres Blutgefäß zum Platzen gebracht, doch entstand nur eine geringe Blutung, selbst in einer solch empfindlichen Gegend wie der Brust.

Dann steckte der Chirurg seinen Finger in den Schnitt und begann, den Tumor abzutasten, und zwar mit Zeigefinger und Daumen, die mit dem Blut der vorherigen Klienten noch befleckt waren. Einige Minuten später entfernte er einen Tumor von der Größe eines Golfballs und reichte ihn einem Laborfacharzt zur Untersuchung. Die Laboruntersuchung ergab, daß es sich bei dem Tumor um Krebs handelte.

Die ganze Operation dauerte weniger als sechs Minuten. Nachdem er den Tumor entfernt hatte, wandte sich Dr. Fritz einem der Beobachter, Dr. Pablo Ortiz, einem brasilianischen

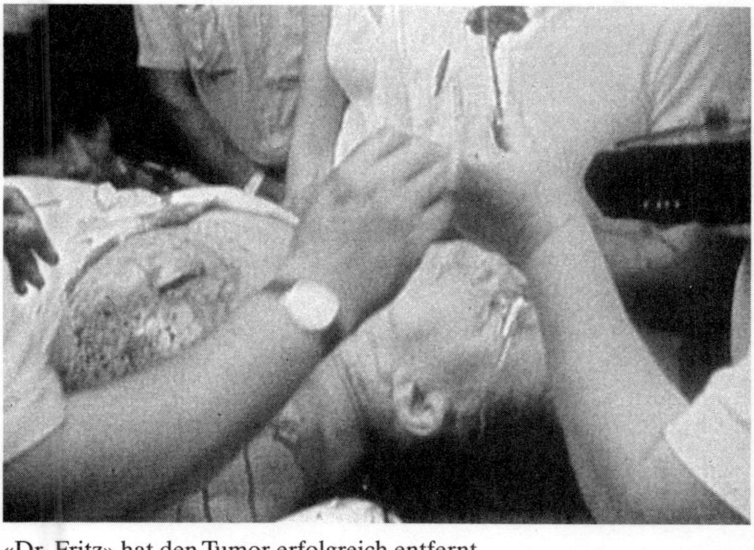

«Dr. Fritz» hat den Tumor erfolgreich entfernt.

Chirurgen zu und forderte ihn auf, seinen Finger in den Schnitt zu legen. Dr. Ortiz berichtete: «Ich bin Chirurg und ich kann Ihnen sagen, daß man in Situationen wie diesen mit den Händen mehr feststellen kann als mit den Augen. Mit den Fingern habe ich die Höhle gespürt, in der der Tumor vorher war, und ich sah den Tumor herauskommen. Was ich wahrnahm, war ein mittelgroßer Tumor, dessen einer Teil sich im oberen rechten Quadranten befunden hatte. Es wäre schwierig gewesen, ihn zu entfernen. Wahrscheinlich hätte man bei einer herkömmlichen Operation die ganze Brust entfernen müssen. Und noch etwas sehr Interessantes ist mir aufgefallen. So wie ich das sehe, richtet man weniger Schaden am Gewebe an, wenn man mit den Fingern statt mit Instrumenten operiert.»

Der Geist-Chirurg schien es nicht eilig zu haben, die Frau zu verbinden, sondern nahm sich Zeit, uns zu informieren, daß diese Operation mit den westlichen Methoden der Chirurgie drei Stunden oder mehr gedauert, und die Frau ihre Brust verlo-

Die Patientin, unmittelbar nach der Operation.

ren hätte. Als er seinen kurzen Vortrag beendet hatte, reinigte er die Stelle mit einem Handtuch und wischte das Blut und die Tumorstücke, die auf der Brust geblieben waren, weg. Dann verband er einfach den Schnitt, ohne in irgendeiner Weise zu nähen, mit der Bemerkung, daß die Wunde in der folgenden Woche von allein heilen würde. Eine halbe Stunde später befragten wir die Klientin, ob sie Schmerzen habe, und sie antwortete mit großer Ruhe: «Nein, nur ein leichtes Kitzelgefühl. Ich fühle mich ganz normal. Ich muß zuerst Gott und dann Dr. Fritz danken.»

Ein Mitglied unseres Teams, Dr. George Araki, ein Biologe von der San Francisco State University, überwachte den Puls der Frau und stellte erstaunt fest, daß während der eigentlichen Operation der Puls so schwach war, daß er kaum zu fühlen war. Später bemerkte Dr. Araki: «Wir haben uns in den Vereinigten Staaten auf viel zu schmalspurige Heilmethoden konzentriert, nämlich die Körpertherapien, die chemischen Medikamente und die Chirurgie. Meiner Ansicht nach stellen diese ein viel zu enges Bezugssystem dar, um ein ganzheitliches Heilsystem bieten zu können. Dr. Fritz ist eine sehr wichtige Figur, weil er etwas tut, das sozusagen nicht zur gewöhnlichen Welt gehört. Und für mich war es nicht nur wichtig, das erstaunliche und spektakuläre Verfahren zu sehen, das Dr. Fritz anwandte, sondern auch zu beobachten, daß die Frau fürchterliche Schmerzen hatte. Und da war etwas, das ich im Moment nicht erklären kann, aber es lag ein Widerspruch in jenem Prozeß. Dr. Fitz operierte aus einer anderen Welt, aber diese Frau war in dieser Welt und sie litt starke Schmerzen.»

Der Geist von Dr. Fritz behauptet, daß er ein Chirurg war, der im ersten Weltkrieg von einer Explosion getötet wurde. Seine chirurgische Techniken gleichen denjenigen, die von Chirurgen auf dem Schlachtfeld angewandt werden, dort müssen sie mit großer Eile, ohne komplizierte Instrumente, und oft ohne Narkose oder hygienische Maßnahmen operieren. Selbst bei den kompliziertesten Operationen von Dr. Fritz sahen wir wenig Blut fließen und er machte keinen einzigen Stich, um einen Schnitt zu vernähen.

Eine elegante und attraktive Frau Ende Dreißig kam als nächste durch die Menschenmenge zum Operationstisch und begrüßte Dr. Fritz. Der Chirurg teilte uns mit, daß sie eine Ärztin sei, die er eine Woche vorher wegen eines Lipoms direkt unter ihrem linken Schulterblatt operiert hatte. Die Frau war bereit, uns ihre Narbe anschauen zu lassen, von der Dr. Ortiz sagte, sie scheine drei bis fünf Tage alt zu sein und weise regelmäßige Ränder und keine Anzeichen einer Entzündung oder Schwellung auf. Was uns am meisten beeindruckte, war, daß der Geist-Chirurg nicht genäht hatte, um den Schnitt zu schließen, obwohl er mindestens sieben Zentimeter lang und ziemlich tief war. Wir fragten die Ärztin, Dr. Louise (die uns bat, ihren Nachnamen zu verschweigen), warum sie ihren Tumor von Dr. Fritz hatte entfernen lassen und nicht von einem gewöhnlichen Chirurgen, da dies doch für westliche Ärzte mehr oder weniger eine Routinesache sei. «Weil ich große Achtung vor den Gefahren einer Narkose habe», entgegnete sie.

Als nächstes fragten wir sie, warum die Narbe von der geistigen Operation noch nicht verheilt war. Dr. Louise antwortete: «Weil die Narbenbildung auf verschiedene Arten erfolgt. In diesem Falle handelt es sich nicht um eine normale Heilung, sondern eine, die dem mediumistischen Heilsystem entspricht, einem System, das jenseits unserer Deutungsmöglichkeiten liegt.» Als Dr. Fritz sah, wie ihre Antwort uns verwirrte, da wir nicht verstanden, was das «mediumistische Heilsystem» war, schaltete er sich ein: «Es findet eine Narbenbildung und Heilung statt, obwohl die Operation keine konventionelle war. Es werden keine Medikamente verabreicht, es wird nicht genäht. Dennoch stimmt das nicht, weil all die nötigen Mittel und Medikamente von den Geistern verwendet werden.» Mit anderen Worten, Dr. Fritz glaubt, daß Instrumente, sterile Gaze und Medikamente verwendet werden, doch das auf der geistigen

Ebene, weshalb sie in der materiellen Welt nicht wahrgenommen werden können.

Wir fragten Dr. Fritz, ob es jemals Todesfälle oder Mißerfolge bei seinen geistigen Operationen gegeben habe. «Es gibt keine Mißerfolge in der geistigen Chirurgie, egal, welche Techniken man benutzt», erwiderte er. «Es gibt keine Mißerfolge, höchstens dann, wenn ein Patient nicht den Anweisungen folgt, nach der Operation zu ruhen und Diät zu halten, oder wenn er einen schmutzigen Finger in die Augen steckt, während das Narbengewebe sich noch bildet. Der Mangel an Respekt für diese Anweisungen kann eine organische Reaktion auslösen, die ein Risiko für die Behandlung darstellen kann. Doch hierbei handelt es sich nicht um eine falsche Behandlung seitens des Teams von Geist-Chirurgen. Geist-Chirurgen begehen keine Fehler!»

Stanley Krippner: «Deinem Bericht von de Queiroz entnehme ich, daß Laboruntersuchungen gemacht werden, und daß es möglich ist, dieses Phänomen zu erforschen.»

Alberto Villoldo: «Er hat eine Forschungsabteilung eingerichtet, und es werden Daten gesammelt.»

S. K.: «Unterdessen kann man davon ausgehen, daß es sich bei seiner Fähigkeit, rasch zu diagnostizieren und zu operieren, um ein Beispiel von zustandsbedingtem Verhalten handelt. Einige Experimente lassen darauf schließen, daß Menschen unter Drogen oder Hypnose etwas tun können, das sie im Wachbewußtsein nicht können. Sie können sich jedoch an das Vollbrachte erinnern und es wieder tun, wenn sie sich in den veränderten Zustand begeben.»

A. V.: «De Queiroz ist nur in der Lage, diese Art von Arbeit zu tun, wenn er den Geist von Dr. Fritz inkorpiert hat.»

S. K.: «Natürlich hat ihm seine medizinische Ausbildung die nötigen Grundkenntnisse der Chirurgie vermittelt, die er für die geistige Chirurgie benötigt. Das erinnert mich an einen Fall von zustandsbedingtem Verhalten aus dem Filmklassiker ‹Lichter der Großstadt›. Charlie Chaplin freundet sich mit einem betrunkenen Millionär an, der ihm einen Job anbietet. Als er am nächsten Tag im Büro des Millionärs erscheint, ist der Mann nüchtern und läßt Chaplin hinauswerfen. Abends jedoch, als der Millionär wieder betrunken ist, erkennt er Chaplin wieder und grüßt ihn, als sei er ein langjähriger Freund. Chaplin ist verwirrt, weil er die Prinzipien des zustandsbedingten Verhaltens nicht kennt.»

A. V.: «Nicht selten tauchen die brasilianischen Medien aus ihrer Trance auf und erinnern sich nicht an ihre Handlungen unter dem Einfluß der Geister.»

S. K.: «Zustandsbedingtes Verhalten charakterisiert auch viele Fälle einer multiplen Persönlichkeit, einen Zustand, bei dem ein Individuum zwei oder mehrere verschiedene Persönlichkeiten manifestiert. Jede Persönlichkeit bestimmt, wenn sie dominiert, die Gefühle und Haltungen der Person und weist relativ ausgeprägte Verhaltensmuster auf. Bei einigen Persönlichkeiten besteht Amnesie in bezug auf Gedanken, Handlungen und Erinnerungen an andere Persönlichkeiten. Im Falle einer multiplen Persönlichkeit kann der Zustand zerstörerisch sein; einige Persönlichkeiten können versuchen, die anderen zu dominieren, zu sabotieren und zu zerstören.[2] Im Falle einer mediumistischen Besessenheit fördert der Geist das Funktionieren des Mediums.»

Statt die Beziehung zwischen de Queiroz und Dr. Fritz als Fall einer multiplen Persönlichkeit zu betrachten, sollte man sie vielmehr als einen Fall von, was die Psychologen oft Nebenbewußtsein (*co-consciousness*) nennen, betrachten. Beim Nebenbewußtsein kann mehr als eine bewußt erlebende psychologische Wesenheit innerhalb eines gesunden menschlichen Organismus existieren. Jede hat ein Gefühl von ihrer eigenen Identität und Individualität, die sich von derjenigen anderer Wesenheiten unterscheiden.

DRITTES KAPITEL

Die geistige Psychiatrie von Dr. Eliezer Mendes

In den vergangenen zweihundert Jahren hat die westliche Medizin die Vorstellung abgelehnt, daß Krankheit von Geistern verursacht wird. Dennoch werden medizinisch «unheilbare Krankheiten» von einem Arzt, der an die Geisterwelt glaubt, erfolgreich behandelt. Dr. Eliezer Mendes, ein geübter Chirurg, hat das Skalpell gegen einen mehr geistigen Eingriff ausgetauscht und heilt Epileptiker, indem er sie lehrt, spirituelle Medien zu sein. In den vergangenen fünfzehn Jahren sind Epileptiker zu Dr. Mendes' Klinik außerhalb von São Paulo gekommen und haben sie einige Wochen später als bestgeschulte Sensitive, völlig frei von Symptomen und Medikamenten, wieder verlassen.[1]

Dr. Mendes hat in den letzten Jahren fast ausschließlich Psychiatrie praktiziert, obwohl er von der Ausbildung her Chirurg ist. Er behauptet, in dieser Zeitspanne eine Erfolgsziffer von über fünfundachtzig Prozent bei der Heilung von Epilepsie gehabt zu haben. Alberto Villoldo kennt Dr. Mendes bereits seit über zehn Jahren. Wir können zwar Dr. Mendes' Behauptungen nicht vollständig beweisen, doch haben wir zahllose Patienten gesehen und gesprochen, und alle berichteten von einer völligen Heilung. In den letzten Jahren hat er auch angefangen, Schizophrene zu behandeln, wobei er die gleichen

Dr. Eliezer Mendes.

Techniken – die Ausbildung zum Medium – verwendet. Er meint, daß diese beiden Krankheiten von zudringlichen Geistern verursacht werden können, die sich zu einem Patienten, der offene «Fenster» zur Geisterwelt hat, hingezogen fühlen. Durch die Schulung zum Medium lernen sie das «Öffnen» und «Schließen» dieser geistigen Kanäle zu kontrollieren und nur die höchsten Formen der Kommunikation mit Geistern zu wählen.

Nach einer fast zweistündigen Fahrt aus der Innenstadt São Paulos heraus erreichten wir ein kleines Tal, in dem sich die Klinik befindet. Wir waren beeindruckt von der Schönheit der umliegenden Berge und von der Tatsache, daß die Institution eher einem Kurort als einer Klinik glich. Mendes erklärte uns, daß diese Lage in der Natur ein wesentlicher Bestandteil seiner Heilmethode sei, und, daß die Klinik als therapeutische Gemeinschaft angelegt sei, in der die Therapeuten und Personen, die als schizophren oder epileptisch galten, zusammenleben konnten, und in der die Patienten ein großes Maß an Freiheit besaßen. Tatsächlich befanden sich über ein Dutzend Personen auf dem Rasen und beim Schwimmbad, als wir ankamen. Beinahe die Hälfte davon waren Therapeuten, die zusammen mit den Patienten aßen, lebten und arbeiteten. Außerdem betonte Mendes, daß der Begriff «Patient» in der Klinik nicht benutzt werde, da er impliziere, daß die Person für ihre Heilung von einem «Arzt» abhänge. Man nenne sie deshalb vielmehr «Gäste», die sich in der Klinik aufhielten, und fordere sie auf, mit ihrer Familie, die in der Regel weniger als einen Monat blieb, zu kommen. Man erinnerte sie immer wieder daran, daß sie selbst für ihre Heilung verantwortlich seien, und daß niemand sie durch ein Wunder heilen würde. Vielmehr mußten sie ihre eigenen sensitiven Fähigkeiten entwickeln und lernen, die geistige Welt zu manipulieren, statt sich von ihr manipulieren zu lassen.

Kurz nach unserer Ankunft versammelten wir uns mit Mendes und einem Dutzend seiner «Gäste» auf dem Klinikgelände. «Zuerst», erläuterte Mendes, «ermutigen wir unsere Gäste, ihren Problemen vollen Ausdruck zu verleihen. Ja, man könnte sagen, wir ermutigen sie, den Wahnsinn und die Epilepsie voll auszuleben. Dann unterweisen wir sie in bioenergetischen und psychischen Übungen, die ihren falschen Gebrauch veränderter Bewußtseinszustände korrigieren. Nach vielen Jahren der Beobachtung sind wir zu dem Schluß gelangt, daß sowohl Epilepsie wie Schizophrenie die Folge eines falschen Trancezustandes sein können. Anhand therapeutischer Übungen lernen die Gäste, ihre psychischen Energien zu ordnen und mit ihren zwar hochentwickelten, aber mangelhaft geschulten medialen Fähigkeiten umzugehen.»

Mendes hat seine Heilmethoden von der brasilianischen Umbanda-Sekte übernommen, bei der sich der Adept in einen ekstatischen Trancezustand begibt, in dem er angeblich direkten Kontakt zur Geisterwelt hat. Als Mendes noch Chirurg war und im Norden Brasiliens lebte, war er zuerst Mitglied und später Leiter einer Umbanda-Gruppe. Dort beobachtete er, daß eine Person, wenn sie zum ersten Mal medial tätig war, oft einen epilepsieartigen Anfall hatte. Oder aber gewisse Aspekte ihrer Persönlichkeit wurden verstärkt, sie begann Stimmen zu hören, Visionen zu haben und zeigte Symptome der Schizophrenie.

In beiden Fällen erschienen die Symptome als Folge des ersten erschütternden Kontaktes mit einem körperlosen Geist, wenn eine fremde Intelligenz angeblich in den Körper des medialen Neulings eindrang und epilepsieartige Anfälle und eine andersartige Persönlichkeit bewirkte. Alle diese Symptome hörten auf, sobald die Person ihre medialen Fähigkeiten entwickelt und gelernt hatte, ihre offenen Fenster zur Geisterwelt zu kontrollieren.

Mendes behauptete daß diese Symptome auch von den vergangenen Leben der Person selbst herrühren konnten, besonders wenn damit ein traumatischer oder schmerzhafter Tod verbunden war, der in die gegenwärtige Person nicht integriert worden war. Diese früheren Leben konnten als fremde Persönlichkeiten fungieren, die in die Psyche der Person eindrangen. Mendes hat zwar viele rituelle Aspekte des Umbanda gestrichen, doch greift er häufig auf die Umbanda-Techniken medialer Schulung zurück.

Kurz nach unserer Ankunft wurden wir einem fünfzehnjährigen Epileptiker, Oscar Sanchez, vorgestellt. Er hatte einen Monat zuvor, zwei Wochen in Begleitung seiner Mutter, seines Vaters und seines Bruders in der Klinik verbracht. Die Familie hatte zwei Wochen lang mediale Trancetechniken erlernt, um die Krämpfe des Jungen kontrollieren zu helfen. Der Psychiater glaubt nämlich, daß Epilepsie durch psychische Energien verursacht wird, von denen die ganze Familie betroffen ist, die jedoch nur durch ein Mitglied der Familie entladen werden.

Die Familie war für ein Wochenende zur Nachbehandlung mit Dr. Mendes zurückgekehrt. Señora Sanchez erzählte uns,

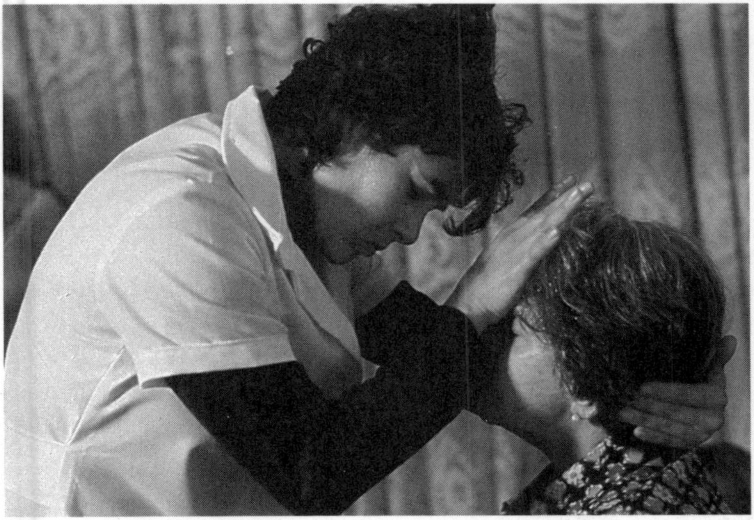

Die nahen Verwandten sind wichtig für den Heilungserfolg. Hier die Mutter eines Epileptikers.

daß ihr Sohn seit seiner Kindheit Anfälle gehabt hatte; die Anfälle waren in den letzten paar Jahren immer heftiger und unkontrollierbarer geworden, trotz der krampfhemmenden Mittel, die er einnahm. Wir fragten Oscar, wie er sich gefühlt habe, bevor er in die Klinik kam, und er meinte, daß er fast jede Woche einen Anfall gehabt hatte.

«Es war sehr schwierig, einer gewöhnlichen Tätigkeit nachzugehen», sagte er. «Als ich hierher kam und die Medikamente absetzte, hatte ich einige schreckliche Krisen, doch nach zehn Tagen Behandlung stabilisierte sich mein Zustand. Seitdem habe ich keine Probleme mehr gehabt.» Oscars Mutter berichtete, daß er seit dem fünften Lebensjahr starke Medikamente zur Hemmung seiner Anfälle einnehmen mußte. Doch hätten ihn die Medikamente auch in seinen schulischen Leistungen blockiert und so weit getrieben, daß er kein normales Leben mehr führen konnte. Als er vor einem Monat zu Mendes in die Klinik gekommen sei, habe er seine Medikamente abgesetzt.

Alberto Villoldo: «Welche Veränderungen haben Sie im Zustand ihres Sohnes festgestellt?»

Señora Sanchez: «Seine Besserung war total, er hat keine Anfälle mehr, er treibt Sport, geht wieder zur Schule und führt ein normales Leben zuhause.»

Hier warf Mendes ein, daß er den Erfolg der letzten paar Wochen nicht als Beweis für eine vollständige Heilung betrachte. «In vielen Fällen», informierte er uns, «verschwinden die Symptome ziemlich rasch. Wir müssen ihn jedoch längere Zeit beobachten, bevor wir sagen können, ob er erfolgreich geheilt wurde. Nachdem wir sämtliche Medikamente abgesetzt hatten, geriet Oscar in eine Krise, und wir ermunterten ihn, die Anfälle auftreten zu lassen, und zeigten ihm, wie er sie kontrollieren konnte.»

Wir wollten wissen, ob die Grundlage der Behandlung darin bestehe, den Anfall beherrschen zu lernen. Mendes teilte uns mit, daß es nicht um die Kontrolle gehe, sondern daß die Basis der Therapie die hypnotische Regression sei. Diese Regression kann den Patienten in seine Kindheit zurückführen, oder in einen pränatalen Zustand, in dem die Person sich noch in der Gebärmutter befindet, und sogar in ein früheres Leben, um die Ursache der Anfälle zu finden und zu lösen.

Mendes glaubt, daß ein Epileptiker die emotional stark belastenden Ereignisse entdecken muß, die die Ursache seiner Erkrankung sind. Im Gegenatz zu konventionellen Psychiatern ist Mendes der Überzeugung, daß diese traumatischen Ereignisse nicht immer in diesem Leben passiert sind. Sowohl die Umbanda-Religion als auch Mendes glauben, daß es ein Leben nach dem Tod gibt, und daß der Geist nach der Befreiung von der körperlichen Hülle in einer anderen Dimension weiterlebt. Ebenso sind sie der Meinung, daß die Anfälligkeit für Krankheiten im Périspirit, dem feinstofflichen Energiekörper, der unseren physischen Körper umgibt, eingeprägt sein kann, und daß diese Krankheiten wieder auftreten können, wenn wir einen neuen Körper erhalten.

Die mediale Schulung

In der Umbanda-Religion reibt der oder (die) oberste Priester(in) die Stirn des Kranken mit den Fingern, um das mystische dritte Auge zu stimulieren, welches sie für das Zentrum des menschlichen Bewußtseins halten, und das uns unsere innere Vision erschließt. Mit Hilfe der Umbanda-Trommeln begeben sich die Klienten in einen veränderten Bewußtseinszustand, und mit ihrer erweckten, inneren Vision reisen sie in ihre Vergangenheit, zurück in die Kindheit und sogar in frühere Leben. Als Psychiater verläßt sich Mendes nicht auf rituelle Utensilien wie Kerzen, Rasseln und Speere, wie das die Umbanda-Priester tun, sondern bedient sich der hypnotischen Regression. Wenn der Patient bis zur Zeit eines traumatischen Ereignisses (wie etwa das Erfrieren im Wald oder den Tod in einer Schlacht) zurückgegangen ist, wird ein spiritistisches Medium herbeigerufen, um das vergangene Trauma (oder den Geist, im Falle einer störenden Wesenheit) zu beheben (bzw. zu entfernen) und diese Energie für den Patienten freizusetzen (bzw. die Wesenheit auszutreiben).

Mendes ist der Ansicht, daß die Austreibung eines störenden Geistes oder eines schmerzhaften Erlebnisses aus der Vergangenheit (wo die eigene frühere Persönlichkeit zum «störenden Geist» wird) nur vorübergehend Abhilfe schafft. Solange der Patient nicht gelernt habe, seine eigenen psychischen Fähigkeiten zu meistern, werde das Leiden immer wieder auftreten. Deshalb besteht Mendes darauf, daß die mediale Schulung Teil der Therapie sein müsse, denn nur allzu oft wendeten sich die zwar hochentwickelten, aber mangelhaft geschulten medialen Fähigkeiten gegen die sensitive Person und trügen so zu vielfältigen psychologischen und körperlichen Krankheiten bei.

Bei manchen Menschen haben vergangene Leben eine derart starke Bedeutung, so Mendes, daß sie sich wie eine getrennte Persönlichkeit verhalten und den Willen der betreffenden Person beherrschen können, wenn sie zufällig ins Bewußtsein gelangen. «Man kann von einem früheren Leben besessen sein», meinte er, «und immer wieder einen schmerzlichen Tod durchleben, wie Margot das tut.» Er zeigte auf eine junge Frau, die in unserer Nähe auf dem Rasen vor dem Hauptgebäude saß, das als Freizeitzentrum für die Klinik diente. Als Margot näherkam, verriet uns Mendes, daß sie Angesteellte des öffentlichen Dienstes gewesen war, bis sie einen schizophrenen Schub gehabt hatte und in eine psychiatrische Anstalt eingewiesen worden war. Ihre Schwester hatte sie vor einem Monat zur Behandlung in Dr. Mendes' Klinik gebracht. Dr. Mendes glaubt, daß Familien sich oft zusammen reinkarnieren, um Probleme der Vergangenheit zu bewältigen, und so bat er auch Margots Schwester Suzanne, in der Klinik zu bleiben, um die Behandlung ihrer Schwester zu unterstützen.

Eine kleine Gruppe von Klinikgästen scharte sich um uns. Margot kam herüber, setzte sich auf Mendes' Schoß und begann scheu zu kichern. Sie schien glücklich zu sein, doch erklärte Mendes, daß sie manchmal von Haß anderen Menschen gegenüber gepackt werde. «Sie lebt in ihrer eigenen Realität», bemerkte er, «sie ist wie ein Kind, deshalb sitzt sie auch gern auf meinem Schoß. Sie inszeniert häufig Situationen zwischen Vater und Tochter, wie sie es jetzt mit mir tut. Sie regrediert in ihre Kindheit und in ein früheres Leben. Viele Leute, die als schizophren eingestuft wurden, weisen dasselbe Muster auf.»

Wir fragten Mendes, welche Art der Behandlung er bei Margot anwenden werde. «Diese junge Frau ist Margots Schwester», erwiderte er und zeigte auf eine attraktive blonde Frau. «Während der therapeutischen Übungen mit Margot hat Suzanne ebenfalls ihre medialen Fähigkeiten entwickelt. Nun geht es darum, den ‹Wahnsinn› von Margot mittels eines medialen Prozesses auf ihre Schwester zu übertragen.»

Mit anderen Worten, Suzanne sollte mit ihren neuerworbenen medialen Fähigkeiten den Geist inkorporieren, der vermeintlich die Schizophrenie ihrer Schwester verursachte. Es wurde angenommen, daß es sich bei diesem «Geist» um eines von Margots früheren Leben handelte, in dem sie einen traumatischen Tod durch Ertrinken erlebt hatte. Dieser Vorfall war vor einigen Jahren aus ihrem Unbewußten aufgetaucht und hatte begonnen, sie erbarmungslos zu verfolgen.

Wir fragten Suzanne, ob sie nicht befürchtete, daß es gefährlich für sie sei, den Wahnsinn ihrer Schwester zu übernehmen. «Ich habe keine Angst», antwortete sie gelassen. «Ich habe erst vor einem Monat begonnen, meine Fähigkeiten zu entwickeln. Ich habe gelernt, von meiner Schwester und anderen Erkrankten Energien aufzugreifen und sie dann auch wieder loszuwerden.»

Mendes beschrieb uns, wie Suzanne versuchte, den «störenden» Geist, der sich in Margots Psyche verankert hatte, auszuschalten. «Eine eindringende Persönlichkeit», fuhr er fort, «ist eine Energie, die eine eigene Identität hat und gewöhnlich in der Gestalt einer Person auftritt – einer lebenden oder toten Person. Diese Energie kann den Verstand und die Gefühle einer anderen Person beeinflussen. Um unsere Gäste zu heilen, müssen wir diese Energien befreien, und zwar entweder durch die Bemühungen des Gastes selbst oder durch Einsatz eines Mediums, das diese Energien einfängt und sie verwandelt.» Mendes erklärte weiter, daß zwar niemand genau wisse, wie das Phänomen der medialen Hilfe funktioniere, doch sei das Wichtigste vor allem, daß es sich in der Behandlung dieser Störungen als nützlich erwiesen habe.

Die epileptischen und schizophrenen Patienten und ihre Familienmitglieder, die aufmerksam zugehört hatten, nickten zustimmend. Offensichtlich teilten sie alle die Auffassung, daß diese Störungen entweder durch körperlose Geister oder traumatische Ereignisse aus einem früheren Leben verursacht wurden. Nun ergriff ein junger Mann, der als schizophren diagnostiziert worden war, das Wort: «Ich glaube, daß er (Mendes) der Verrückteste von uns allen ist. Zu behandeln, was die Leute normalerweise Wahnsinn nennen, und das ohne Medikamente, ohne die Leute zu betäuben, sondern indem er den Wahnsinn kultiviert und mit ihm spielt, ja, dazu muß er viel, viel verrückter sein als wir alle.»

Regression in die Vergangenheit

Später am Nachmittag führte uns einer der Therapeuten zu einem großen Raum im Hauptgebäude der Klinik und informierte uns, daß in Kürze eine Therapiesitzung beginnen werde, in der alle Gäste in ihre Vergangenheit regredieren würden, um die aufgestauten Traumata, die ihre Krankheit verursachten, zu suchen und abzureagieren. Die Gäste kamen herein und ließen sich entlang der Wände nieder. Sie plauderten zwanglos miteinander und schienen sich alle wohl, wenn auch etwas ängstlich, zu fühlen. Im Raum herrschte die Atmosphäre eines ärztlichen Wartezimmers. Einer der Therapeuten teilte uns mit, daß alle Gäste aus freien Stücken hierhergekommen seien, und daß der Wunsch nach Heilung für Mendes ein wichtiges Kriterium sei, besonders bei der Arbeit mit Schizophrenen. Ein weiterer wichtiger Faktor sei, daß die Familienmitglieder gebeten wurden, sowohl an den Therapiesitzungen als auch an der Ausbildung zum Medium teilzunehmen, da Mendes der Meinung sei, Heilung wie auch Krankheit finde innerhalb der Familienstruktur statt.

Die letzte Person, die hereinkam, war Margot, die junge schizophrene Frau, die wir vorher kennengelernt hatten. Wir fragten Mendes, was er zu ihr meine, doch wies er darauf hin, daß sie keine diagnostischen Begriffe verwendeten. Die Gäste der Klinik seien zwar medizinisch als schizophren und epileptisch diagnostiziert worden, doch würden sie nicht als solche bezeichnet, da er diese Begriffe als abwertend empfinde und sie den Heilungsprozeß eher störten als förderten. Er erzählte uns weiter, daß Margot sich einem Wendepunkt in ihrer Therapie näherte, da sie langsam begreife, wie sie von einem Aspekt ihrer Vergangenheit beherrscht werde. Allerdings herrscht allgemein die Überzeugung, daß Schizophrenie psychotherapeutisch schwer zu behandeln ist, und selbst Mendes behauptet, nur in fünfzehn Prozent der Fälle erfolgreich zu sein.

Die Gruppe faßte sich an den Händen, bildete einen Kreis und begann, sich zu brasilianischer Samba-Musik, die aus den Lautsprechern ertönte, zu bewegen. Mendes wirbelte eine Person nach der anderen – sowohl Gäste wie Verwandte – in der Mitte des Zimmers herum, und dann drehten sie sich gegen den Uhrzeigersinn weiter, so wie die Umbanda-Medien, wenn sie sich in Trance begeben wollen. Diese Kreisbewegungen, die von Sufi-Tänzen in der Türkei und in verschiedenen schamanischen Traditionen auf der ganzen Welt benutzt werden, um in veränderte Bewußtseinszustände einzutreten, hatte Mendes auf einmalige Weise abgeändert. Die Personen im Kreis brachen gelegentlich in spontanen Tanz aus. Der Arzt bemerkte, daß dies körperliche Spannungen lösen helfe. Nach einer Stunde wurde die Musik leiser und die Tänzer legten sich erschöpft auf den Boden.

Neben jedem Gast befand sich ein Familienmitglied und ein Medium, dessen Aufgabe es war, die vergangenen Leben und störenden Geister, die Ursache der Epilepsie oder Schizophrenie sein sollen, zu inkorporieren, wieder zu erleben und sich ihrer dann zu entledigen. Die Gruppe begann, nach Dr. Mendes' Anweisungen rhythmisch zu atmen, was den einzelnen zu helfen schien, in ihre eigene Trance einzutreten, und währenddessen ging Mendes zu jedem einzelnen und stimulierte das dritte Auge an der Stirn. Er forderte sie auf, ihre innere Vision zu öffnen und in die Vergangenheit zu reisen, wo sie vielleicht den Ursprung ihrer Krankheit entdecken würden. Die Medien fingen der Reihe nach an, zu inkorporieren und laut zu stöhnen, einige brachen in Tränen aus. Mendes trat an jedes Medium heran und sprach zu der Wesenheit, die das Medium inkorporiert hatte. Er half ihnen, das traumatische Ereignis zu integrieren und arbeitete mit dem vermeintlichen Geist oder der vergangenen Inkarnation.

Im Laufe der Sitzung bemerkten wir, daß Margot ihre Schwester Suzanne anschrie und ihr befahl, wegzugehen, nie wiederzukommen und sie in Ruhe zu lassen. Mendes erklärte uns, daß Suzanne sich als Medium die Ursache von Margots «Wahnsinn» zu eigen gemacht hatte, d.h. die vergangene Inkarnation, bei der Margot einen traumatischen Ertrinkungstod erlitt, angenommen hatte. Es war, als betrachte Margot ihr vergangenes Leben in einem dreidimensionalen Spiegel, und als versuchte sie, davon loszukommen.

Unterdessen lag Suzanne auf dem Boden und ihr Körper wand sich in Krämpfen. Sie schlug mit der Faust auf den Teppich und schrie, daß sie nicht zurückgehen und wieder ertrinken, daß sie leben und kein Wasser mehr schlucken wolle. Mendes berichtete uns, daß Margot diese Todeserfahrung, deren sich Suzanne jetzt zu entledigen suchte, immer wieder erlebt habe. Suzanne sträubte sich gegen das Ertrinken und versuchte krampfhaft, sich an jemandem oder etwas festzuhalten, und ergriff, um Hilfe flehend, die Hand eines jungen Mannes. In diesem Augenblick begann Mendes, ihre Stirn zu reiben, um ihr – so behauptete er – zu helfen, sich von der Vergangenheit ihrer Schwester loszulösen. Langsam tauchte Suzanne, völlig erschöpft, aus der Trance auf, und Mendes bemerkte, daß Margot nun wieder von ihrer Vergangenheit «besessen» sein und die Persönlichkeit hassen werde, die jetzt wieder dominierte. Und die werde auch ihre Schwester hassen, weil sie den Schmerz nicht für immer weggenommen hatte. Dieser Kreislauf könnte nur durchbrochen werden, wenn Suzanne endlich in der Lage sei, die Wesenheit zu vertreiben.

Während die Musik verklang, half Mendes jedem Medium und Gast, aus der Trance aufzuwachen, in der sie sich über eine Stunde lang befunden hatten. Allmählich öffneten die Leute ihre Augen und fingen an, mit ihrer Familie und mit den Medien zu sprechen und ihre Erfahrungen auszutauschen.

Am Abend traf sich die Gruppe mit Mendes, um die Trance-Reisen zu diskutieren und zu analysieren. Wir baten Suzanne und Margot, sich draußen zu uns zu gesellen.

Zuerst wollten wir wissen, was sich während der Regression ereignet hatte und ob Suzanne sich an das erinnerte, was geschehen war. «Ich erinnere mich nicht an alles», meinte sie. «Ich spürte eine Energie, doch wußte ich nicht, wer es war. Ich spürte, wie jemand, eine Kraft an meiner Hand zog. Aber ich bin auch dabei, meine eigenen Energien zu befreien, mich geistig zu entwickeln. Mit jedem Mal entwickele ich mich mehr.» Sie erinnerte sich vor allem an Körperempfindungen und meinte, daß sie nicht in der Lage sei, alles, was sie fühlte, vollständig zu beschreiben. Am wichtigsten sei gewesen, daß sie diese Arbeit aufgenommen habe, weil sie ihrer Schwester helfen wollte, «doch stelle ich jetzt fest, daß ich auch mich selbst befreie. Ich nehme nicht nur eindringende Energien auf, sondern befreie auch meine eigenen. Ich bin schon viel freier geworden.»

Mendes ist der Ansicht, daß die Arbeit als Medium sowohl medizinischen als auch psychotherapeutischen Wert haben kann. «Die Bedeutung medialer Arbeit», bemerkte er, «ist die, daß die Leute lernen, mit ihren eigenen Energien umzugehen. Die mediale Arbeit ist eine bio-physikalische Übung, die die Person in einen transzendentalen Zustand versetzt, in dem sie andere Möglichkeiten hat, um ihre außergewöhnlichen Fähigkeiten und andere Dimensionen ihrer Gefühle und Gedanken zu erforschen. Mediale Arbeit führt zu einer Integration der physischen, mentalen, emotionalen und geistigen Aspekte einer Person.»

Währenddessen hatte Margot Suzanne mit deutlicher Verachtung angeschaut und ihren Mund bewegt, als spreche sie, ohne jedoch einen Laut von sich zu geben. Wir fragten sie, wie sie sich jetzt nach der Sitzung fühle. «Als ich in das Schwimmbecken fiel?» fragte sie. «Da bin ich gestorben. Ich habe Wasser geschluckt. Ich habe um Hilfe geschrien.» Dies waren die ersten Worte, die Margot direkt zu uns sprach. War dies ein sorgfältig einstudiertes Schauspiel, das sie und ihre Schwester uns vorspielten? Es fiel uns schwer, das zu glauben. Außerdem hatte sich Margot nur während der Trance-Regression «normal» verhalten, als ihre Schwester ihre vermeintliche Vergangenheit inkorporiert hatte.

«Hilft es Ihnen, mit Ihrer Schwester zusammenzuarbeiten?» fragten wir sie. Sie schaute uns mit Erstaunen an und entgegnete: «Welche Schwester?» Sie hatte offensichtlich die Rolle ihrer vergangenen Inkarnation angenommen.

Erst Wochen später, als wir sorgfältig unsere Filme und Tonbänder studierten, verstanden wir genauer, was in der Theraphie geschah, denn in dem Zimmer hatte über eine Stunde lang Chaos geherrscht. Etwa fünfzehn Medien hatten gestörte Wesenheiten oder ein vergangenes Leben eines Gastes inkorporiert. Die Medien schrien, stöhnten und sprachen alle gleichzeitig. Dennoch schien Mendes die Situation immer im Griff zu haben, er arbeitete manchmal mit dem Gast, der in Trance auf dem Boden lag, manchmal mit dem Medium, und nahm sich dabei immer die Zeit, uns zu erklären, was vor sich ging. Man konnte leicht verstehen, warum Ärzte, die diesen Sitzungen beiwohnten, das, was in diesen Sitzungen geschah, falsch interpretieren und sie als Kulthandlung oder getarnte Umbanda-Sitzung abtun konnten, wie das so oft der Fall war.

Nicht nur in Brasilien ...

Wir fragten uns, ob die medialen Methoden von Mendes nur bei Brasilianern funktionierten, die bereits von ihrer Kultur her dazu neigten, an Geister zu glauben. Mendes lud zwei Mitglieder unserer Gruppe, Dr. George Araki und Frau Camilla Sherman, eine Amerikanerin, ein, an einer Sitzung teilzunehmen, in der es darum ging, zu einem früheren Leben zu regredieren. Mendes meinte, daß beide höchst sensitiv zu sein schienen und leicht ihre medialen Fähigkeiten entwickeln konnten. Sie wurden gebeten, an allen Übungen teilzunehmen und sich dann mit den Klinikgästen und den anderen Medien auf den Boden zu legen. Dr. Araki berichtete, er sei in einen Zustand tiefer Entspannung eingetreten, so als schwebe er im Weltall. Frau Sherman hingegen schien während der Trance tief bewegt zu sein, sie weinte die meiste Zeit. Wir fragten sie, was sie empfunden hatte.

«Ich versuchte, mich völlig hinzugeben», erzählte sie uns später, «obwohl ich das vorher noch nie getan hatte. Mir wurde schwindlig und schließlich verlor ich das Bewußtsein, und als ich aufwachte, war ich bei teilweisem Bewußtsein und identifizierte mich mit allem Leiden der Welt. Es war, als wäre ich eine Wesenheit geworden, die das Leiden der Menschheit spürt. Es ist schwierig zu beschreiben.»

Der brasilianische Ärztebund gestattete Mendes nicht, seine Arbeit anläßlich ihrer Tagungen vorzustellen. Er sagt dazu: «Meine Arbeit ist anti-psychiatrisch, sie stellt die medizinische Vorstellung von Epilepsie in Frage. Wir betrachten Epilepsie als psychisches Phänomen und nicht als neurologisches Problem, wie die Medizin das tut. Jedesmal, wenn ich vorschlage, daß es sich bei der Epilepsie um ein bio-energetisches, paranormales und psychisches Phänomen handelt, gibt es Diskussionen, weil die Mediziner weiterhin darauf bestehen, daß es sich lediglich um ein körperliches Phänomen handle, um eine Erkrankung des Zentralnervensystems. Es ist sehr schwierig, die medizinische Denkart der Medizin zu ändern.»

Stanley Krippner: «Wie lange kennst du Mendes?»

Alberto Villoldo: «Ich kannte ihn schon zehn Jahre, bevor ich 1983 nach Brasilien reiste.»

S. K.: «Hast du einen der Fälle weiterverfolgt?»

A. V.: «Ich habe gesehen, wie Dutzende von Epileptikern nach durchschnittlich vier Wochen Behandlung die Klinik verließen. Sie schienen geheilt und brauchten weder Medikation noch weitere Behandlung. Gleichzeitig habe ich auch Epileptiker gesehen, die mitten in der Therapie gegangen sind, doch verschwand innerhalb kurzer Zeit aller Nutzen. Mir scheint, daß für eine erfolgreiche Therapie mindestens ein Familienmitglied dabei sein muß. Mendes' angebliche Erfolgsziffer von fünfundachtzig Prozent basiert auf folgenden beiden Bedingungen: der Epileptiker muß das ganze Programm durchlaufen und von einem Familienmitglied begleitet werden.»

S. K.: «Für mich klingt das, als fördere die Behandlung eine Art Selbstregulierung. Die verschiedenen Arten von Epilepsie gehen mit dramatischen Veränderungen des Bewußtseins einher, von denen einige ziemlich spektakulär sind. Es kann sein, daß ein Epileptiker vor einem Anfall Auren sieht, ein Gefühl des Déjà-vu hat, oder Sinnesänderungen erlebt, die darauf hindeuten, daß bald ein Anfall bevorsteht. Durch Biofeedback wurden einige Epileptiker befähigt, Kontrolle über die Episode auszuüben und die Symptome auf ein Minimum zu reduzieren. Vielleicht tun Mendes' erfolgreiche Klienten etwas Ähnliches, indem sie ihren epileptischen Schub in eine mediumistische Erfahrung umwandeln.»

A. V.: «Als ich Leiter des Labors für Selbstregulierung an der San Francisco State University war, konnten wir unseren Versuchspersonen beibringen, mit Entspannungs- und Visualisierungstechniken eine ungewöhnliche Kontrolle über Körperfunktionen auszuüben. Möglicherweise enthalten die von Mendes verwendeten Umbanda-Techniken wirksame, wenn auch unbewußte Anweisungen, um der Person beizubringen, ihren Körperzustand, insbesondere die mit Epilepsie einhergehenden elektrischen Hirnstörungen, zu regulieren.»

S. K.: «Während unserer Reise nach Rio de Janeiro im Jahre 1983 traf ich Dr. David Ahkstein, einen Psychiater, der ebenfalls von den Umbanda-Ritualen beeinflußt worden ist. Er hat eine Tanz-Therapie entwickelt, bei der seine Klienten herumwirbeln und dann zu Samba-Rhythmen einen Freistiltanz aufführen. Dies scheint eine nützliche Ergänzung zu anderen Formen der Psychotherapie für Klienten zu sein, die ängstlich sind, depressiv, oder an anderen psychischen Problemen leiden.»

A. V.: «Brasilien zu besuchen ist für einen Arzt oder Psychotherapeuten etwas Besonderes, denn die spiritistischen Religionen beschäftigen sich alle mit einer Vielfalt von physischen und emotionalen Störungen, und zwar auf eine höchst findige und raffinierte Weise, die auch die geistige Dimension mit einschließt.»

S. K.: «Ein Beispiel für diese praktische Findigkeit wäre Mendes' Einbeziehung eines Familienmitgliedes in die Therapie. Dies ermutigt einerseits die Patienten und liefert ihnen andererseits eine Unterstützung, wenn sie die Klinik verlassen haben. Viele schamanische Praktiker beziehen auch Eltern, Geschwister, Kinder und Ehegatten in das Behandlungsprogramm ein.»

A. V.: «Albert Schweitzer kannte den Heilungswert des ‹wahren Freundes›, und er schockierte seine ärztlichen Kollegen, indem er den Familien seiner Patienten gestattete, in der Nähe seines Krankenhauses in Westafrika zu bleiben und sogar für das kranke Familienmitglied zu kochen. Er scheint einer der ersten Ärzte gewesen zu sein, der zugab, daß die moderne Medizin durch das Studium eingeborener Heilungsriten wertvolle Erkenntnisse gewinnen kann. Mendes hat diese Philosophie einen Schritt weiter geführt, indem er tatsächlich solche Techniken auf Zustände wie die Epilepsie, die wir im Westen ja als unheilbar betrachten, anwendet.»

VIERTES KAPITEL

Inkorporierung der Geister

Mediumismus, spiritistisches Heilen und verschiedene Formen des Exorzismus sind in ganz Brasilien weitverbreitet. Die afrikanischen Sklaven, die ab dem Jahr 1550 in den Nordosten Brasiliens kamen, brachten ihren Yoruba-Glauben an die Geister (orixas) mit. Diese mächtigen, furchterregenden und sehr menschenähnlichen Götter und Göttinnen ließen mit sich reden, sich inständig bitten und durch besondere Opfergaben schmeicheln. Die Sklaven wurden zwar von den portugiesischen Kolonisatoren als Christen getauft und gezwungen, am Sonntag zur römisch-katholischen Messe zu gehen, doch praktizierten sie während der übrigen Woche ihren eigenen afrikanischen Glauben. Um einer Strafverfolgung zu entgehen, verschmolzen sie die *orixas* und gaben ihnen sowohl traditionelle wie auch christliche Namen. In den Sklavenvierteln fand man häufig ein Bild von Iemanja, der Yoruba-Göttin der Meere, neben ihrem christlichen Pendant, der Jungfrau Maria.

1822 wurde Brasilien unabhängig und 1888 wurde die Sklaverei aufgehoben. Mehr als fünfzehn Generationen von Brasilianern haben die Geschichten der *orixas* gehört, vom Tod durch den bösen Blick, von Krankheiten, die durch den Rat der Geister geheilt, und von Ehen, die durch das Eingreifen von Geistern gerettet wurden. Selbst die brasilianische Oberschicht glaubt an Geister, die ihnen in der Milch ihrer schwarzen Ammen zugeführt wird. Obwohl Brasilien ein Land frommer Christen ist, leben die Gedanken und Gefühle der afrikanischen *orixas* in seinen Urwäldern und Städten weiter.

Es kam bald zu einer Spaltung bei den Anhängern der afrikanischen Traditionen, doch ist *Candomblé* immer noch die reinste Form und ähnelt am ehesten der afrikanischen Yoruba-Religion. Seine Anhänger behielten die ursprünglichen Namen der afrikanischen *orixas* bei, und 1830 wurde Brasiliens erstes ständiges Candomblé-Zentrum von drei ehemaligen Sklavinnen gegründet, die später Hohepriesterinnen, bzw. Mütter der Heiligen, wurden. Während bei der Umbanda-Religion die Tempelvorsteher meist Männer sind, stehen beim Candomblé gewöhnlich Frauen an der Spitze. Sie sind es, die die Töchter der Heiligen im Volkstum und in den magischen Riten ihrer afrikanischen Vorfahren sowie in der Inkorporation verschiedener Kontrollgeister oder Geistführer unterrichten.

Die 1904 gegründete Umbanda-Bewegung hat ihren Ursprung im Candomblé und den christlichen Traditionen. Sowohl Umbanda- wie auch Candomblé-Praktiker betonen, wie wichtig die Inkorporierung von Geistführern ist und verehren Jesus Christus. Außerdem werden für die *orixas* die christlichen statt der ursprünglich afrikanischen Namen verwendet. Während die *babalorixas,* die geistigen Führer der Candomblé-Tempel, gewöhnlich nach Afrika zurückkehren, um sich in die alten Yoruba-Sitten einweihen zu lassen, werden die Umbanda-Väter der Heiligen in Brasilien initiiert und erhalten dort auch ihren Titel. Überdies scheint die Umbanda-Religion das Erbe der ersten brasilianischen Indianer mit dem Kult der *orixas* und der christlichen Heiligen der Eroberer verschmolzen zu haben. Die Rituale der Umbanda-Religion und des Candomblé sind zwar sehr verschieden, doch haben die beiden Religionen drei Überzeugungen gemeinsam:

1. Der Mensch hat sowohl einen physischen als auch einen geistigen Körper.

2. Körperlose Geister stehen in ständiger Verbindung mit der physischen Welt.
3. Der Mensch kann lernen, zu Heilungs- und Entwicklungszwecken Geister zu inkorporieren.

Wie bei den Spiritisten kann die Person auf verschiedene Weise zur Umbanda oder zum Candomblé berufen werden: durch Träume, durch spontane Inkorporation eines Geistführers durch mediumistische Behandlung einer Krankheit oder durch den Kontakt mit anderen Medien bei einer gemeinnützigen Tätigkeit oder einer anderen Art von Arbeit. Handlungen wie die Inkorporation von Geistern, die Reaktualisierung vergangener Leben, automatisches Schreiben und Astralreisen gedeihen seit über fünfzehn Generationen in Brasilien, weshalb sie ihren exotischen Charakter verloren haben und als ganz natürlich empfunden werden. Überdies veranlassen einen die Gespräche mit Geistern durch ein Medium und die daraus resultierende Weltanschauung, sich anderen Fragen des Alltags zuzuwenden.

Für viele Menschen sind die Philosophien des Kardecianismus, des Candomblé und der Umbanda lohnenswerter als diejenigen einer eher säkularen Gesellschaft oder einer traditionellen Religion. Der Reiz, ein Kanal für Heilungen zu werden, ist besonders ausgeprägt bei Menschen, die großen Wert auf ein Leben im Dienste anderer legen. Wenn der Schüler die Geistverkörperung als positiv erlebt, «verbunden mit einem Gefühl der Ekstase und der Selbst-Transzendenz während der Trance», wie viele von ihnen berichten, dann kann das Bedürfnis nach persönlicher Anerkennung, Selbstentfaltung sowie der Wunsch, etwas Sinnvolles und Bedeutsames im Leben zu erreichen, erfüllt werden.

Die Rückkehr von Pena Azul

Im April 1983 besuchte Alberto Villoldo einen Umbanda-Tempel, der sich im hinteren Teil eines kleinen Vorortshauses befand, das fast anderthalb Stunden von der Stadtmitte São Paulos entfernt war: «Man teilte uns mit, daß an jenem Abend über zweihundert Personen an der Zeremonie teilnehmen würden, doch war der Tempel bloß ein winziges Sitzungszimmer, kaum größer als 30 Quadratmeter. Die Hälfte des Tempels war mit Stuhlreihen gefüllt, die vor einem offenen Platz in Abteilungen mit Gängen angeordnet waren; auf diesem Platz, der mit Statuen christlicher Heiliger geschmückt war, versammelten sich die Medien. An der Wand, in der Mitte des Raumes, über einer kleinen Statue des Weisen Alten Schwarzen Sklaven, einem der wichtigsten Geistführer des Tempels, befand sich ein großes Wandgemälde von Christus. Links davon standen drei Conga-Trommeln. Der Vater der Heiligen, Don Roberto, informierte uns, daß der ‹Musikmeister› die Rhythmen eines jeden Geistführers des Tempels auf den Trommeln spielen würde. Sowohl die afrikanischen als auch die christlichen Heiligen würden dann vom Rhythmus der Trommeln und den Gesängen der Medien gerufen.

Don Roberto, ein großer freundlicher Mann Anfang Fünfzig, begrüßte uns herzlich und deutete an, daß es uns offen stünde, uns während der Zeremonie frei zu bewegen, da wir, wie es sich für ein solches Ritual gezieme, in Weiß gekleidet waren. Er empfing uns als Ehrengäste und erlaubte uns, daß wir in die Altar- und andere Ritualbereiche eintreten durften, die der Öffentlichkeit normalerweise nicht zugänglich sind.

Don Roberto erklärte weiter, daß die Umbanda-Sitzungen gekennzeichnet sind durch die Inkorporation indianischer und afrikanischer Geistführer sowie der Geister von früh Verstorbenen. In einigen Teilen Brasiliens erscheinen auch orientalische Geister. Im allgemeinen werden jedoch die wichtigsten afrikanischen *orixas* wie etwa Xango, Ogun und Oxoxi nicht inkorpo-

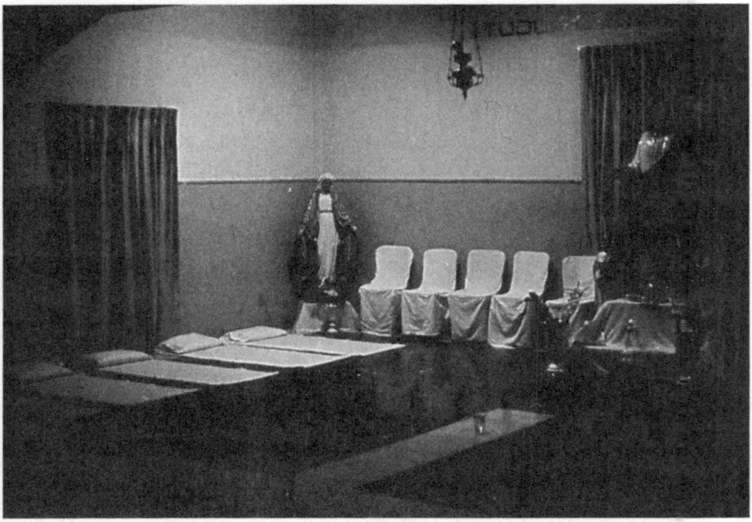

Im Umbanda-Tempel.

Im Umbanda-Tempel.

Im Umbanda-Tempel.

Don Roberto meditiert, um den Geist von Pena Azul zu inkorporieren.

riert, weil man befürchtet, daß das Medium aufgrund der Intensität einer solchen Transaktion «explodieren» könnte.

Was dann geschah, traf uns völlig unvorbereitet. Anderthalb Stunden nach unserer Ankunft drängten sich Hunderte von Menschen in den Tempel. Sie waren gekommen, um von den nahezu hundertfünfzig Medien und Heilern geheilt zu werden. Man konnte sich nicht bewegen, und wir standen vor dem Dilemma, entweder bei der Gemeinde zu sitzen und den größten Teil der Handlung zu verpassen, oder Don Robertos Einladung anzunehmen und uns zu der Schar der Medien auf dem Boden zu gesellen. Wir entschieden uns für letzteres, da wir weiß gekleidet waren wie alle Söhne und Töchter der Heiligen, und wir unbedingt die Umbanda-Medien aus nächster Nähe erleben wollten.

Die Zeremonie wurde eröffnet, indem die Medien die Lieder der Exu sangen, d.h. derjenigen *orixas*, die die Kräfte der Natur darstellen und als Boten für die Götter gelten. Exu, (ein Begriff, der sowohl im Singular wie im Plural benutzt werden kann), ist auch der «Trickster» und symbolisiert das göttliche Unbewußte. In den Liedern wird er gebeten, den Tempel zu beschützen und zu verhindern, daß im Laufe des Abends Böses oder Betrügereien geschehen.

Draußen wurde zwischen drei Kerzen Zuckerrohrschnaps als Opfer für Exu hingestellt. Bald danach begannen die Söhne und Töchter der Heiligen, sich zum Klang der Trommeln zu wiegen und sangen zu Pena Azul, dem Navajo-Medizinmann, der als wichtigster Geistführer des Tempels gilt. Pena Azul erfreut sich in ganz Brasilien einer breiten Anhängerschaft, da er einer der ersten Geistführer war, der mit den Umbanda-Medien zusammenarbeitete. Don Roberto unterrichtete uns, daß Pena Azul ein indianischer Heiler sei, der vor über zweihundert Jahren gestorben war und zurückgekehrt sei, um durch die Umbanda-Medien zu heilen.

Als der Schlag der Trommeln wild und ekstatisch wurde, wandte sich Don Roberto dem Bild von Christus über dem

Altar zu und rief den Geist von Pena Azul. Ein Beben ging durch seinen Körper, als er den Geist des Medizinmannes inkorporierte. Unverzüglich brachte sein Assistent einen blauen Federkopfschmuck, den er dem Medium aufs Haupt setzte, und reichte ihm eine langstielige Friedenspfeife, wie sie von den nordamerikanischen Indianern verwendet wird.

Der Geist von Pena Azul begann durch Don Roberto zu sprechen und sagte, er wisse, daß die Gemeinde sich versammelt habe, um die Gabe der Heilung zu empfangen. Er werde allen Anwesenden dieses Geschenk geben, da sie seine geistigen Kinder seien. Dann führte er einen traditionellen indianischen Medizintanz auf, während er in der einen Hand einen Speer und in der anderen die Friedenspfeife hielt, und segnete jedes Mitglied der Gemeinde, indem er jeweils den Kopf des Betreffenden mit der Speerspitze leicht berührte.

Als nächstes hieß der Geist von Pena Azul die Geister der indianischen Medinzinmänner und -frauen zu kommen und die

Jugendliches Medium bei der Tabak-Zeremonie.

Körper der Medien in Besitz zu nehmen. Er rief auch die Geister von Brasliliens Urwald-Schamanen und der Alten Schwarzen Sklaven, die bei der Schwerarbeit in den Zuckerrohrplantagen umgekommen waren. Ein Medium nach dem anderen begann herumzuwirbeln, sobald es den Geist inkorporiert hatte, und nahm dann die Haltung des betreffenden Geistführers an. Zum Beispiel erschienen die Indianer vom Alter gebeugt, als sie inkorporiert wurden; überdies genossen sie das Rauchen von Tabak, der für viele amerikanische Stämme eine heilige Pflanze ist. Sowohl Männer wie Frauen, wie auch einige Jugendliche, die in ihrer Ausbildung zum Medium standen, pafften an langen Zigarren, deren Rauch sie tief inhalierten. Der Raum füllte sich bald mit Rauch; im Tempel, von der Wärme brasilianischen Abends durchdrungen, wurde es unerträglich heiß, und die Medien und die Gemeinde waren in Schweiß gebadet. Nachdem etwa hundert Medien Geistführer inkorporiert hatten, traten verschiedene Mitglieder der Gemeinde nach vorn, um sich heilen zu lassen. Für einige bestand die Heilung in Ratschlägen bezüglich ihrer Gatten, ihrer Kinder oder ihrer Arbeit; andere wiederum wurden wegen physischer Probleme diagnostiziert und erhielten pharmazeutische oder Naturheilmittel verordnet. Wieder anderen wurde der Rat erteilt, ihre medialen Fähigkeiten zu entwickeln. Die Umbandisten, wie auch die Anhänger des Candomblé und des Kardecianismus, glauben, daß die wichtigste Heilung die Heilung des Geistes ist, d.h., wenn man sich aktiv mit seiner eigenen geistigen Entwicklung beschäftigt.

Man sah, wie ein Mann mittleren Alters lernte, sich in die ekstatische Trance des Umbanda zu begeben und den Geist seines Geistführers zu inkorporieren. Er begann, sich wie ein Affe mit beiden Fäusten auf die Brust zu schlagen. Die Medien erklärten, daß die ersten Begegnungen mit den Geistern schwierig seien, und daß häufig unterdrückte Gefühle aus der Vergangenheit befreit werden müßten. Sie interpretierten das Schlagen mit den Fäusten als unbewußten Versuch, die verschiedenen ‹Energiezentren› im Körper zu öffnen. Die Medien meinten, daß er in seinem Herzen und Sonnengeflecht stark blockiert sei; die Energiezentren hätten mit Gefühlen und der Ausdrucksfähigkeit zu tun. Einige Augenblicke später hörte der Mann auf, sich auf die Brust zu schlagen, und sein Körper fing an zu zittern, als würde er in Krämpfe fallen. Für die Medien war dies die Folge davon, daß sich die ‹Energiesäfte› der Geistführer mit seinen eigenen zu vereinigen begannen. Nach Ansicht der Umbandisten wird das Gehirn des Initianden im frühen Stadium der medialen Schulung gleichzeitig von zwei verschiedenen Persönlichkeiten besessen, was im Gehirn ‹elektrische Stürme› verursacht, die in seinem ganzen Körper spürbar sind.

Wir fragten Don Roberto, der noch immer unter der Kontrolle von Pena Azul stand, ob er an einem von uns einen Heilungsversuch vornehmen würde. Er zeigte auf Dr. George Araki, einen Biologen, und meinte, daß er bereit sei, einen Sprung in seiner geistigen Entwicklung zu machen. Pena Azul war der Ansicht, daß Dr. Araki eine stärkere und direktere Verbindung zu seinen Geistführern benötige, und bat ihn in die Kreismitte. Er begann, dem Biologen Rauch aus seiner Pfeife ins Gesicht zu blasen, mit der Erklärung, daß er die Energiefelder um seinen physischen Körper herum reinige. Dann fing er an, mit seinen Fingern das auf der Stirn befindliche dritte Auge zu stimulieren, da dies, dem Umbanda-Glauben zufolge, das Zentrum des Bewußtseins und der ‹Vision› in die geistige Welt darstellt. Nach einigen Augenblicken begann Dr. Araki, sich hin und her zu wiegen. Dabei stürzte er einmal nach hinten, doch fingen ihn glücklicherweise zwei von Don Robertos Assistenten auf.»

Dr. Araki berichtete später: «Umbanda war für mich eine sehr warme und beruhigende Erfahrung. Die beiden Führer waren so empfänglich und akzeptierten uns vollkommen, so daß ich ein ungeheuer großes Vertrauen und eine ganz starke Wärme von ihnen her spürte. Als sie mich in den Kreis brachten, wo wilde und ekstatische Aktivität herrschte, und mit dem Ritual begannen, empfand ich ein Gefühl der Hingabe: das Gefühl, aufzugeben, loszulassen und zu vertrauen. Ich hatte den Eindruck, daß ich die ganze Zeit über bewußt bzw. wach war, doch hatte ich diese Verbindung zum Bewußtsein sozusagen nur im hintersten Winkel meines Gehirns. Don Roberto ließ mich derart herumwirbeln, daß mir schwindlig wurde, und dann bin ich einfach zusammengebrochen.»

Befreiung der Seele

Der Schlüssel zu Umbanda-Heilungen ist die ekstatische Trance, ein veränderter Bewußtseinszustand, in dem man neue Perspektiven über sein Leben gewinnt und die Verhaltensweisen ändern kann, die Krankheit verursachen. Die Lieder der Umbanda bestätigen ebenfalls die heilende Botschaft, daß der Geist niemals stirbt, sondern seine Reise in andere Welten ewig fortsetzt. Die am meisten erleuchteten Geister entscheiden sich, wiederzukehren und durch die Umbanda-Medien ihr Wissen weiterzugeben und zu heilen. Für die Anhänger dieser synkretistischen Religion ist der mediale Prozeß eine Verbindung mit diesen hochentwickelten Geistern, eine Verbindung, die angeblich das Medium zu immer höheren Bewußtseinsebenen erhebt.

Pena Azul sprach, nachdem er inkorporiert worden war, in einer Sprache, die keiner von uns verstand. Seine Worte mußten von einem seiner Heiler übersetzt werden, da es sich, wie dieser behauptete, um eine alte indianische Sprache handelte. Pena Azul winkte dann einem anderen Mitglied unserer Gruppe, Edmundo Barbosa, einem klinischen Psychologen aus Brasilien zu, und erklärte, daß Barbosa unter dem Einfluß zwar subtiler, aber dennoch starker Kräfte stehe, einige davon psychosomatischen Ursprungs, die schließlich eine ernsthafte Erkrankung zur Folge haben könnten. Er fuhr fort, daß Barbosa sich einem Ritual symbolischen Todes unterziehen sollte, bei dem er in die Welt der Geister reisen würde, um seine Seele zu befreien und wieder gesund zu werden. Nachdem sich der Psychologe den Anweisungen gemäß auf den Boden gelegt hatte, wurde er mit einem weißen Tuch bedeckt. Der Medizinmann begann, um ihn herumzutanzen, wobei er seine Rassel hin- und her bewegte und symbolische stoßende Bewegungen mit seinem Speer machte. Der Rhythmus der Trommeln hatte sich geändert und war jetzt heftiger und durchdringender als vorher. Daraufhin stieß Pena Azul seinen Speer in Richtung Barbosas Kopf, kniete plötzlich nieder und gebärdete sich so, als schneide er die Brust des Psychologen mit einem Messer auf. Dies stellte den Tod des physischen Körpers dar und katapulierte seinen Geist auf eine Reise ins Jenseits.

Don Roberto, der immer noch den Geist von Pena Azul inkorporierte, nahm eine Kerze und führte sie über jedes einzelne «Energiezentrum» Barbosas, vom Scheitel bis zum Unterleib. Einer der Heiler erklärte uns, daß während der Todeszeremonie altes Leid aus der Vergangenheit, das oft Ursache der Krankheit sei, ausgelöscht werden könne. Es wird zurückgelassen und von der Flamme der Kerze symbolisch verbrannt.

Wir fragten Barbosa, wie er sich während des Rituals gefühlt habe. Er erwiderte: «Am Anfang war ich angespannt und fühlte mich unbehaglich, und dann beschloß ich, einfach die Augen zu schließen und es mit mir geschehen zu lassen. Sobald ich diese Entscheidung getroffen hatte, spürte ich eine Öffnung in meinem Körper, als würde ich entzweigerissen. Darauf folgte ein Gefühl der Kraft, und ich spürte, daß ich Verbindung aufgenommen hatte mit etwas in mir, das mich beschützte. Nachher bereute ich, daß es so schnell vorbei war. Ich wünschte, ich hätte länger bleiben können. Ich fühlte mich nachher sehr erleichtert. Ich war sehr leicht; ich hatte das Gefühl, mindestens fünf oder zehn Kilo leichter zu sein.»

Inzwischen war es bereits Mitternacht und Zeit, die Zeremonie langsam abzuschließen. Pena Azul wandte sich an die

Don Roberto bedankt sich am Ende der Umbanda-Zeremonie.

Gemeinde und bemerkte, daß die Welt heute ein sehr finsteres Herz habe. Die Welt befinde sich in einer großen Krise, und jedermann sei beunruhigt und betroffen. Der Geist des Medizinmannes prohezeite: «In kurzer Zeit wird die Welt sich zu ändern beginnen. Denkt an mich, und ich werde mit euch sein.»

Er forderte die Gemeinde auf, sich an der Heilung der Welt zu beteiligen, ganz gleich mit welcher Art von Arbeit oder Beruf. Dann vollführte der Medizinmann einen Schlußtanz, segnete die Gemeinde und gab Don Roberto seinen Körper zurück. Nachdem Don Roberto sich herzlich von uns verabschiedet hatte, verließen wir den Tempel und traten in die warme brasilianische Nacht hinaus.

Der Weg der Orixas

In der nordbrasilianischen Stadt Salvador besuchte Stanley Krippner die Casa Branca, eines der ältesten brasilianischen Candomblé-Zentren, und sprach mit Mae Menininha De Gantios, die das am meisten bewunderte Cancomblé-Medium Brasiliens ist. Auf die Wände der Casa Branca hat man verschiedene *orixas*, die im Candomblé verehrt werden, gemalt: Ogun, *orixa* der Landwirtschaft; Xango, *orixa* der Gerechtigkeit; Oxoxi, *orixa* der Jagd; Oxum, *orixa* der Flüsse, und Iemanja, *orixa* der Weltmeere.

Bei unseren Gesprächen mit den Führern und Mitgliedern verschiedener Candomblé-Tempel erkannten wir vier verschiedene Wege für den Eintritt in das geistige Leben. Zwar sind die religiösen Muster des Candomblé, der Kardecianismus und der Umbanda verschieden, doch haben sie ähnliche Eintrittsmuster. Bei allen dreien findet man verschiedene Sozialisationsmethoden, die bewirken, daß die Person sich mit dem Gedanken an die Inkorporierung von Geistern anfreundet und ihr Leben ganz oder teilweise in den Dienst am Mitmenschen stellt. Die vier Eintrittswege können folgendermaßen skizziert werden:

1. Die Person träumt von vergangenen Leben, von Geistführern oder von verstorbenen Verwandten. Diese Traumerfahrungen fördern das Interesse an der geistigen Welt; schließlich beginnt die Person mit einem Schulungsprogramm, um Heiler oder spiritueller Berater zu werden und zu lernen, die Geister der *orixas*, der Weisen Alten Schwarzen Sklaven oder der indianischen Schamanen zu inkorporieren.
2. Einige Personen stammen aus Familien, in denen es bereits Priesterinnen oder Medien gab. Schon in jungen Jahren werden sie geschult, um ihre eigenen Fähigkeiten zu entwickeln.
3. Andere Personen wiederum bieten ihre Dienste freiwillig für die gemeinnützige und heilende Arbeit der kardecianischen, Umbanda- und Cancomblé-Tempel an, und verbringen so Zeit mit alten, kranken und verwaisten Menschen. Schritt für Schritt werden sie in die religiösen Traditionen dieser Zentren aufgenommen und in den mehr esoterischen Aspekten der Bewegungen unterrichtet.
4. Dann gibt es Menschen, die als Medium erkannt werden, wenn sie das Zentrum für eine Heilung aufsuchen. Es wird

ihnen empfohlen, im Rahmen ihrer Behandlung Unterricht zu nehmen, damit sie diese Art von Arbeit verrichten können. Dies gilt für alle spirituellen Religionen Brasiliens, da alle glauben, daß man selten vollkommen geheilt ist, wenn man nicht selbst Medium und Heiler wird.

Im April 1983 leitete Alberto Villoldo eine Gruppe, die den Candomblé-Tempel von Iemanja besuchte. Der Tempel, der in einer kleinen Stadt in der Nähe von Recife liegt, steht neben einer römisch-katholischen Kathedrale. Von beiden Gebäuden, die sich auf einem kleinen Hügel befinden, bietet sich eine herrliche Aussicht auf die Bucht und die Stadt. Pae (Vater) Edu, der Leiter des Tempels, bemerkte ironisch, daß mehr Städter seinen Tempel besuchen als die katholische Kathedrale.

Lebensgroße Skulpturen säumten die Wände des Tempels. Iemanja, die Schutzheilige, war als sinnliche junge Frau mit einem enganliegenden, tief ausgeschnittenen Kleid dargestellt.

Pae Edu, Leiter des Candomblé-Tempels.

Iemanja, Göttin der Meere und Schutzheilige des Tempels.

Am anderen Ende des Tempels befand sich die Statue von Exu, dem Götterboten, der dem römischen Gott Merkur und dem griechischen Hermes entspricht. Die christlichen Priester bezeichnen die Exu fälschlicherweise als Teufelsgestalt, da diese häufig mit Hörnern und schwarz-rot gekleidet dargestellt werden. Pae Edu erläuterte, daß dieser *orixa* die unbewußten Kräfte, die in jedem von uns wirken, darstelle. Diese Kräfte müssen anerkannt werden, da sie sonst als Ängste, Zweifel und Akte der Selbstzerstörung erscheinen. Exu ist auch ein Trickster und verantwortlich für alles Unheil auf der Welt.

Der Vater der Heiligen hatte uns zu einer Einweihungszeremonie eingeladen, die an jenem Abend im Tempel stattfinden sollte. Ein junger Mann, der mehr als zehn Tage lang gefastet hatte, sollte seinen ersten Kontakt mit den *orixas* haben.

Am Abend befanden sich über fünfzig männliche und weibliche Medien im Tempel. Sie trugen Kleider mit leuchtenden Far-

Iemanja auf dem symbolischen Sklavenschiff, mit dem die Schwarzen nach Brasilien gebracht wurden.

ben, die an Karnevalskostüme erinnerten, der seinen Ursprung teilweise in den Festen des Candomblé hat. Pae Edu gab den Trommlern das Zeichen zum Start, und die Tänzer, die einen Kreis um ihn gebildet hatten, bewegten sich rhythmisch gegen den Uhrzeigersinn. Sie eröffneten die Zeremonie mit dem Lied der Iemanja. Dann erschienen eine Frau und ein Mann in langen roten Gewändern, die die afrikanischen Könige und Königinnen darstellten, während die Tänzer den schmerzlichen Auszug aus Afrika und die Reise in die Neue Welt nachvollzogen.

Ein fünf Meter langes Holzschiff wurde von den Tänzern in den Raum gestoßen. Statt der engen Sklavenschiffe der Portugiesen war dies ein mit Blumen geschmückter moderner Ozeandampfer, auf dem ein junges Mädchen stand. Sie trug ein langes blaues Gewand und auf dem Kopf eine mondförmige Krone, das Symbol von Iemanja, der Göttin der Meere. Mit den Tänzen, dem Schiff und den Liedern wird die Geschichte korrigiert, da die schändliche Reise in den Sklavenschiffen auf glorreiche Weise neu ersteht. Damit erinnern sie daran, daß die Afrikaner die eigentlichen Eroberer der Neuen Welt waren, da sie die Straßen gebaut, auf Baumwoll- und Zuckerrohrplantagen gearbeitet und die Städte errichtet haben, die sowohl Nord- wie Südamerika zur Macht verhalfen.

Dann begannen die Tänzer, die Exu anzurufen, die die elementare Kraft allen Lebens und der Natur darstellen. Es wurde ihnen ein starker Zuckerrohrschnaps in einem Tongefäß angeboten, und sie wurden gebeten, den Tempel zu beschützen, besonders während dieser Einweihungsnacht. Als Pae Edu den Schnaps zur Statue von Exu brachte, gestikulierten die Tänzer mit den Händen, um alles Böse aus dem Haus zu vertreiben. Die Tänzer hörten auf, als Pae Edu mit einer schwarzen Taube in der Hand erschien, mit der er alle Teilnehmer symbolisch für die Einweihungszeremonie reinigte, indem er sie über ihre Körper strich. Der Taube, die vor die Statue des Schwindlers gebracht worden war, wurde der Kopf abgedreht, und man ließ sie auf einem Stein zu Exus Füßen verbluten.

Candomblé-Tänzer in den vorgeschriebenen weißen Gewändern.

Die Tänzer zogen nun weiße Kleider an und stellten Früchte, Schnaps, Blumen und Fisch längs eines Weges auf, der vom Zentrum des Raumes zu einem ebenerdigen Thron führte. Am anderen Ende des Weges, vor dem Thron, hatte man einen Stuhl mit einem Weidenkorb gestellt. Edu erklärte uns, daß die Geister zuerst zu Rate gezogen werden mußten, um herauszufinden, ob Jose Arnaldo, der Initiand, wirklich auf die Einweihung vorbereitet sei. Er müsse auch die *orixas* konsultieren, um festzustellen, ob sie unsere Filmerei billigten. Pae Edu schüttelte die *busios*, die Muscheln, durch die das Schicksal zum Weidenkorb spricht. Die Zeichen waren günstig für den jungen Mann und für uns. Die Muscheln sagten auch, daß Jose Arnaldo bereit sei, den Geist von Ogun, dem Kriegsgott, zu empfangen, und daß die Zeremonie fortgesetzt werden könne. Im Gegensatz zu den Umbandisten, die wir vorher besucht hatten, zögerte diese Glaubensgemeinschaft nicht, sich an die mächtigeren *orixas* zu wenden.

Der junge Mann wurde von der Mutter der Heiligen hereingebracht, einer Frau mit pechschwarzer Haut, die nach Afrika gereist war, um ihre Ausbildung und Einweihung von afrikanischen Priestern zu empfangen, die die mit den Sklaven nach Brasilien eingeführten ursprünglichen Traditionen weiterführen. Pae Edu war der politische Leiter des Tempels, während die Mutter der Heiligen, die uns ihren Namen nicht verraten wollte, die geistige Führerin war und alle esoterischen Zeremonien leitete. Ursprünglich waren die Candomblé-Ämter nur für Frauen zugänglich; heute ist es für männliche Medien möglich, eine Schlüsselposition zu erlangen, doch handelt es sich dabei meist eher um eine politische als eine geistige Funktion. Die Tänzer saßen einander in Reihen gegenüber, mit Pae Edu und der Mutter der Heiligen am einen Ende, und Jose Arnaldo auf dem Thron am anderen Ende. Pae Edu bat darum, daß der Initiand Flügel entwickeln möge, um in die geistige Welt zu fliegen, und daß er vor seinen Feinden und den psychologischen Fallen des Lebens geschützt werde. Und vor allem, daß Jose Arnaldo die Ewigkeit des Geistes realisieren möge. In seinen Gebeten erläuterte Pae Edu, daß der Sklave in einer Weise Herr über sein Leben sei, in der es selbst die europäischen Eroberer nicht waren, denn die Afrikaner hätten keine Angst vorm Sterben. Die Freiheit, die die Sklaven in der physischen Welt verloren hätten, hätten sie in der Welt des Geistes gefunden.

Die Tänzer standen einer nach dem anderen auf und brachten ein Opfer aus Früchten oder Fischen, die sie angebaut oder gefangen hatten, und berührten damit den Kopf des jungen Mannes. Im *ori*, oder Kopf, hält sich der Geist des *orixa* nach der Einweihung auf. Dann begannen Pae Edu und die Mutter der Heiligen zu singen: «Die Priester dieses Hauses bitten Euch, Ihr großen Götter Afrikas, zu ihnen zu kommen. Unsere Götter wurden von der christlichen Kirche abgelehnt, weil es Götter der schwarzen Völker waren. Wir bitten Euch jetzt zu kommen, oh Götter des schwarzen Afrika!» Beim Initiationsritual sollte Jose Arnaldo vom Geiste Oguns besessen werden. Es bestehen während einer solchen Initiation Gefahren, da die Psyche unter Umständen nicht stark genug ist, um die Intensität des Kontaktes mit einem *orixa* auszuhalten. Um dies zu verhindern, aß Pae Edu schwarze Pfefferkörner aus Afrika und bat, daß der Initiand Kraft von der Erde schöpfen möge. Als nächstes wurden zwei weiße Tauben über den Kopf des Jungen geführt, um ihn zu reinigen. Eine der Tauben wurde Pae Edu gebracht, der darum bat, daß die Begegnung mit dem *orixa* sanft sein möge. Die erste Inkorporation eines *orixa* ist oft erschütternd und heftig; deshalb wird der *orixa* gebeten, den Kopf der Taube und ihr Blut zu nehmen, und mit dem Kopf des jungen Initianden Erbarmen zu haben. Pae Edu drehte den Kopf der weißen Taube ab, und die Mutter der Heiligen legte ihn auf Jose Arnaldos Kopf. Gelbes Maismehl, das zu einem kleinen Kuchen gepreßt worden war, wurde aufs Haupt des Jünglings getan, damit er die Kraft habe zu arbeiten und den Mut, auf seine Vergangenheit stolz zu sein.

Pae Edu, die Mutter der Heiligen, und alle Medien des Tempels neigten den Kopf zu Boden, um auf das Kommen Oguns des Kriegsgottes zu warten. Einige Augenblicke später fing der junge Mann an zu zittern. Ogun war gekommen und die Gemeinde stimmte Gesänge an. Ein Mitglied nach dem anderen kam, um Ogun, der jetzt im Körper und Geist des jungen Mannes war, Ehre zu erweisen. Sie verbeugten sich vor dem Initianden und grüßten den lebenden Gott ehrerbietig.

Es war schwierig für den Jüngling, die Intensität des Geistes auszuhalten, und zwei Männer mußten ihm helfen aufzustehen. Man führte ihn nach draußen und zeigte ihm den Nachthimmel, da dies in den nächsten vierzig Tagen und Nächten das letzte Mal war, daß er die Sterne sehen sollte. Obwohl die Initiation beendet war, mußte er in einem kleinen Raum innerhalb des Tempels meditieren, bis die Vereinigung mit Ogun abgeschlossen war. Die Medien glauben, daß der Geist von Ogun den Initianden verwandelt, und daß er ein Doppelleben erwirbt, in dem er sowohl die Erde als auch die geistige Welt bewohnt.

Die Anhänger des Candomblé behaupten, daß die größte Heilung dann erfolgt, wenn eine Person in den Göttern aufgeht und mit ihnen eins wird. Sie halten viele von unseren westlichen religiösen Praktiken für barbarisch, wie etwa, wenn wir den «Leib Christi» während des römisch-katholischen Abendmahls schlucken. Es sei viel erhabener, meinen sie, seinen Körper und Geist von den Göttern bewohnen zu lassen. Ihre afrikanischen Traditionen sprechen davon, wie wichtig es ist, den Geist zu heilen, und der brasilianische Candomblé führt diese Weltanschauung in der Neuen Welt fort.

Stanley Krippner: «Du scheinst sehr ähnliche Erfahrungen mit der Umbanda-Religion und dem Candomblé gemacht zu haben wie ich. Als unsere Gruppe einen Umbanda-Tempel in Rio de Janeiro besuchte, machten wir alle bei den Heilungen mit. In meinem Falle verkündete das Medium, daß ich bei meiner Ankunft einen ‹niederen Flußgeist› aufgelesen habe, und daß dieser exorziert werden müsse. Ich war durchaus bereit dazu und ließ mich gehorsam fallen, wie ich es bei den anderen beobachtet hatte. Allerdings war ich ziemlich erstaunt über das Gefühl der Dissoziation und Disorientierung, das ich nach dem Exorzismus empfand. Ich brauchte eine halbe Stunde, um meine Fassung wiederzugewinnen, damit ich die Mutter der Heiligen für meinen letzten Segen aufsuchen konnte.»

Alberto Villoldo: «Die brasilianischen Medien reden von ‹niederen› oder ‹verderblichen› Geistern statt von ‹bösen› Geistern. Sie betrachten alles Bewußtsein als ein Entwicklungsmuster, und die Geister, die Unrecht tun, müssen eben erzogen werden.»

S.K.: «Ob wir nun Geister für körperlose Wesenheiten oder sekundäre Persönlichkeiten halten, sie sind jedenfalls mit der Befreiung von bedeutendem unbewußten Stoff verbunden. Ein Medium kann Geister des anderen Geschlechts, verschiedener

Altersgruppen und verschiedener Rassen inkorporieren, was verdrängten Bereichen der Psyche eine Ausdrucksmöglichkeit bietet.»

A. V.: «Das Thema der Selbstregulierung zieht sich ebenfalls durch alle mediumistischen Sitzungen. Ein Medium muß ziemlich viel Übung und eine gute Schulung haben, um in einen tiefen veränderten Bewußtseinszustand einzutreten und Geister zu inkorporieren. Medien scheinen in der Lage zu sein, ihr Alltags-Ich beiseite zu tun, um sich selbst nicht im Wege zu sein.»

S. K.: «Einige Leute sind als Heiler erfolgreicher, wenn sie sich in einem veränderten Bewußtseinszustand befinden. Sie lassen ihre gewöhnlichen Überzeugungen und Verhaltensweisen zurück und nehmen eine neue Rolle und Identität an, die ihnen möglicherweise das Vertrauen gibt, die selbstheilenden Fähigkeiten ihrer Klienten zu entfesseln.»

A. V.: «Dasselbe kann auch für mediale und sensitive Fähigkeiten gelten. Der Trancezustand kann einer Person ermöglichen, einerseits in eine Realität einzutreten, in der synchronistische Ereignisse passieren, andererseits das Selbstimage zu erwerben, das sie diese Fähigkeiten entfalten läßt.»

S. K.: «Unser Kollege Patric Giesler berichtete über ein Beispiel für dieses Phänomen anläßlich der Tagung der Parapsychologischen Gesellschaft 1984 in Dallas, Texas. Vorher hatten seine Mitarbeiter einen Zufallsgenerator gebaut, mit Bildern von Heiligen und *orixas* über jedem bunten Lämpchen. Verschiedene Medien versuchten, das Lämpchen unter ihrem Lieblingsgeist häufiger aufleuchten zu lassen als die anderen Lämpchen. Giesler nahm diesen Apparat mit zu Candomblé-, Umbanda- und Caboclo-Praktikern. Die Caboclo-Sekte findet man vor allem in ländlichen Gebieten im nordbrasilianischen Staat Salvador, und sie ähnelt am meisten den einheimischen Religionen, die die Portugiesen bei ihrer Ankunft in der Neuen Welt vorfanden. Ihre wichtigsten Heiler inkorporieren eher aufgrund ihrer früheren schamanischen Tradition als aufgrund ihres amerikanischen Erbes.

Gieslers Gesamtergebnisse waren statistisch bedeutsam und lassen darauf schließen, daß ein medialer Prozeß stattgefunden haben muß. Aber die Gruppe, die das beste Ergebnis erzielte, waren die Umbandisten, gefolgt von den Praktikern des Caboclo, und zuletzt die des Candomblé. Die Candomblé-Medien fühlten sich am wenigsten wohl mit dem Zufallsgenerator und den aufblitzenden Lämpchen. Wahrscheinlich ist dies der Grund für das bessere Ergebnis der anderen beiden Gruppen, und nicht so sehr die mediale Überlegenheit der Umbandisten.»

A. V.: «Ich würde vorschlagen, daß bei zukünftigen Studien auch eine römisch-katholische Gruppe eingeladen wird. Viele hervorragende brasilianische Heiler sind Katholiken und nicht Spiritisten, und einige betrachten sich als beides, obwohl der Vatikan sowohl Séancen als auch den Spiritualismus verurteilt hat.»

S. K.: «Auf jeden Fall bieten die lateinamerikanischen Heilungsriten eine seltene Gelegenheit für Parapsychologen und andere Wissenschaftler, die an ungewöhnlichen menschlichen Fähigkeiten interessiert sind.»

FÜNFTES KAPITEL

Die Feuerläufer von Brasilien

Jedes Jahr findet im buddhistischen Kannon-Tempel, am Stadtrand von São Paulo, das Hai-Watari-Fest, ein Fest des Feuerlaufens statt, mit dem man der Geburt Buddhas gedenkt. Die Mönche sind heute der Ansicht, daß dieses einst geheime Ritual eine Heilungszeremonie ist und nicht länger hinter Klostermauern der Außenwelt vorenthalten werden darf, da die Welt dringend der Heilung bedürfe. Seit über zwanzig Jahren laden sie die Einwohner der Gemeinde ein, daran teilzunehmen.

Die Mönche sind Nachkommen der japanischen Siedler, die auf der Suche nach einem besseren Leben um die Jahrhundertwende in die Neue Welt kamen. Als sie vor beinahe sechzig Jahren den pagodenartigen Tempel bauten, war das Dorf Ipiranga eine Gemeinschaft von Bauern, und sie gehörten zu den ersten Einwohnern. Inzwischen ist São Paulo die drittgrößte Stadt der Welt, mit beinahe siebzehn Millionen Einwohnern, und hat die einst ländliche Gemeinde geschluckt. Dennoch besteht der Tempel in relativer Anonymität, da Brasilien ein Land ist, das viele Glaubensrichtungen und Formen religiöser Praktiken toleriert.

Alberto Villoldo unternahm, zusammen mit einer Gruppe, einen Besuch des Tempels: «Wir kamen frühmorgens an, da man uns gesagt hatte, daß alle, die über die glühenden Kohlen laufen wollten, sich gewissen Vorbereitungen unterziehen müßten. Obwohl das Feuerlaufen selbst erst spät abends stattfinden sollte, war der Tempel bereits fast voll. Wir kamen gerade rechtzeitig für den ersten Gottesdienst; Siba, der oberste Mönch, stand am Altar mit dem Rücken zur Gemeinde. Er eröffnete die Zeremonie, indem er gegen einen leuchtend roten, ausgehöhlten Kürbis schlug, dessen Klang durch den ganzen Raum widerhallte. Der Altar selbst war voller Blumen und Früchte, Opfer für Buddha und die Göttin Kannon, die Wächterin des Tempels. Später stellten wir fest, daß Kannon die Göttin der Liebe und des Erbarmens ist und die kreativen Kräfte des Universums darstellt; in den Legenden heißt es, sie sei von den ursprünglichen Feuern der Schöpfung selbst geboren worden.

Gegen Ende des ersten Gottesdienstes begaben sich die Leute hintereinander zum Altar, zu einer Schüssel mit karamelfarbigem Wasser, die von Blumen umgeben war. In der

Siba, der oberste Mönch des buddhistischen Kannon-Tempels am Stadtrand von São Paulo.

Vorbereitung auf das Feuerlaufen vor dem Altar.

Mitte der Schüssel stand eine kleine Buddha-Statue, über die jede Person drei Schöpflöffel der gefärbten Flüssigkeit goß. Während die Menge dem Buddha Ehre erwies, wurde sie von den Mönchen daran erinnert, daß Buddha nicht Gott ist, sondern einen Zustand der Erleuchtung darstellt, der von jedem Menschen erlangt werden kann.»

Die Ankunft des Drachen

Um drei Uhr nachmittags schritt eine Prozession mit dem ältesten Mönch an der Spitze und den jüngsten Kindern am Schluß zu den Tempelanlagen, um das Feuer anzuzünden. In der Mitte der Anlage befand sich ein sorgsam geschichteter Holzstapel, etwa zwei Meter hoch, einen Meter breit und über viereinhalb Meter lang, der um sechs Uhr morgens errichtet worden war, um die ersten Strahlen der aufgehenden Sonne einzufangen. Zuerst grüßten die Mönche und dann die jüngsten Kinder den Holzstoß und brachten gedämpften Reis als Opfer dar.

Siba, der oberste Mönch, meinte, es sei schwierig, die Bedeutung der Feuerzeremonie zu erklären. «Wir werden zwar *über* die Kohlen laufen», meinte er, «aber nicht *auf* ihnen.» Er fuhr fort: «Am Anfang, bevor die Erde geschaffen worden war, pflegte die Göttin Kannon auf dem Rücken eines Drachen, der alle Kräfte der Natur repräsentiert, durch die Lüfte zu fliegen. Wir werden zur Göttin Kannon beten, die dann mit ihrem Drachen kommen und sich über die Kohlen legen wird, so daß wir über den Rücken des Drachen laufen können. Das ist der Grund, weshalb wir uns nicht verbrennen.» Wir fragten Siba, wie er denn wisse, wann der Drache da sei. Lächelnd erwiderte er: «Es gibt so viele Dinge, die die Leute gerne wissen möchten. Ich arbeite seit dreißig Jahren in dem Tempel, aber es gibt so vieles, das ich nicht erklären kann.» Der Mönch fuhr fort, daß

Holzstapel im Vorhof des Tempels.

Feuer das umwandelnde Element in der Natur sei, und daß es uns reinigen und heilen würde, wenn wir im Ritual darüber liefen.

Vor dem Entzünden des Feuers schritten vier junge Mönche mit Lanzen zum Holzstapel, um die vier Himmelsrichtungen zu grüßen; sie riefen die Geister des Nordens, des Westens, des Südens und des Ostens und alle Kräfte der Natur. Dann gossen sie Kerosin über die Basis des Holzstoßes, damit er gleichmäßig brenne, und entfachten mit Fackeln, die sie an den Altarkerzen angezündet hatten, das Feuer.

Unterdessen setzten die Priester im Tempel den Gottesdienst für die Städter, die sich dann später zu den rotglühenden Kohlen hinüberbegeben sollten, fort. Der Tempelritus bestand darin, ein Stück Holz mit seinem Namen in ein kleines Feuer zu legen, das in einem Holzsandkasten, verziert mit Papierfähnchen, brannte. Siba erklärte uns, daß dieses Feuer den Scheiterhaufen symbolisiere, auf dem die Buddhisten ihre Toten zu verbrennen pflegen, und daß es symbolisch die falsche Persönlichkeit oder Maske verbrenne, hinter der nach buddhistischer Lehre unserer wahre Natur liegt.

Die Mönche behaupten, daß man aus diesem Feuerritual großen Heilungsnutzen ziehen könne, daß es jedoch nicht immer eine Linderung der Symptome bewirke, wie bei unseren westlichen Praktiken. Die Buddhisten sind daran interessiert, die geistigen Ursachen einer Krankheit zu behandeln, und nicht nur symptomatische Erleichterung zu schaffen, da sie glauben, daß Krankheit dann entsteht, wenn man sich von Gott und der Natur abwendet. Während der Feuerzeremonie werden sowohl die Kranken als auch die Gesunden daran erinnert, daß das Feuer des Himmels in ihnen brennt, und daß das Ziel des Heilens darin besteht, seine eigene geistige Natur zu entdecken und zu lernen, die Welt jeden Tag mit neuen Augen zu sehen, so als sei es das erste Mal. Sie glauben, daß man solange in ein Leben mit Schmerz und Leid wiedergeboren wird, bis man das gelernt hat.

Eine Stunde später brannte das Feuer immer noch heftig, ja einige Flammen loderten bis zu fünf Metern in die Höhe. Vier junge Mönche mit Lanzen näherten sich dem Feuer und begannen, symbolisch den Drachen Kannons zu zähmen, indem sie abwechselnd ihre Lanzen warfen und sich respektvoll vor dem Feuer verneigten. Dieser Vorgang wurde von zahlreichen Mönchen wiederholt, da das Ritual auch eine Gelegenheit für die jungen Männer ist, das Feuer ihrer Leidenschaft zu bändigen.

Zwei Stunden später war das Feuer auf ein Beet glühender Kohlen zusammengeschrumpft, die zwei Mönche auf ein sieben Meter langes und drei Meter breites Rechteck verteilten. Die Buddhisten erlaubten uns, das Ritual von dem eingezäunten Gebiet aus zu beobachten, wo normalerweise nur die Mönche zugelassen werden, die sich um das Feuer kümmern. Von diesem günstigen Aussichtspunkt konnte man alle Schritte des Rituals genau verfolgen, und gleichzeitig spürte man die fast

Die glühenden Kohlen werden verteilt.

unerträgliche Hitze des Feuers. Wir beobachteten, daß die Mönche immer im Uhrzeigersinn um das Feuer schritten, da sie der Ansicht sind, daß es dadurch mit einer natürlichen Urenergie aufgeladen wird. Sie meinen, daß dies die Richtung sei, in der alles im Universum sich bewege, angefangen bei den Galaxien und Sonnensystemen, bis zu der spiralförmigen, vielkammerigen Kalkschale der Nautilus-Muschel.

Etwa um sieben Uhr abends vertauschte der oberste Mönch sein orangefarbiges Priestergewand mit dem einfachen weißen Gewand der Bauern, da er das Feuer als gewöhnlicher Mensch überschreiten mußte. Er verbeugte sich an den vier Seiten des glutgefüllten Grabens, den Drachen und die Göttin Kannon grüßend, und betete, daß dies ein heiliges Feuer würde, denn gemäß ihrer Tradition kann man erst sicher über die Kohlen laufen, wenn der Drache auf ihnen liegt. Dann goß er Sake ins Feuer, als Opfer für den Drachen, und wir konnten sehen, wie der Alkohol verdampfte, sobald er mit den Kohlen in Berührung kam. Anschließend prüfte Siba das Feuer, indem er ein Papierfähnchen über die Kohlen hielt, und stellte fest, daß es wohlwollend geworden war und das Papier nicht mehr verbrannte.

Nun war es an der Zeit, daß der Priester das Feuer prüfte; er legte das Fähnchen beiseite und nahm einen rituellen Speer, denn den Kräften der Natur muß man mit Hingabe und Mut und als Krieger entgegentreten. Inzwischen hatten sich über dreihundert Menschen versammelt. Die Menge wurde still, als der Mönch über das Ende des Feuergrabens lief und mit einem lauten Samurei-Schrei durch die glühenden Kohlen stürmte.

Die Buddhisten sind der Meinung, daß unsere Überzeugungen und Vorstellungen unsere Fähigkeiten begrenzen, und daß wir normalerweise nicht über Feuer laufen können, weil wir glauben, daß wir es nicht können. Siba forderte diejenigen, die an der Vorbereitungszeremonie im Tempel teilgenommen hatten, auf, über das Feuer zu laufen, und gab uns ein Zeichen, als erste zu gehen. Wir schauten einander ungläubig an und fragten uns, ob wir es wirklich machen sollten oder nicht. Alberto Villoldo dazu: «Die Gruppe meinte, ich solle als erster gehen, da ich der Leiter sei. Ich nahm allen Mut zusammen und lief zum Graben voller Glut, wo ein lächelnder Siba sagte: ‹Es ist ein freundlicher Drache, mein Freund. Haben Sie keine Angst.› Ich machte einen Schritt in die fünfzehn Zentimeter tiefe Kohlenschicht, bemerkte zu meinem Entsetzen, daß ich mich inmitten eines feurigen Infernos befand, und sprang mit aller Kraft zurück in die Sicherheit. Barfuß durch glühende Kohlen zu laufen, dagegen wehrte sich jeder Funke Überlebensinstinkt und gesunder Menschenverstand, die in mir steckten. Doch gleichzeitig erkannte ich, daß ich möglicherweise nie mehr eine solche Gelegenheit haben würde. Ich riß mich zusammen und ging die sieben Schritte, die nötig waren, um den Feuergraben zu überqueren, und empfand auf halbem Wege ein Glücksgefühl, wie ich es vorher und nachher nie mehr erlebte habe, denn ich konnte zwar am ganzen Körper starke Hitze spüren, doch blieben meine Füße kühl und wurden nicht verbrannt.»

Das heilende Feuer

Die Mönche glauben, daß man eine Brandwunde in der Größe eines Stecknadelkopfes am Fuß bekommt, wenn man an einer Krankheit leidet – und zwar an dem Akupunktur-Punkt, der dem schwachen Organ entspricht. Das Feuer soll die Krankheit durch diesen Akupunktur-Punkt herausbrennen. Mehrere Mitglieder unserer Gruppe hatten ein Nieren- und Darmleiden, da wir gerade von einer körperlich anstrengenden dreiwöchigen Reise in der Wüste und im Dschungel von Peru zurückgekehrt waren. Ich litt an einer Nierenentzündung, die mich schon seit über einer Woche plagte. Nachdem ich das Feuer durchquert hatte, bemerkte ich eine solche Brandwunde an meinem linken Fuß, und zwar dort, wo sich der Nieren-Akupunkturpunkt befindet. Innerhalb von drei Tagen besserte sich mein Nierenleiden.

Die Mönche hatten gehört, daß sich in der Gruppe mehrere Wissenschaftler befanden und wollten – um unsere wissenschaftliche Neugier zu befriedigen – sichergehen, daß sie als erste über die Kohlen liefen, solange sie noch nicht von den Hunderten von Füßen niedergetrampelt worden waren. Die Mitglieder unserer Gruppe hatten Gelegenheit, mehrere Male über die Kohlen zu laufen. Daniel Gunther, ein Medizinstudent, bemerkte: «Ich habe wirklich auf einige sehr heiße rotglühende Kohlen gezielt. Mein letzter Schritt verursachte eine kleine Verbrennung am linken Fuß, aber sie war sehr klein und tat nach ein paar Sekunden gar nicht mehr weh. Sonst hatte ich überhaupt keine Schmerzen. Ich merkte, wie sich die Kohlen unter meinen Füßen bewegten und spürte die Wärme aber keine starke Hitze und keinen Schmerz.» Er fuhr fort: «Plötzlich veränderte sich meine Vorstellung von dem, was möglich ist. Der ganze Kontext, in dem ich die Welt betrachte, verändert sich, und zwar nicht, als ich über die Kohlen lief, sondern

Der Gang durchs Feuer.

Der Gang durchs Feuer.

als ich mich entschloß, es zu tun – als ich meine Schuhe auszog, meine Hosen aufkrempelte und wußte, daß ich hinüberlaufen würde.»

Camilla Sherman bemerkte treffend: «Ich habe keinen Augenblick daran gezeifelt, daß es Leute gibt, die dies können, doch habe ich nie geglaubt, daß ich es auch kann.»

Mehrere hundert Ortsansässige – Bauern, Handwerker, Busfahrer und Fabrikarbeiter – waren zum Ritual des Feuerlaufens gekommen. Ein Mann behauptete, daß er seit über zehn Jahren mitmache, und daß die Zeremonie sein ganzes Leben verändert hatte, weil es eine schwere chronische Krankheit beseitigt und geholfen hatte, seine Frau vom Trinken zu heilen. Andere waren bloß des Schauspiels wegen gekommen und schauten nur zu. Nach Auffassung der Mönche hat das Ritual auch eine heilende Wirkung, wenn man nicht daran teilnimmt, da es am wichtigsten ist, den Geist zu heilen und zu demonstrieren, daß wir Fähigkeiten und Kräfte besitzen, die wir nicht einmal erahnen. Die Buddhisten meinen, daß man über Feuer laufen kann, sobald das Bewußtsein erwacht ist, und daß es für eine Person mit wachem Bewußtsein keine Grenzen gibt in bezug auf das, was sie tun kann.

Dr. George Araki berichtete, er habe nicht gewußt, was ihn erwarte, als die Mönche ihn aufforderten, über das Feuer zu laufen. «Mir kam der Gedanke, daß dies vielleicht sogar mein Ende bedeuten konnte.» Man bat ihn um eine Erklärung, warum er über die glühenden Kohlen hatte laufen können. «Ich habe keine wissenschaftliche Erklärung», bemerkte er. «Ich will jetzt auch gar keine entwickeln. Meiner Ansicht nach ist es wichtig, daß die Wissenschaft nur mit bestimmten Phänomenen umgehen kann. Dies ist ein Phänomen, das sich wirklich ereignet hat, doch die Wissenschaft kann es zu diesem Zeitpunkt nicht erklären.»

Die Gruppe hatte ein Laborthermometer mitgebracht, das Temperaturen über dreihundertundfünzig Grad Celsius anzeigte – eine Temperatur, bei der menschliches Fleisch verkohlt. Gemessen wurde am Schluß der Zeremonie, beinahe sechs Stunden nachdem das Feuer entfacht worden war, als viele Kohlen nur noch Glut waren. Höchstwahrscheinlich waren die Temperaturen in der Mitte viel höher, insbesondere bevor man dem Publikum gestattete, darüberzulaufen. Die Buddhisten, mit ihrer außergewöhnlichen Demonstration des Feuerlaufens, sind unter Umständen nicht weit von der Wahrheit entfernt, wenn sie sagen, daß der Mensch fähig und verpflichtet ist, seine Grenzen zu transzendieren und den Bereich der unbeschränkten Möglichkeiten des Geistes zu erschließen.

Feuerlaufen in Kalifornien

Brasilien ist nicht das einzige Land, in dem das Feuerlaufen praktiziert wird. Es gibt Feste in Sri Lanka und Singapur, die jedes Jahr stattfinden, und ähnliche religiöse Rituale in Japan, Griechenland, Indien, Spanien, Thailand, auf den Fidschi-

Inseln und in anderen Ländern. Als Stanley Krippner Bulgarien besuchte, wurde ihm gesagt, daß das Feuerlaufen für viele junge Leute zur Disziplin geworden sei, weil diese jungen Leute beweisen wollten, daß marxistische Atheisten ebenso feuerlaufen können wie andere, die ihren Erfolg auf religiösen Glauben zurückführen.

Das Phänomen des Feuerlaufens kennt man schon aus den ersten geschichtlichen Aufzeichnungen. Plinius der Ältere schrieb über eine römische Familie, die Harpi, die am jährlichen Fest des Apollo stolz über einen Stapel glühender Baumstämme liefen. Eine Gruppe griechischer Feuerläufer aus Kosti gedenkt jedes Jahr der Legende des Heiligen Konstantin, der, so heißt es, 1250 in eine brennende Kirche gelaufen war, um heilige Ikonen zu retten. In den vedischen Hymnen wird erzählt, man habe Verurteilte gezwungen, über Feuer zu laufen, um ihre Unschuld zu beweisen.

Die am häufigsten vorgebrachte Erklärung für das Feuerlaufen besagt, daß die Füße hauptsächlich durch ihre natürliche Feuchtigkeit geschützt sind. Eine dünne Schicht Schweiß, der teilweise bei hohen Temperaturen verdampft, bietet ihnen gemäß dem Leidenfrostschen Prinzip Schutz; dieses Prinzip erklärt, warum Wassertropfen auf einer hocherhitzten Metallplatte eine Weile «tanzen», bevor sie verdampfen. Diese Erklärung kann jedoch weder für diejenigen Feuerläufer gelten, die mehrere Minuten lang in den glühenden Kohlen stehen oder knien, noch kann sie erklären, warum für einige Menschen das Feuerlaufen ungefährlich ist, andere hingegen sich schwer verbrennen.[1]

Nach Ansicht von Andrew Weil, einem amerikanischen Physiker, spielen möglicherweise mehrere Mechanismen mit. Veränderungen in der Durchblutung könnten helfen, die Hitze von der Körperoberfläche fortzuleiten oder das Strömen der Hitze zu verletzlichem Gewebe vermindern. Veränderungen in der Funktion lokaler Nerven unterdrücken möglicherweise die neurochemischen Vorgänge, die für Schmerzen und entzündliche

Reaktionen auf starke Reizung verantwortlich sind. Er anerkennt die Möglichkeit, daß das Nervensystem eine noch unentdeckte Fähigkeit besitzt, potentiell negative Energieformen zu absorbieren, zu verwandeln und von der Körperoberfläche fortzuleiten. Auf jeden Fall zeigt das Feuerlaufen eine Art der Selbstregulierung, die, wenn sie einmal erklärbar ist, Auswirkungen auf die Beziehung Körper-Geist haben und für die Selbstheilung angewandt werden könnte.

Das Feuerlaufen hat in den letzten Jahren auch in den Vereinigten Staaten, und zwar in Kalifornien, Fuß gefaßt. Tolly Burkhan, ein Lehrer, behauptet, siebentausend Menschen das Laufen über glühende Kohlen beigebracht zu haben. Zur Vorbereitung gehört das Unterschreiben einer Verzichterklärung, die besagt, daß jede rechtliche Haftung im Falle einer Verletzung abgelehnt wird; ebenso, daß alle Teilnehmer ihren Beweggrund äußern, sowie Gruppengesang und Gruppendiskussionen, während alle am Aufbau des Feuers mithelfen.

Burkhan sagt seinen Schülern:

«Wenn ihr vor dem Feuer steht, werdet ihr Angst haben, große Angst. Wenn ihr beschließt, daß ihr laufen könnt, daß ihr fähig seid, den ersten Schritt zu tun, wird sich diese Wandlung in eurem Körper vollziehen. Deshalb solltet ihr, wenn ihr diesen ersten Schritt tun könnt, dann auf die Kohlen treten und immer weiterlaufen. Ihr werdet die Hitze spüren, eine starke Hitze, aber sonst nichts, wie wenn ihr auf heißen Sand lauft. Bleibt nicht stehen, lauft immer weiter.»[2]

Nach der dreistündigen Vorbereitung beginnt Burkhan mit der Zeremonie. Jeder hat eine Chance, doch wird auf diejenigen, die nicht laufen, kein Druck ausgeübt. Für diejenigen, die laufen, stellt er fest:

«Das Feuer ist als Modell zu verstehen. Wenn ihr über Feuer lauft, werdet ihr fähig sein, auch sonst eure Angst zu überwinden. Es wird viele andere Situationen in eurem Leben geben, in denen ihr Angst habt, doch wird sie euch nicht daran hindern, zu handeln.»[3]

Bei Burkhans Zeremonien haben die Kohlen laut Messungen eine Durchschnittstemperatur von siebenhundert Grad Celsius. Er behauptet, diese Fertigkeit von einem Freund gelernt zu haben, der von einem tibetischen Mönch unterrichtet wurde. Herbert Benson hat über die Unempfindlichkeit der Tibeter gegen Kälte berichtet und Messungen an buddhistischen Mönchen vorgenommen, die fähig waren, ihre Hauttemperatur bei eisiger Kälte in einem Maße zu erhöhen, wie es im Westen noch nie beobachtet worden ist.[4] In bezug auf Feuerunempfindlichkeit müssen die gleichen strengen Untersuchungen durchgeführt werden wie Benson sie bei den Tibetern anwandte.

Einen ersten Schritt in diese Richtung hat John Grinder als Mitbegründer des Neurolinguistischen Programmierens (NLP), einer neuen Methode der Psychotherapie und Kommunikation, getan. Neurolinguistische Programmierer versuchen eine Beziehung zwischen Sprache und Denken herzustellen, indem sie eine Reihe von subtilen, unbewußten Signalen einschließlich der Haltung, Gesten, des Gesichtsausdrucks und des Atemrhythmus' entziffern und ermitteln, ob eine Person ein auditives, visuelles oder kinästhetisches Bezugssystem benutzt.

Nachdem Grinder 1983 das Feuerlaufen erlernt hatte, begann er, es selbst zu unterrichten und wandte dabei NLP-Prinzipien an. Er betont die «Kongruenz» mit dem Feuer, so wie er vorher die Kongruenz von Therapeut und Klient betonte. Grinder verwendet auch eine Vielfalt von Bildern – auditive («Das Feuer draußen kann das Feuer drinnen rufen») und visuelle Bilder. Während die Teilnehmer über den Graben voller Glut laufen, werden sie angehalten, ihre Augen nach oben zu richten, die Worte «kühles Moos» zu wiederholen, tief zu atmen und gleichmäßig und ruhig zu laufen. Grinder läßt sie sogar fragen: «Großvater Feuer, darf ich gehen?» Wenn sie auch nur den leisesten Zweifel spüren, wird ihnen empfohlen, den Versuch zu unterlassen.[5] Grinder berichtet, daß viele Feuerläufer die Bemerkung äußern: «Ich kann alles tun. Und ich muß nie wieder krank sein.» Weitere Forschungen werden die Gültigkeit dieser Eindrücke beweisen und zeigen, ob die Tradition des Feuerlaufens an den Westen angepaßt ist und in unsere Kultur integriert werden kann.

SECHSTES KAPITEL

Eine Initiationsreise

Seit vielen Jahren schon reist Alberto Villoldo nach Südamerika, um die Heilpraktiken der indianischen Medizinmänner und -frauen zu studieren. Die indianischen Heiler, denen ich begegnete, glauben alle, daß Heilung innerhalb des sozialen Kontextes der Gemeinschaft stattfindet, und sind überzeugt, daß die ganze Gemeinschaft betroffen ist, wenn eine Person krank wird. Damit der Heilungsprozeß wirklich erfolgreich sei, müsse die ganze Gemeinschaft anwesend sein; wenn nichts anderes, so helfe zumindest der Druck der kranken Person, sich daran zu erinnern, daß sie einen Weg eingeschlagen habe, der die Selbstheilung erleichtern solle. Als ich die Heilmethoden Don Eduardo Calderons erforschte, sah ich mich langsam selbst zum Schüler des Schamanen werden. Nach zehn Jahren Unterricht mit Don Eduardo bat ich den peruanischen Heiler um Erlaubnis, eine kleine Gruppe einladen zu dürfen, die die Inditiationsschritte des Schamanen in die Geistwelt erlernen wollte. Don Eduardo erklärte sich einverstanden, denn in einer Vision war ihm gesagt worden, daß es wichtig sei, dieses Wissen über Heilung und Schamanismus an Außenstehende weiterzugeben. Don Eduardo glaubt, daß neue Schamanen, neue Verwalter der Erde, kommen werden, da die amerikanisch-indianischen Völker am Verschwinden sind.

Don Eduardo Calderon, Schamane.

Don Eduardo hatte mich gebeten, die Gruppe sorgfältig aus verschiedenen Ländern auszuwählen, um einen weltumspannenden Stamm zu bilden, und hatte sich bereit erklärt, uns durch die traditionellen Schritte und Machtplätze schamanischer Initiation zu führen. Im März 1983 kam eine kleine internationale Gruppe, die ich eingeladen hatte, in der Bucht von Paracas, zweihundert Meilen südlich von Lima, Peru, zusammen. Wir waren zwölf Menschen aus fünf verschiednen Ländern, ein «Weltstamm», dessen Mitglieder in den nächsten drei Wochen Lehrlinge des Schamanen werden sollten. Zu unserem Stamm gehörten unter anderen eine amerikanische Spezialistin für Sonnenenergie, zwei deutsche Ärzte, eine Fotografin aus San Francisco, ein Physiotherapeut, eine Filmemacherin aus München, eine Computer-Analytikerin aus New York, eine österreichische Architektin, eine spanische Unternehmensberaterin und ein amerikanischer Ingenieur.

Der riesige Kandelaber

Die Mitglieder unserer Gruppe trafen sich zum ersten Mal in einem kleinen Hotel am tropischen Meer in der Bucht von Paracas. Am nächsten Tag sollten wir den riesigen Kandelaber von Paracas besuchen – die Darstellung eines Kandelabers unbekannten Ursprungs, über zweihundert Meter lang, der keine hundert Meter von der Küste entfernt in einen Berg gemeiselt ist. Das Relief hat die Form eines riesigen Armleuchters oder Lebensbaumes, den Don Eduardo als Plan zur Entdeckung seines Geistes interpretiert. Die Indianer der Gegend glauben, daß es auch ein Kraftzentrum ist, das die Energie des Kosmos einfängt und wieder ausstrahlt. Seit Jahrhunderten haben Schamanen ihre Schüler hierhergebracht, um für eine Vision zu beten und Veränderungen in der Struktur, die möglicherweise Vorboten von Erdbeben und anderen Bodenveränderungen sind, zu beobachten.

Am nächsten Tag mieteten wir frühmorgens zwei Boote, um zum riesigen Kandelaber zu gelangen. Die Bootsführer sträubten sich, mit ihrem Schiff an dem kleinen Strand beim Kandelaber anzulegen, da die Gegend, abgesehen von einer winzigen Bucht, in die nur ein Boot paßte und in der zwei Meter hohe Wellen den felsigen Strand überfluteten, von steilen Klippen umgeben war. Außerdem informierten sie uns, daß es illegal sei, da der Kandelaber ein nationales Denkmal ist. Mit schamanischer Überredungskunst und dem Versprechen, sie zu einem leckeren Fischessen einzuladen, setzten wir uns durch. Vom Strand war es nur ein kurzer Aufstieg bis zum Kandelaber. Gemäß den Anweisungen des Schamanen betraten wir es vom Sockel her und liefen dann den mittleren Ast des Lebensbaumes hinauf. Don Eduardo hieß uns, uns entlang der Basis des Dreiecks in der Mitte des Bildes zu setzen und zu meditieren.

Als wir entlang der siebzig Meter langen Basis des Dreiecks unseren Platz einnahmen, bat der Schamane einen deutschen Arzt namens Martin, sich ans rechte Ende zu setzen, an den Winkel, der den Körper darstellte, und dann bat er mich, ganz links zu sitzen, an dem Winkel, der den Verstand repräsentierte, während er sich selbst an die Spitze setzte, an den Winkel, der den Geist symbolisierte. Inzwischen war es beinahe zehn Uhr morgens und die Sonne brannte auf unsere Rücken. Als wir zu meditieren begannen, vergaßen wir die Hitze und wurden ganz von der Macht dieser Figur absorbiert. Der Schamane begann zu singen, und wandte sich an die Geister von Mutter Erde und Vater Himmel und betete, daß jeder von uns die transformierende Vision entdecke, die unserem Leben mehr Bedeutung verleihen würde. Die Meditation dauerte über eine Stunde, und währenddessen erneuerte der Schamane seine eigene Vision des Universums. Somit war der erste Schritt auf unserer Initiationsreise eine Visionssuche. Don Eduardo erklärte, daß eine echte Vision nur selten kommt und dann erneuert, bestätigt und gepflegt werden muß wie ein kostbarer Schößling, damit sie in uns stark werden kann.

Nach unserer Meditation kehrten wir zum Fuße des Berges zurück. Der Schamane erzählte uns, daß er in seiner Vision eine christusähnliche Gestalt gesehen hatte, die zwei Welten hielt, eine positive und eine negative, und die beiden ins Gleichgewicht brachte. Er fuhr fort, daß die Rolle des Schamanen darin bestehe, das Gleichgewicht zwischen den beiden Welten zu finden. Als seine Schüler müßten wir uns Wissen aneignen über die Kräfte des Lichts und die Kräfte der Dunkelheit und lernen, Harmonie zwischen ihnen herzustellen. Wandte man sich entweder nur zum Licht oder nur zu den Schattenseiten hin, würde man von jener Seite gefangen und die eigene geistige Entwicklung höre auf.

Was Don Eduardo sagte, stimmte mit unseren früheren Beobachtungen schamanischer Heilpraktiken überein. Wir stellten fest, daß die Techniken für schwarze Magie praktisch identisch waren mit den Techniken, die zu Heilungszwecken benutzt werden. Technisch gesehen waren sie gleich, der einzige Unterschied war der, daß der Schamane höher entwickelte ethische Grundsätze hat als der bösartige Praktiker. Das kritische Element in der Formel ist die Absicht des Schamanen, die das Ergebnis bestimmt. Wenn seine ethischen Grundsätze die sind, dem Planeten und der Menschheit zu dienen, gilt man als Heiler oder Schamane. Wenn hingegen die ethischen Grundsätze des Praktikers darin bestehen, sich selbst zu nutzen und aus seiner Arbeit einen persönlichen Gewinn zu ziehen, gilt man, ungeachtet der verwendeten Techniken, als Hexer oder Schwarzmagier.

Wir hatten den Schamanen in unseren Gesprächen erklärt, daß sich unsere Heiler im Westen einer langen und gründlichen Ausbildung an einer medizinischen Hochschule unterziehen müssen, wo sie etwas über pharmazeutische Medikamente, den menschlichen Körper und spezialisierte Techniken, wie Chirurgie und Diagnose, lernen. Oft antworteten sie mit der Frage: «Was sind bei der Ausbildung eurer Heiler die Schritte, um mit der Mutter Erde und dem Großen Geist in Einklang zu kommen?» Wir erwiderten, daß es völlig Sache des einzelnen sei, wie er das tut, daß jedoch der Druck an den medizinischen Hochschulen meist wenig Zeit für andere Dinge als das Studium selbst lasse. Die meisten Schamanen konnten nicht glauben, daß unsere Heiler so viel Zeit mit dem Erlernen von Techniken verbringen und so wenig Zeit für die Entwicklung ethischer Grundsätze des Heilens und geistiger Werte. Ihrer Tradition zufolge gelten Menschen, die sich nur mit Techniken beschäftigen, als Schwarzmagier.

Später sollten wir mehr über die schwarze Magie erfahren und auch, daß die schlimmste Art negativer Magie die ist, die wir gegen uns selbst ausüben. Im Westen nennen wir streßbedingte Leiden sowie medizinisch unheilbaren Krebs, bei dem der Körper sein eigener Feind wird und sehr primitive, selbstzerstörerische Zellen produziert, «psychosomatische Krankheiten».

Während wir uns am Sockel des riesigen Kandelabers versammelten, teilte Don Eduardo uns mit, daß es wichtig sei, niemanden von unserer Vision zu erzählen, sondern sie in uns wachsen zu lassen. Erst sechzig Kilometer südlich des Kandelabers, auf den riesigen Zeichnungen im Wüstenboden, die wir am nächsten Tag besuchen würden, sollten wir einander unsere Visionen mitteilen. Er meinte, daß seine eigene Vision ein positives Omen sei, ein Zeichen, daß wir auf unserem Weg weiter fortschreiten sollten, da wir von den Wüstengeistern, den Wächtern dieser heiligen Stätten, willkommen geheißen worden waren.

Abends erklärte mir Don Eduardo, daß wir unsere Initiationsreise hätten abbrechen müssen, wenn er in seiner Vision ein schlechtes Omen empfangen hätte. Ich erwiderte, daß diese Leute aus Europa und Nordamerika gekommen waren und daß wir sie nicht einfach wieder nach Hause schicken konnten! Er meinte, daß es auf einer Reise wie dieser keine Garantie gebe und daß die Anstrengung, die wir unternahmen, nicht größer sei als die eines jungen Indianers oder einer jungen Indianerin, die zu Fuß oder Pferd aus einem entfernten Dorf kamen, um diese Reise anzutreten.

Später hielten wir unsere erste Stammessitzung ab, und in den nächsten drei Wochen taten wir dies jeden Abend. Ich eröffnete die Sitzung mit den Worten: «Wir müssen beginnen, uns als Stamm zu betrachten, als internationale Gemeinschaft, die zusammengekommen ist mit dem gemeinsamen Ziel, in das Wissen des Schamanismus eingeweiht zu werden. Die Initiation vollzieht sich immer innerhalb des Stammeskontextes, und wir müssen alle unsere Erfahrungen zu unseren Gemeinschaften zurückbringen. Es scheint, als sei eine Stammesdynamik am Werk: ob ich wachse, hängt anscheinend von Rainers und Michaels Wachstum ab, und ich kann die Schritte in die Geistwelt nicht alleine tun.»

Don Eduardo hatte sich einverstanden erklärt, uns für die nächsten drei Wochen als seine Schüler und Lehrlinge zu akzeptieren. Es bestand die Möglichkeit, daß keiner von uns, oder nur wenige, die Initation vollenden und Schamane werden würden. Das war einzig und allein Don Eduardos Entscheidung. Inzwischen mußten wir eine synergistische Gemeinschaft schaffen, in der wir unser Wissen über das Funktionieren von Himmel und Erde erweitern, und die Einsichten des amerikanisch-indianischen Schamanen in das Wesen des Heilens und geistige Zusammenhänge verstehen konnten. «Sie haben meine Einladung, diese Reise zu unternehmen, angenommen», begann Don Eduardo. «Nun möchte ich wissen, welche persönlichen Gründe Sie hierhergebracht haben. Dies ist von äußerster Bedeutung, denn wir beginnen, ein Gefühl von unserem Gruppenziel und einen Gemeinschaftssinn zu entwickeln.»

Zwar hatten alle Mitglieder der Gruppe vorher an einem meiner Workshops in Europa oder Amerika teilgenommen, doch stellten wir fest, daß sie diese Reise aus unterschiedlichen Gründen angetreten hatten. Uta, eine Heilpraktikerin aus der Bundesrepublik, wollte dieses alte, in Peru immer noch lebendige Wissen über Heilen mit ihrer westlichen medizinischen

Ausbildung verbinden. Sie glaubte, daß dieses Wissen in Europa verlorengegeganen sei und daß sie eine Brücke bilden könne, um dieses Wissen zu ihrer Kultur zurückzubringen und in ihre medizinische Praxis zu integrieren.

Carol, eine Computer-Analytikerin aus New York, erzählte, daß sie gekommen war, um soviel wie möglich über geistiges Heilen zu lernen, und über jene Kräfte und Energien, die man nicht verstehe. Für sie sei es auch wichtig, die Weisheit des Intellekts mit dem Körper zu vereinen, damit sie eins würden.

Eva, eine österreichische Architektin, hatte das Gefühl, daß sie versehentlich an einem Freund schwarze Magie ausgeübt hatte, weil er nach einer Auseinandersetzung einen schweren Unfall hatte. «Ich wußte nicht, was ich tat», meinte sie. «Ich dachte, es sei sehr wichtig für mich, mehr über mich selbst zu erfahren, und über meine Energie und meine Kraft. Und, daß ich lernen müßte, meine Kraft zu lenken, da sonst meine Kraft mich lenken würde.»

Clara, eine spanische Unternehmensberaterin, erklärte: «Ich spürte einen sehr starken inneren Ruf, hierher zu kommen. Ich konnte nicht anders. Ich glaube, der Grund war der, daß ich Don Eduardo kennenlernen sollte. Ich hoffe, daß ich hier die Energien finde, die mir helfen, mich selbst zu heilen, damit ich die Gruppe von Menschen, mit denen ich im Alltag zu tun habe, heilen helfen kann.»

Nachdem alle ihren Grund für diese Reise geäußert hatten, nickte Don Eduardo anerkennend. Er erzählte, daß er uns zwar zum ersten Mal persönlich sehe, daß er aber mit jedem von uns bereits im Traum Verbindung aufgenommen hatte. Wir sollten an diesem Abend unseren Träumen große Beachtung schenken, da die Vision, die in unserer Meditation am Kandelaber begonnen hatte sich zu entwickeln, wachsen würde, und wir müßten sie pflegen und hegen. Träume seien die Fenster des (der) Medizinmannes (-frau) in die geistige Welt. Wir fragten ihn, ob er glaube, daß es für uns im Westen möglich sei, Schamanen zu werden und dieses von den Ahnen überlieferte Wissen über indianische Medizin zu erwerben. Eduardo antwortete, daß, wenn wir es mit Kraft und Überzeugung suchten, wir dieses Wissen in uns selbst finden konnten. «Dieses Wissen wächst in Ihnen und drückt sich in Ihrer Arbeit aus», fuhr er fort. Die oberste Pflicht bestehe nur darin, die Kranken zu heilen, doch sei er oder sie auch verantwortlich, den Geist zu heilen. Die wichtigste Voraussetzung sei nicht nur der Glaube, wie bei unserer Religion, sondern, unseren Willen zu entwickeln und unsere Kraft zu gebrauchen, um unsere geistige Stärke zu entdecken und sie in der Welt zum Ausdruck zu bringen.

Die Stätte der Krafttiere

Um sechs Uhr am nächsten Morgen verließen wir die Bucht von Paracas und fuhren mit dem Bus zur Hochebene von Nazca, wo wir nach dreistündiger Fahrt ankamen. Auf einem Gebiet von über zweihundert Quadratmeilen sieht man riesige Darstellungen von Vögeln, Fischen, Reptilien und kilometerlange Linien und Rechtecke auf dem Wüstenboden. Niemand kennt den genauen Ursprung dieser Linien oder weiß, wer die eigentlichen Erbauer sind. Es gibt gewagte Spekulationen, wonach die gewaltigen Rechtecke Flugplätze von Göttern aus dem All waren, doch für die Medizinleute ist dies der Ort der Krafttiere, die verschiedene Aspekte der Macht und Weisheit, die der Schamane entwickeln muß, repräsentieren. Dies war nun der zweite Schritt auf unserer Reise, und Don Eduardo erläuterte, daß schon seit Jahrhunderten die Schamanen ihre Lehrlinge hierherbrachten, damit sie die Eigenschaften der Tiere erwarben: die Fürsorglichkeit des Pelikans, der seine Jungen mit seinem eigenen Fleisch füttert, die Ausdauer des Kolibris, die Schnelligkeit und Behendigkeit des Tigers, die Geduld der Spinne und die Sehkraft des Adlers. Legenden zufolge ist dies auch ein Ort der Reinigung und Läuterung, wo der Geist Leid und Schmerz der Vergangenheit losläßt.

Bevor wir die Wüstenfiguren besuchten, trafen wir Professor Josué Lancho, eine Kapazität hinsichtlich dieser riesigen Hieroglyphen. Ausgehend von der Forschungsarbeit Maria Reiches, einer bundesdeutschen Mathematikerin und Astronomin, die die letzten zwanzig Jahre damit verbracht hat, diese Markierungen genauestens zu vermessen, hat Professor Lancho versucht, Interpretationen für diese Darstellungen zu finden. Er erzählte uns, daß viele dieser Figuren über fünfzehnhundert Jahre alt seien, seiner Ansicht nach aus der Zeit vor dem Inka-Reich stammten und vermutlich von den Nazca-Gesellschaften, die in der Nähe lebten, erstellt wurden. Er bemerkte, daß die Markierungen 1927 zum ersten Mal aus der Luft gesehen worden waren, und zwar von dem peruanischen Archäologen Toribio Mejias Jespe, der glaubte, daß diese heilige Straßen den heiligen Wegen der Inkas ähneln. Später habe Frau Reiche vermutet, daß die riesigen Markierungen Teil eines astronomischen

Die «Spirale» in Luftaufnahme.

Kalenders seien, weil viele der Figuren und Linien vollkommen auf den Auf- und Untergang der Sonne während der Sonnenwende ausgerichtet sind. Zudem deuteten viele der geraden Linien auf bestimmte Sterne.

Professor Lancho beschrieb eine weitere interessante Theorie, die mehrere Mitglieder der ärztlichen Gemeinschaft vertreten, wonach die Ebenen die biologische Evolution darstellen. Wenn wir die Figuren neu anordneten, würden wir mit der Spirale beginnen, die das elementare einzellige Leben darstellt, dann würden die Samen der verschiedenen Pflanzen folgen, anschließend die großen Fische und dann der Frosch, der die erste Amphibie ist und sowohl im Wasser wie auf dem Land lebt.

Als nächste kämen die Reptilien, die die Vorgänger der Vögel sind, dann die verschiedenen Vogelarten, zuerst der Kondor mit seinem einfachen Flug und die großen Vögel, und dann der

Der Beginn der Spirale in Nahaufnahme.

Kolobri mit seinem komplizierten Flugapparat. Darauf folgten dann die Affen und zuletzt die Figur, die «Astronaut» genannt wird – die verblüffendste Figur von allen, da sie unverkennbar eine menschliche Gestalt mit einem sehr großen runden Kopf ist. Man hat die Theorie aufgestellt, daß diese Gestalt den nächsten Schritt in der Evolution darstellt, wenn die Menschheit den Heimatplaneten verläßt. Der runde Kopf könnte der Helm sein, der von einem Weltraumreisenden getragen wird. Neunzig Prozent dieser Figuren sind mit einer einfachen Linie verbunden, was darauf hindeutet, daß die Erbauer der Figuren in der Nazca-Ebene möglicherweise schon vor fünfzehnhundert Jahren die natürliche Folge der Evolution verstanden. Könnten die Nazcas auch unsere Reisen zu den Sternen vorhergesehen haben?

Nach unserer Zusammenkunft mit Professor Lancho waren wir uns selbst überlassen. Einige gingen, um über ihre Erfahrung beim Kandelaber zu meditieren, andere bereiteten sich auf den Flug über die Nazca-Ebene vor. Don Eduardo hatte uns

«Der Wal» – eines der Einzeltiere.

darüber aufgeklärt, daß man diese Linien entweder als Tourist besuchen könnte oder als Person, die Wissen und Macht suche, und daß unsere innere Einstellung bestimme, welchen Gewinn wir von unserem Besuch hätten. Als wir über die Wüstenmarkierungen flogen, wurden wir von Ehrfurcht ergriffen; erstens, wegen der Größe der Figuren, und zweitens weil man sie nur aus der Luft sehen konnte. Warum und für wen waren diese riesigen Figuren erstellt worden? Die Medizinleute der Gegend sagen, daß diese Figuren während des «geistigen Fluges», bei dem der Schamane Reisen außerhalb des Körpers unternimmt und durch die Lüfte fliegt, vollkommen erkannt werden können. Aber noch wichtiger als das ist die Tatsache, daß die Figur jedes Tieres den Legenden der Gegend zufolge eine Art von Macht und Wissen verkörpert. Zum Beispiel besteht die Macht des Adlers darin, Lebenssituationen klar zu erkennen und sich, ein Auge auf die entfernteren geistigen Horizonte gerichtet, hoch über sie emporzuschwingen. Wir stellten fest, daß viele dieser Figuren bei Don Eduardos «Kraftobjekten», den handgeschnitzten Stäben, die er vor seiner «Mesa» der Heilung aufstellte, vertreten waren.

Die Mesa

Die indianischen Schamanen haben begonnen, ihr Wissen über das Heilen an Außenstehende weiterzugeben. Don Eduardo glaubt, daß es wichtig ist, dieses Wissen zum Wohl der Allgemeinheit anzuwenden, ohne eine materielle Belohnung oder Entschädigung dafür zu erwarten. Ein Schamane gebraucht sein Wissen, um die Kranken zu heilen und die geistige Entwicklung der Gemeinschaft zu fördern. Für beide Zwecke benutzt Don Eduardo seine Mesa, eine Ansammlung von Kraftobjekten und -stäben, von denen viele angeblich Tausende von Jahren alt sind und seit Generationen von Lehrer zu Schüler vererbt wurden.

Das Wort «Mesa» bedeutet auf spanisch «Tisch», gleichzeitig aber auch Hochebene, und das ist der Ort, wo der Schamane hingeht, um das Göttliche zu erfahren. Mit dieser Mesa ist der Schamane in der Lage, die Kräfte der Natur zu beeinflussen und mit ihnen zu arbeiten, um Krankheiten zu diagnostizieren und zu heilen sowie seinen Schülern zu helfen, die Art von Wissen und Macht zu erlangen, die nötig sind, um sich als Medizinmann zu entwickeln. Die Kraftobjekte werden auf den Boden gelegt, und zwar auf ein Tuch, das Don Eduardo in den Ruinen eines alten Inka-Tempels gefunden hat. Auf der linken und rechten Seite der Mesa befinden sich zwei große Muscheln, die, so erklärt uns der Schamane, als Antennen fungieren, und die Energie des Kosmos empfangen. Die Mesa besteht aus drei Feldern: dem *campo ganadero* oder «Feld des Dunklen» zur linken; dem *campo justiciero* oder «Feld des Lichts» (oder der Gerechtigkeit) zur rechten; und dem *campo medio*, dem «Ort des Gleichgewichts» zwischen den Mächten des Lichtes und der

Die «mesa».

Dunkelheit, dem neutralen Feld in der Mitte. Don Eduardo behauptet, daß diese Kräfte weder positiv noch negativ seien, sondern vielmehr erst zu guten oder schlechten Kräften werden durch das, was die Menschen mit ihnen tun.

Unter den Objekten auf der Mesa des Schamanen befinden sich: ein Stein in Form einer Schlange oder einer verhüllten Frau, der Falschheit und Lügen symbolisiert; der Vorderlauf eines Rehbocks, den er benutzt, um in gefährlichen Situationen schnell zu sein und zu entkommen oder um Menschen von gewissen Orten «wegzublasen», so daß sie wie Rehböcke auf der Flucht rennen müssen; eine tausendjährige Schlinge, die er gebraucht, um negative Wesenheiten zu schlagen und zu bestrafen; ein Stein in Form einer Streitaxt, die zur Selbstverteidigung dient und gegen Feinde eingesetzt wird; ein Keramikfuß, der, angeblich über zweitausend Jahre alt, die alten Grabstätten symbolisiert und vom Schamanen verwendet wird, um Personen, die im Wald oder in der Wüste verlorengegangen sind, zu finden; und eine Tonkeule, die die Kräfte der Nacht sowie alle menschlichen Ängste repräsentiert. In der Nähe der Keule, auf einer Linie, die sich vom oberen bis zum unteren Ende der Mesa zieht, befinden sich eine Reihe von Keramikgegenständen und rituellen Steinen, die die Organe des Körpers symbolisieren und vom Schamanen benutzt werden, um Krankheiten zu diagnostizieren.

Der Kopf eines Fuchses aus Keramik symbolisiert, daß das Gleichgewicht der Dinge durcheinandergebracht wird. Jedesmal wenn Don Eduardo einen Fuchs sieht, der seinen Weg von links nach rechts kreuzt, betrachtet er das als böses Omen. Daneben liegt eine Flöte in Form eines schlafenden Pelikans, die benutzt wird, um Gefühle der Aufrichtigkeit und Güte in anderen Menschen zu wecken. In der Mitte des neutralen Feldes ist ein Bild der Sonne zu sehen, und darunter eine Holzstatue des Heiligen Sebastian, dem christlichen Märtyrer, von dem Don Eduardo behauptet, er sei zunächst Schamane und später erst Heiliger gewesen. Unter ihm liegt ein großer Schlüssel –

der Schlüssel zum Tor zwischen den Feldern des Lichts und der Dunkelheit. Unter dem Schlüssel sind zwei Kristalle, die, wenn man sie gegeneinander reibt, Funken sprühen, und benutzt werden, um negative Einflüsse abzuwehren. Auf der rechten Seite, im Feld des Lichts, liegen eine Ansammlung von Kristallen sowie Statuen verschiedener christlicher Heiliger. Don Eduardo zögert nicht, die christlichen, indianischen und einheimischen Mythologien miteinander zu verbinden, da er glaubt, daß die christlichen Heiligen mächtige Wesen des Lichts sind, die bei der Diagnose und Heilung einer Krankheit hilfreich sein können.

Unterhalb der Heiligen sind die *manos*, zwei Muscheln, die verwendet werden, um eine Mischung aus Tabak, Alkohol und Speiseölen, die der Schamane der Mutter Erde zum Opfer darbietet, zu trinken. Während der Mesa-Zeremonien hält Don Eduardo eine Rassel in seiner Rechten – die Erde, die sich um ihre Achse dreht – und ein Messer in seiner Linken, als Schutz

«Der Schlüssel zum Tor zwischen den Feldern des Lichts und der Dunkelheit».

gegen die dunklen Mächte. Auf der rechten Seite der Mesa befinden sich eine Reihe von Parfümen und Speiseölen, die während der Zeremonie benutzt werden, und eine Flasche reinen Wassers, um die Personen, die die Heilung empfangen haben, aufzuladen und zu reinigen.

Unmittelbar vor der Mesa stecken die dreizehn Kraftstäbe und -schwerter des Schamanen senkrecht in der Erde. Rechts außen ist ein kurzer Säbel und daneben das Schwert des Erzengels Michael, das Schwert des Lichts und Feuers, das benutzt wird, um geistige Hindernisse zu zerschneiden. Der Windhundstab hilft, verschwundene Menschen und verlorene Gegenstände ausfindig zu machen, während der Adlerstab verwendet wird, um große seherische Kraft zu erlangen und bestimmte Krankheiten zu diagnostizieren. Der Schwertfischstab, hergestellt aus dem schwertförmigen Oberkiefer eines Schwertfisches, stellt die sieben Meere dar und wird gebraucht, um verschwundene Seeleute zu finden. Der Schlangenstab zeigt auf die Mitte zwischen dem Feld des Lichts und dem Feld der Dunkelheit und steht für das Gleichgewicht und die Vereinigung der irdischen und kosmischen Energien. Der Stab der Ledigen Frau auf dem *campo ganadero* symbolisiert Heilkräuter und -blumen. Der Eulenstab daneben repräsentiert die alten Grabstätten und die Kräfte der Nacht. Schließlich gibt es noch das Teufelsbajonett ganz links, das alle Aspekte des Bösen symbolisiert, welches häufig die Ursache von Krankheiten ist.

Man findet die Mesa in der einen oder anderen Form bei vielen eingeborenen Heilern Nord- und Südamerikas. Zwar variiert die Bedeutung der Symbole von einer Kultur zur anderen, ebenso wie die einzelnen Schritte der Zeremonie sich je nach Kultur unterscheiden, doch sollen alle Mesa-Rituale daran erinnern, daß sich die Macht der Symbole auf alle Gesellschaften der Erde erstreckt.

SIEBTES KAPITEL

Die Nadel- und Fadenfigur

Am Abend des vierten Reisetages verließen wir unser Hotel und fuhren im Bus zu einem Gebilde, das in einem langen schmalen Tal zwischen zwei Bergen eingebettet liegt und «Nadel- und Fadenfigur» genannt wird. Diese Figur, wie viele andere Nazca-Figuren auch über tausend Jahre alt, war geschaffen worden, indem man die oberste Schicht des ausgetrockneten Wüstenfelsens entfernt hatte, um den hellen weißen Sand darunter bloßzulegen. Sie hat die Form einer Nadel, oder besser gesagt, eines sehr schmalen Dreiecks, das an der Basis etwa zwanzig Meter breit und einen Kilometer lang ist. Bei etwa einem Drittel der Länge entdeckten wir eine große Doppelspirale, die nach mehreren Windungen im Zickzack bis zur Nadelspitze verlief. Don Eduardo ließ uns wissen, daß wir Punkt zehn Uhr abends mit der Zeremonie beginnen mußten, da die Zahl zehn auch die Zahl eins ist, und eins den Anfang symbolisiert. Wir hatten uns tagsüber die Figur angeschaut und die Dimension von Nadel und Faden gesehen, aber dennoch hatten wir Mühe, nachts in den Felsen vorwärtskommen. Sobald wir die Figur erreicht hatten, wurde das Gehen einfacher, da man nur dem Weg der Spirale bis zur Mitte der Figur folgen mußte. Don Eduardo war fast eine Stunde früher angekommen und hatte bereits seine Mesa errichtet, und zwar so, daß er nach Osten blickte, in die Richtung der aufgehenden Sonne, in die auch die Nadelspitze zeigte.

Obwohl die Zeremonie normalerweise in völliger Dunkelheit stattfindet, gestattete uns Don Eduardo, ein Dutzend Petroleumlampen anzuzünden, damit wir filmen und fotografieren konnten; nach Mitternacht sollten wir jedoch die Lampen ausmachen, um die sogenannte «astarale Vision» zu üben. Ich sah mich um und bemerkte, daß die anderen erleichtert waren, daß wir Petroleumlampen hatten, denn die Nacht war stockfinster und dies war unsere erste nächtliche Heilungszeremonie. Alle waren sich bewußt, daß wir zur Spirale gekommen waren, um uns von unserer Vergangenheit zu läutern und die Teile von uns selbst loszulassen, die wir nicht mehr benötigten. Ich konnte spüren, daß meine Gefährten sowohl Vorfreude wie auch Angst vor dem bevorstehenden Ritual und der Unermeßlichkeit der Wüste empfanden. Ab und zu heulte ein Kojote, was uns veranlaßte, in die Ferne zu blicken und uns zu fragen, ob dies ein Nachttier oder ein Krafttier des Schamanen war, dem wir später begegnen würden.

Kurz nach zehn begann Don Eduardo, die vier Winde und die Geister der Lagunen, des Waldes und der Seen zum Heilungsritual zu rufen. Er grüßte die vier Himmelsrichtungen und bat die Schutzgeister der Figur zu gestatten, uns gefahrlos dort aufzuhalten. Dann brachte er der Mutter Erde und dem Himmel ein Opfer aus Tabak dar, kehrte zu seiner Mesa zurück, setzte sich auf einen großen Stein, und blies Öl und Alkohol über die Mesa, um seine Kraftobjekte aufzuladen.

Im Laufe der Zeremonie erhielt jede Person eines der Kraftobjekte, um es in der Hand zu halten, während sie die ganze Länge der Spirale abschritt. Einer erhielt den Adlerstab, um zu lernen, sich über die Probleme des Lebens zu erheben und neue Perspektiven zu entdecken. Einige arbeiteten mit dem Teufelsbajonett, um mit den destruktiven Seiten ihrer Persönlichkeit umgehen und sie in positive umwandeln zu lernen. Andere wiederum bedienten sich des Stabes des Mulatten, des halbblütigen Reiters, um ihre Emotionen beherrschen und ihre männlichen und weiblichen Seiten integrieren zu lernen. Jeder Kraftstab des Schamanen stellte eine Art des Wissens dar, das die Schüler für ihre geistige Entwicklung brauchten.

Zwischen zehn und Mitternacht wurden die «Geister» jedes Kraftstabes sowie der auf der Mesa repräsentierten christlichen Heiligen gerufen, um an der Heilungszeremonie teilzunehmen. Sowohl die Kräfte des Lichts als auch die der Dunkelheit wurden herbeizitiert. Don Eduardo verkündete, daß diese zwei Seiten desselben Schwertes seien, ja, daß man völlig im Gleichgewicht zwischen ihnen bleiben und auf der Schneide des Schwertes tanzen müsse. Darauf sang der Schamane ein Lied und schaute dabei jeden von uns an, um die Erlebnisse unserer Vergangenheit, die geheilt werden und die wir hinter uns lassen mußten, herbeizurufen, damit wir auf dem Weg des Schamanismus fortschreiten konnten. Dann füllte Don Eduardo eine der beiden Muscheln mit Tabak, Alkohol und Kräutern und nahm die Mischung durch die Nase zu sich, als Opfer für die Kräfte der Natur.

Don Eduardo bat Martin und mich, seine Assistenten für den Abend zu sein. Wir mußten auch ein Opfer an den Großen Geist und die Mutter Erde machen, indem wir die bittere Flüssigkeit durch unsere Nase sogen. Dies mußten wir viermal wiederholen. Der Schamane erläuterte, daß die Mischung aus Tabak und Alkohol ein Reizmittel ist, um die seherischen Zentren im Gehirn zu wecken. Jeder von uns wurde aufgefordert, die Mischung zu trinken, während Don Eduardo zu den Erbauern der Nazca-Figuren und den alten indianischen Schamanen betete. Die Mischung ließ sich nur schwer schlucken, besonders durch die Nase, und mehrere Personen mußten stark husten und sich erbrechen. Nachdem wir uns erholt hatten, stimmte wir uns auf die Energie der Figuren auf der Mesa ein und versenkten uns in Meditation.

Um Mitternacht erhielt jeder eine große Tasse San-Pedro-Kaktus, eine starke psychoaktive Mischung, die uns half, aus unserer gewöhnlichen Realität heraus und in die außergewöhnliche Realität des Schamanen einzutreten. Das Getränk enthielt Kräuter, die nach Ansicht von Don Eduardo alte seelische Wunden heilen helfen, wenn jede Person mit einem Machtstab die Energie-Spirale durchlief.

Die San-Pedro-Mischung enthielt, ähnlich wie auch Peyote, die zeremonielle Pflanze vieler indianischer Schamanen Nordamerikas, eine Reihe von Meskalin-Alkaloiden. Leute, die während einer Heilungszeremonie San Pedro einnehmen, berichten meist, daß ihre Sicht klarer wird und sie fähig sind, «Energiefelder» um den Körper zu sehen. Manchmal sieht sogar die ganze Gruppe ungewöhnliche Formen und Gestalten. Für Don Eduardo schafft der San-Pedro-Kaktus eine kollektive Version, d.h., alle Teilnehmer an der Zeremonie begeben sich in eine gemeinsame Realität, die sich von der alltäglichen unterscheidet. Zum Beispiel sah fast jeder von uns ein Mitglied der Gruppe scheinbar in Flammen aufgehen, als es die Spirale durchlief. Der Schamane erläuterte, daß dies schmerzhafte Erinnerungen aus der Vergangenheit gewesen seien, die vom Feuer verzehrt und geläutert wurden. Eine andere Person schien von einer älteren Frau und einem Kind mit Hund gefolgt zu werden, was wiederum die meisten von uns zu sehen meinten. Als er von der Spirale zurückkehrte, fragte ihn der Schamane, wer diese ältere Frau und das Kind seien, Er erwiderte, daß es seine Mutter sei, die ein Jahr vorher gestorben war, und daß er selbst das Kind sei, als Junge mit seinem Hund, den er damals gehabt hatte. Interessanterweise meinten viele Mitglieder der Gruppe, das Gleiche gesehen zu haben, obwohl Don Eduardo kein Englisch sprach und kein einziges Mal Informationen über das, was er «sah», wenn wir in der Spirale waren, preisgab. Dies ist um so interessanter, als der Mond nicht schien. Die Gruppe teilte anscheinend eine übereinstimmende Realität innerhalb des Medizinkreises.

Um drei Uhr morgens rief der Schamane die Frau, die wir hatten in Flammen aufgehen sehen, zu sich vor die Mesa. Wir könnten, so meinte er, kein Risiko eingehen und mußten noch ein Feuer, und zwar dieses Mal ein physisches, machen, um jegliche Überreste einer Krankheit, an der sie litt, zu verbrennen. Als sie vor der Mesa stand und sich ihre Silhouette gegen den Wüstenhimmel abhob, fragte der Schamane sie, woran sie leide, denn einer seiner Kraftstäbe hatte zu vibrieren begonnen, was auf ein körperliches Leiden schließen lasse. Sie antwortete, daß sie vor zwei Jahren wegen Krebs beinahe eine Brust verloren hätte, und daß die Krankheit sich zurückbilde, jedoch bei jeder ärztlichen Nachuntersuchung die Symptome wiederkehrten. Der Schamane nickte und klärte sie darüber auf, daß die Krankheit mit einer Beziehung, die zwar vorüber sei, zu einem Mann zusammenhinge, die sie aber immer noch quäle.

Don Eduardo ging zu der Frau und formte einen Kreis aus gelbem Maismehl auf dem Wüstenboden. Er legte einen Haufen Heu in den Kreis und gab ihr eines seiner Kraftschwerter. Dann kehrte er zur Mesa zurück, ergriff seine Rassel und stimmte ein Lied an, das den Geist dieser Frau und alle ihre Krankheitsursachen erscheinen ließ. Nach einigen Minuten hörte er auf zu singen, sah sie konzentriert an und schrie «Feuer!», worauf Martin und ich aufsprangen und das Stroh unter ihr anzündeten. Mit einem von Don Eduardos Schwertern in der Hand mußte sie viermal über das Feuer schreiten, einmal in jede Himmelsrichtung, und dann ihre Hände und Füße über dem Feuer reinigen. Währenddessen sang der Schamane ein Lied für die Heilung ihres Geistes und Körpers. Kurz darauf wies er die Frau an, das Feuer auszutreten und sicherzugehen, daß kein einziger Funke übrigblieb. Das Feuer stellte die Ursachen ihrer Krankheit dar, die vernichtet werden mußten. Als sie fertig war, mußte sie eine mit der Tabak-Alkohol-Mischung gefüllte Muschel nehmen und entlang der Klinge des Schwerts emporheben, um seine Macht zu erwerben. Dann wurde sie angewiesen, die Mischung als Dankesbezeugung für die Mutter Erde durch die Nase einzunehmen.

Zwei weitere Personen mußten sich demselben Prozeß unterziehen und Aspekte ihrer Vergangenheit verbrennen, die ihnen immer noch hinderlich waren. Der Schamane schilderte, daß sie Teile von ihnen aus diesem und früheren Leben darstellten, die unsere Fähigkeit beschränkten, die Welt in physischer, emotionaler und geistiger Hinsicht voll zu erleben. Dabei könne es sich um einen traumatischen Tod aus einem früheren Leben oder ein psychisches Problem aus der frühen Kindheit handeln. Der Schamane ist der Ansicht, daß es bei weitem nicht so wichtig ist zu verstehen, was es ist, als vielmehr es überwinden und transzendieren zu können. Verständnis sei am wirksamsten, wenn es nach der Heilung erfolge. Vor der Heilung sei es oft nur hinderlich.

Die Zeremonie schloß mit der aufgehenden Sonne, als das neue Tageslicht aus dem Osten langsam auftauchte. Die Gruppe versank in stiller Meditation und dankte den vier Himmelsrichtungen, den Naturgeistern, die an der Heilungszeremonie teilgenommen hatten, sowie den Wächtern und Erbauern der Nazca-Figuren, der Mutter Erde und dem Großen Geist. Die Kraftobjekte wurden weggeräumt, die Mesa zusammengefaltet, und zusammen mit den Stäben in die Tasche des Schamanen gesteckt.

Während der langen Busfahrt nach Lima am nächsten Tag schwiegen die meisten von uns, denn die Ereignisse des Vorabends wollten uns nicht aus dem Kopf. Die Dinge, die wir gesehen und gefühlt hatten, waren dermaßen ungewöhnlich, daß wir sie kaum anders auffassen konnten denn als Traum. An jenem Abend versammelten wir uns in einem Zimmer des Hotels Bolivar, um miteinander über die Erfahrungen der letzten Nacht zu reden. Alle sprachen aufgeregt über das, was sie gesehen hatten und waren einmal mehr erstaunt über die Gemeinsamkeit ihrer Visionen. Dies seien die ersten Schritte, um Schamane zu werden, meinte Don Eduardo. Gleichzeitig mit der Reinigung, wie wir sie in der Nazca-Ebene erlebt hatten, beginne der Lehrling seine Fähigkeit zu entwickeln, in die Geisterwelt zu sehen. Aber wir müßten auf unser inneres Gleichgewicht achten, da wir auf unserem Weg zusätzlichen Prüfungen unterzogen würden.

Eine solche Prüfung hatte Donna erlebt: «Etwa viereinhalb Stunden nach Beginn der Zeremonie spürte ich eine Kraft auf meinen Körper einwirken, die sehr magnetisch und gefährlich schien. Ich konnte sie überwinden, doch hatte ich das Gefühl im Körper und in den Muskeln, ich würde in die Erde gezogen oder in den Himmel steigen. Es geschahen Dinge, die mich sehr erschreckten. Zum ersten Mal hatte ich Angst und das Gefühl, daß mein Kopf gegen meinen Willen gedreht wurde.»

Dazu bemerkte der Schamane, daß dies Prüfungen seien, um ihre eigene Kraft zu entwickeln, und gleichzeitig ihr inneres Gleichgewicht zu wahren. Das magnetische «Ziehen» zur Erde, das Donna gespürt habe, sei ihre Verbindung zur Großen Mutter Erde. Nachher habe der Geist des San-Pedro-Kaktus sie emporgehoben, so daß sie eine Verbindung zum Himmel herstellen und in andere Sphären fliegen konnte, als die ihres gewöhnlichen materiellen Daseins. Er machte ihr klar, daß Angst ihr größter Feind sei, und sie daran hindere, tief in die Erde einzudringen oder in den Himmel zu fliegen.

Dann zeigte der Schamane uns mehrere Stellungen, um uns gegen alles Negative zu schützen und das Gleichgewicht wiederzugewinnen, wenn man es verloren hatte. Er erklärte uns, daß es sieben «Chakras» im Körper gibt, daß aber das Nabel-Chakra über dem Solarplexus das wichtigste für unseren Schutz sei. Dieses Chakra, von einigen buddhistischen Sekten auch «Hara» genannt, ist die Körperachse und das Zentrum der eigenen Welt. Um sich zu schützen, sollte man einfach die Hände über den Bauch kreuzen, mit den Fingern nach unten. Hingegen sei es zum Zeitpunkt des Todes am wichtigsten, das Herz-Chakra zu schützen. Deshalb habe man die ägytischen Mumien mit den Händen über dem Herz gekreuzt begraben. Es sei wichtig, sich bewußt zu sein, wo man die Gefahr spürt. Das Kreuzen der Hände über dem Chakra unterbreche die negativen Energiemuster, in der eine Person gefangen sei, oder hebe die geistigen Fallen auf, in die man treten könne.

Don Eduardo freute sich besonders über die Vision, die eine der Frauen gehabt hatte. Micky, eine Pfarrerin aus San Francisco, schilderte: «Als ich den Mond anstarrte, verwandelte er sich in eine wunderschöne Frau mit sehr klaren Gesichtszügen, und ich spürte sehr viel Liebe. Dann wurde sie zu einer Rose, die die Farbe einer rosaroten Perle hatte; die Blütenblätter öffneten sich und fielen langsam ab, und sie wurde immer leuchtender. Ich fühlte mich dem Mond so nahe, ich hatte das Gefühl, daß meine Liebe in vielen konzentrischen Kreisen nicht nur die Erde, sondern das ganze Universum umfasse.»

Don Eduardo erklärte uns, daß die Blütenblätter, die vom Mond fielen, ein Symbol des Regens sind. Sie waren die Tränen von Großmutter Mond, die der Erde geschenkt wurden. Er habe während der Zeremonie gebetet, daß das Wasser von den Bergen herunterfließen möge, da eine schlimme Dürre herrschte und es in der Wüstenebene von Nazca in diesem Jahr noch nicht geregnet hatte.

Spätabends erfuhren wir, daß große Wassermassen von den Bergen in die Nazca-Ebene heruntergeströmt waren, und mit ihnen Schlamm und Muttererde, was von dem trockenen Wüstenboden dringend benötigt wurde. Hatte die Zeremonie des Schamanen das Wasser beeinflußt, in die Nazca-Wüste herunterzukommen? Oder war dies ein weiterer Fall von «Synchronizität»?

ACHTES KAPITEL

Machu Picchu

Wir hatten die ersten beiden Etappen unserer Initiationsreise – die Visionssuche beim riesigen Kandelaber von Paracas und die Läuterung in der Nazca-Ebene – erfolgreich abgeschlossen. Außerdem hatten einige von uns nach Don Eduardos Meinung während der Nachtzeremonie bei der Nadel- und Fadenfigur die Verbindung mit ihrem Krafttier hergestellt. Das sei ein gutes Omen, meinte er, denn es bedeute, daß wir von Macht verfolgt würden, da die Krafttiere von einigen Personen sich an sie «heranpirschten». Wir müßten auf der Hut bleiben, weil wir sowohl Jäger als auch Gejagte waren. Die Krafttiere symbolisierten einen Aspekt des Wissens und der Macht, die wir zu diesem Zeitpunkt in unserem Leben erwerben mußten, doch waren sie viel mehr als nur abstrakte Symbole. Don Eduardo unterrichtete uns, daß die Krafttiere wirklich existierten, daß sie ein Eigenleben hätten, und daß wir sie aus ihrem Schlaf in der Natur geholt hatten und sie jetzt unserer Spur folgten. Aus diesem Grund sei es wichtig, keine Spuren zu hinterlassen. Dann, wenn wir spürten, daß die Krafttiere ahnungslos in unserer Nähe weilten, würden wir sie fangen.

Bei meiner früheren Arbeit mit Schamanen in Südamerika hatte ich festgestellt, daß viele von ihnen glauben, der Mensch könne sich im Laufe seines Lebens bis zu einem Dutzend Krafttiere aneignen. In einer Legende heißt es, daß gleichzeitig mit der Geburt eines Menschen ein Tier im Wald geboren wird, das die potentielle Weisheit und das Wissen, mit denen dieser Mensch zur Welt kommt, repräsentiert. In seinem Buch *Der Mensch und seine Symbole* bezeichnet C.G. Jung dies als die «Buschseele», ein Gegenstück in der Natur, das viele «Primitive» zu besitzen glauben. Eine Reihe von Schamanen, denen wir begegneten, erzählten, daß ein Mensch zwar häufig neue Krafttiere gewinne, dieser Prozeß jedoch Monate bzw. Jahre dauern könne, bis er abgeschlossen sei. Nach ihren Beobachtungen haben Menschen, die in Städten leben, eher träge und gezähmte Krafttiere; es gebe auch Fälle, in denen die Tiere ungezähmt seien, doch verursachten sie dann ein Chaos und böten den Städtern die Gelegenheit, ihre Leidenschaften zu beherrschen.

Die Krafttiere symbolisieren eine elementare Energie des Waldes, der Winde, des Wassers oder des Feuers und sind nur Krafttiere, wenn sie sich mit einem Mensch verbinden. Einige Schamanen glauben, daß ein Mensch an jedem Chakra oder Energiezentrum des Körpers ein oder zwei Krafttiere haben kann, mit Ausnahme des Kronen-Chakras, das sich am Scheitel des Kopfes befindet und nur eines hat, und zwar gewöhnlich ein transzendentales Feuer-Krafttier. Ein Schamane wies darauf hin, daß der Heilige Geist als Taube aus Feuerzungen gesehen wurde, als er sich auf die zwölf Jünger ausgoß. Auf vielen religiösen Darstellungen christlicher Heiliger sieht man Spuren von Krafttieren als kleine Flamme über den Köpfen der Jünger Jesu, der behauptete, daß «Lamm Gottes» zu sein. Auf diese Weise fanden die Krafttiere Eingang in die christliche Tradition.

Don Eduardo konstatierte, daß ein bestimmtes Energiezentrum oder Chakra aktiviert wird, wenn eine Person ein Krafttier gewinnt, und das ermöglicht einen Energieaustausch mit der Natur. Er wies auch darauf hin, daß es gefährlich sei, einfach ein Chakra oder Energiezentrum zu öffnen, ohne ein Krafttier zu erwerben, da man dann Macht ohne Weisheit erlangen könne. Nach Ansicht von Don Eduardo erwerben zwar viele von uns während des Medizinstudiums eine große Menge Informationen, aber keine neuen Krafttiere; Informationen seien jedoch erst wirksam, wenn sie zu Wissen und Weisheit werden. Diejenigen Mitglieder unserer Gruppe, die begonnen hatten, mit ihren Krafttieren Verbindung aufzunehmen, würden Gelegenheit haben, sich in den Tempeln und Machtzentren in der Nähe der Andenstadt Cusco, der alten Hauptstadt Perus, an sie heranzuspirschen.

Unser Flugzeug landete in der Stadt Cusco am Morgen des siebten Reisetages. Da Cusco 3380 Meter über dem Meer liegt, verbrachten wir den Morgen damit, uns auszuruhen und Kokatee, ein anregendes Kräutergetränk, zu trinken. Das half, uns an die Höhe zu gewöhnen. Cusco ist ein Denkmal eines hochentwickelten Volkes, das weder Rad noch Eisen kannte, keine Schrift und, außer dem Lama, keine Lasttiere hatte. Die Inkas unterwarfen zahlreiche Stämme dort, wo sich heute Peru, Equador, Bolivien, Kolumbien, Chile und Argentinien befinden. Sie gründeten ein System sozialer Sicherheit und schafften das Privateigentum ab. Ihre Ingenieure bauten Straßen mit Hängebrücken und Tunneln im 380000 Quadratmeilen großen Reich. Alle anderthalb Meilen wurden Staffelläufer postiert; mit diesem System konnten sie hundertfünfzig Meilen am Tag zurücklegen und Nachrichten in Form von Knotenschnüren, Quipu genannt, überbringen.

An jenem Morgen hatten wir auch Gelegenheit, uns mit Don Eduardo zu unterhalten und ihn zu fragen, welche Bedeutung die mystischen Traditionen des Schamanen für uns in Europa und Amerika haben. Er antwortete: «Es ist traurig, daß so wenig von diesen Praktiken in Europa übriggeblieben ist, wo es doch früher so reich an überliefertem Wissen war und heute so viele Bücher über Magie und Schamanismus dort geschrieben werden. Und es ist traurig, daß viele eurer weisen Männer und Frauen im siebzehnten und achtzehnten Jahrhundert von der

Kirche gefoltert und auf dem Scheiterhaufen verbrannt wurden.» Zwar besäßen wir ein großes literarisches Wissen über Schamanismus und wunderschöne Bilderbücher und Geschichten über nordamerikanische indianische Folklore, doch fehlten die eigenen Praktiken. Auch hier handle es sich um Informationen ohne Macht, und daher könnten sie nicht als wahres Wissen aufgefaßt werden. Seiner Ansicht nach durchlaufen die Menschen einen Zyklus des Suchens nach Wissen und Wahrheit, und wenn sie es erreicht haben, fallen sie wieder in die Unwissenheit zurück. Dieses Wissen scheine dann vergessen, nur um vom einzelnen wieder entdeckt zu werden, und anschließend von ganzen Völkern und Kulturen. Don Eduardo kennt viele Leute, die heute diese alten Wahrheiten suchen, um sie für ihre eigenes geistiges Wachstum und ihre eigene Heilung zu gebrauchen. Dies sei ein Schritt über das akademische Philosophieren hinaus, das nur ein Nebenprodukt der direkten Erfahrung der Wahrheit sei.

An jenem Nachmittag fuhren wir zu den Ruinen von Tambo Machay, einem Inka-Tempel in der Nähe Cuscos, wo drei unterirdische Flüsse zusammenfließen und als Quelle aus der Erde treten. Wir kletterten hinter dem Tempel zum Gipfel eines kleinen Berges, wo der Schamane uns nach einer Reihe von Atemübungen durch eine besondere Meditation für vier wichtige Krafttiere vorbereitete. Zuerst mußten wir ein Plätzchen auf dem Gipfel finden, wo wir uns wohlfühlten, dann unseren Körper entspannen und den Geist des Pferdes, der Schlange, des Kondors und des Tigers rufen. Dies sind die vier archetypischen Krafttiere, die die Naturenergien und Winde des Nordens, des Südens, des Ostens und des Westens darstellten. Er erklärte uns, daß die Meditation die Verbindung mit der Natur erneuere, die wir bei den riesigen Tieren von Nazca herzustellen begonnen hatten.

Allmählich begannen die Mitglieder unserer Gruppe ihren Körper hin und her zu wiegen, und nahmen die Haltung und

Bewegungen jedes Tieres an, das der Schamane beschwor. Als die Meditation beendet war, behaupteten mehrere Personen, daß sie die Anwesenheit von Don Eduardos Krafttieren gespürt hatten. Einer bemerkte, daß er die Schlange aus dem Osten habe kommen sehen; eine andere Person fühlte, wie der Geist von Don Eduardos Pferd in sie eindrang, und sie bewegte sich, als sei sie das Tier. Einige berichteten, daß sie hoch über dem Berg wie auf den Schwingen des Kondors geschwebt seien. Als wir unsere Erfahrungen mit den Krafttieren austauschten, fing es plötzlich heftig zu regnen an und wir wurden bis auf die Haut durchnäßt. Der Schamane stellte fest, daß dies ein reinigender Regen sei, und daß wir nun zum Tempel von Tambo Machay hinabsteigen sollten, damit jeder sein jeweiliges Chakra an der Quelle aufladen könne.

Im Tempel fließen drei Flüsse aus den Steinen durch eine Spritzdüse aus Stein, die vor über sechshundert Jahren von den Inkas gemeißelt wurde. Einer nach dem anderen näherten wir uns der Düse, ließen das Wasser über unsere Finger fließen und stellten uns dann unsere sieben Chakras nacheinander gegen den Uhrzeigersinn vor, um sie zu entladen, und anschließend im Uhrzeigersinn, um sie mit der magnetischen Energie der Flüsse aufzuladen. Abends kehrten wir müde ins Hotel zurück, denn die Höhe und das Klettern hatten uns arg strapaziert. Der Schamane erwähnte, daß wir auch müde seien, weil die Krafttiere begonnen hatten durch das Eindringen in unsere Chakras unseren Körper zu verwandeln. Diese Tiere stellten eine körperliche Intelligenz dar, ein Wissen, das man eher über den Körper als über den Verstand erlangt.

In Cusco fingen viele von uns lebhaft zu träumen an. Eine Frau berichtete, daß sie geträumt hatte, Don Eduardo habe sie zum Gipfel eines hohen Berges geführt, wo sich ein kleines Häuschen an einem See befand. In dem Haus seien sie einem alten Mann und einer alten Frau begegnet, die sie lehrten, wie man Heilkräuter und -pflanzen verwendet. Dazu meinte Don Eduardo, sie sei in ihren Träumen zu den Chimbe-Lagunen gereist und habe seine ehemaligen Lehrer getroffen. Für den Schamanen existieren Träume in einer eigenen Realität, in die der Lehrling eindringen kann, um sich zusätzliches Wissen anzueignen, und später, um andere Menschen bei räumlicher Trennung zu heilen und die Ursachen von Krankheiten zu diagnostizieren.

Am nächsten Morgen brachen wir bei Sonnenaufgang zu den Ruinen von Machu Picchu auf. Obwohl wir nur wenige Stunden geschlafen hatten, fühlten wir uns erstaunlich gestärkt, mit Ausnahme von zwei Mitgliedern unserer Gruppe, die an *soroche* (Höhenkrankheit) litten. Glücklicherweise liegt Machu Picchu nur 2690 Meter hoch, also 700 Meter tiefer als die Stadt Cusco. Als der Zug in das Urubamba-Tal hinabfuhr, fühlten sich die beiden Betroffenen wieder besser.

Am späteren Vormittag kamen wir am Fuß des Berges an und liefen den gewundenen Höhenweg zu den Ruinen auf dem Gipfel hinauf. Don Eduardo erwähnte, daß selbst heute noch

Die Ruinen von Machu Picchu.

Initiationsriten in dieser alten Ruinenstadt der Inka abgehalten werden. Die Stadt mit ihren außergewöhnlichen Bauten und Tempeln auf der Bergspitze, die bis 1911 den Blicken der Öffentlichkeit verborgen blieb, wurde von dem jungen Yale-Professor Hiram A. Bingham entdeckt, der mehrere andere Expeditionen nach Machu Picchu unternahm und dann Gouverneur und Senator von Connecticut wurde.

Die Inka-Stadt des Lichts

Als indianischer Schamane hat Don Eduardo ein jahrhundertealtes Wissen geerbt, wonach man die Funktionsweise des Kosmos direkt erfahren kann. Dies war das erste Mal, daß eine Gruppe von Außenstehenden versuchte, seine Prüfungen schamanischer Initiation zu bestehen, und Don Eduardo teilte uns mit, daß keiner seiner Lehrlinge Machu Picchu betreten dürfe, bevor er nicht einen rituellen Tod durchgemacht habe. Dies gelte besonders für die «Kraftorte» – bestimmte Stellen der Ruinen, die wir nicht betreten sollten, weil uns unsere Öffnung zur Geistwelt äußerst verletzlich gemacht hatte. Er wies darauf hin, daß Geistwächter diese alten Kraftorte schützen, und daß wir sie, besonders in Machu Picchu, zuerst um Erlaubnis bitten müßten, ob wir die mächtigste aller Zitadellen betreten durften. Wenn sie uns nicht akzeptierten, müßten wir den nächsten Zug zurück nach Cusco nehmen. Weiter informierte er uns, daß wir die Nacht in der näheren Umgebung der Ruinen meditierend verbringen und die Prüfungen, die uns von den Geistwächtern der Zitadelle aufgegeben wurden, ablegen mußten. So wie er es darstellte, handelte es sich dabei nicht nur um geistige, sondern auch um physische Prüfungen.

Nachdem wir fast zwei Meilen auf einem schmalen Bergpfad gelaufen waren, gelangten wir zum «Tor der Sonne», das eine eindrucksvolle Sicht über die Zitadelle und Huayna Picchu, den «jungen Gipfel», der sich hinter den Inka-Ruinen erhebt, bot, ebenso wie über den Urubamba-Fluß, der sich wie eine

Die Zitadelle.

Schlange beschützend um beide windet. Vom «Tor der Sonne» waren nur ein paar Steinmauern, die Überreste eines alten Pförtnerhäuschens, geblieben. Sobald wir dort angekommen waren, sammelten wir Brennholz und machten ein Feuer unter den letzten Strahlen der untergehenden Sonne. Don Eduardo packte seine Rassel und sein Messer aus und begann singend, die Geister der vier Winde und die Geistwächter von Machu Picchu zu rufen, ersuchte sie um ihre Prüfungen und erzählte ihnen, daß wir in der besten Absicht gekommen waren, um unseren Tod akzeptieren zu lernen, den magischen Flug zu erlernen und bei dem *Intihuatana*, dem Stein, von dem die Inka glaubten, die Sonne ruhe sich dort aus, ihnen Ehre zu erweisen.

Nach mehr als einer Stunde stiller Meditation schrie jemand laut auf und zeigte westwärts auf ein etwa sechs Meter entferntes Gebüsch am Rande des Dschungels. Wir erblickten ein unheimliches Licht in der Gestalt eines Mannes mit einem großen runden Kopf. Die Erscheinung ließ uns alle erschaudern. Der Schamane meinte, daß wir konzentriert bleiben sollten, daß dies eine der Prüfungen sei, die wir bestehen mußten, um die Zitadelle betreten zu dürfen. Die Gestalt schwebte über den Büschen, kam manchmal etwas näher, um dann wieder in den Dschungel zurückzuweichen. Währenddessen breitete der Schamane seinen Schutz über die Gruppe aus, indem er auf seiner Flöte spielte und seine Rassel schwang. Er warnte uns davor, den Medizinkreis zu verlassen, doch bemerkte niemand, daß Clara die Gruppe verließ, weil ihr übel war, und in den Ruinen umherirrte. Zwei Mitglieder der Gruppe gingen sie suchen und fanden sie völlig verwirrt, schwach und ohne Willen, mit der Heilungszeremonie fortzufahren. Sie wurde in den Kreis zurückgebracht, und Don Eduardo erklärte, daß dies eine der Prüfungen sei, auf die wir stoßen würden.

Einige Minuten später meinte der Schamane, daß diejenigen, die es vorzögen, beim Feuer zu bleiben, das tun und über der Glut meditieren sollten, doch rate er uns zu schlafen, da wir einen langen Tag vor uns hätten. Wenn wir je während der

Nacht unser inneres Gleichgewicht verlören oder Angst hätten, sollten wir zum beruhigenden Kreis des Feuers zurückkehren. Er erklärte uns, daß die Erscheinung ein «Urwesen» sei, geschaffen von den alten Schamanen von Machu Picchu, um diejenigen zu prüfen, die die alte Zitadelle betreten wollten. Wenn man körperlich und geistig nicht vorbereitet sei, würde man die Orientierung verlieren, sich im Dschungel verirren und Gefahr laufen, vom Berg abzustürzen.

Wir waren über die Warnungen des Schamanen erstaunt, weil wir alle, mit Ausnahme von Clara, in der sternhellen Nacht ein Gefühl inneren Friedens empfanden. Abgesehen von der kurzen Erscheinung des Wesens in den Büschen fühlten wir uns von den Ruinen herzlich willkommen geheißen. Doch kaum hatten wir uns an unserer Schlafstelle niedergelassen, da hörten wir einen Schrei. Michael, unser Toningenieur aus Österreich, hatte eine alte Inka-Treppe entdeckt und war die Stufen hinuntergefallen. Die erste, die ihn erreichte, war Clara, die ebenfalls den Halt verlor und beinahe in einen tiefen Brunnenschacht fiel. Glücklicherweise war der Schacht mit Schlingpflanzen überwachsen, und so konnte sie sich an den Rand klammern, bis Hilfe kam. Clara erlitt nur ein paar Kratzer und eine Verletzung ihres Stolzes. Michael hingegen hatte sich den Knöchel verstaucht und sich am Kopf verletzt, doch konnte er noch gehen. Don Eduardo informierte uns, daß dies unsere Prüfungen seien, und daß man einen Kraftort nicht verantwortungslos betreten darf. Getadelt kehrten wir zu unseren Schlafstellen zurück, nur um zwanzig Minuten später von einem eiskalten Gewitterschauer geweckt zu werden.

Initiation durch Tod

Keiner von uns hatte mehr als eine Stunde geschlafen, doch waren wir am nächsten Morgen alle voller Erwartung. Es schien mir, als versuche die Gruppe ihre Angst mit einem Begeisterungstaumel zu verdrängen. Mir wurde bewußt, daß die Vorbereitung auf das Ritual, d.h. die Konfrontation mit unerledigten Geschäften und Beziehungen der Vergangenheit, die wichtigsten Resultate brachte. Nicht, daß wir uns dieser unerledigten Dinge normalerweise nicht bewußt wären, nein, vielmehr setzen wir unser Bewußtsein nicht in die Tat um. Das Ritual bestand darin, die Person zu motivieren, mit dem vielen Schutt, der sich jahrzehntelang angesammelt hatte, aufzuräumen.

Das Ritual selbst hatte eine außerordentliche Macht. Es wurde auf einem kanuförmigen Stein, der nach Westen zeigte, vollzogen. Vorne am Stein war ein Ring gemeißelt, angeblich damit die Geister der Verstorbenen das Kanu nach Westen, wo die Sonne untergeht, ziehen konnten. Unsere Zeremonie fand frühmorgens statt; einer nach dem anderen legte sich auf den Stein. Der Schamane berührte jeweils die sieben Chakras des Lehrlings und bat darum, daß sein Geist in den Westen gebracht

Der «Totenstein» genannt das »Todeskanu«.

werde, um seinem Tod zu begegnen. «Mögen die Südwinde das Kanu zu den Regionen des Schweigens und des Todes nehmen», sagte er, «und dann zurück ins Leben führen.» In den Legenden heißt es, der Geist einer Person kehre von Osten her zurück, nämlich von dort, wo die Sonne aufgeht und neues Leben entsteht. Die Initianden, so heißt es weiter, würden im Geist als Inka, als Kinder Gottes, wiedergeboren.

Zwar dauerte das Ritual jeweils nur drei bis vier Minuten pro Person, doch schien die Zeit stillzustehen, wenn man dort oben lag. Mehrere Personen berichteten, daß sie das Gefühl gehabt hatten, aus ihrem Körper zu fliegen und durch einen dunklen Tunnel zu rasen. Andere empfanden ein Reißen, jedesmal wenn der Schamane mit seinen Händen über eines ihrer Chakras fuhr. Als ich an der Reihe war, hatte ich das Gefühl, tief in die Erde zu sinken, ich verlor mein Körperbewußtsein, doch hörte ich die Gruppe im Hintergrund «Uma Kong» singen. Dies ist ein Gesang, der die Vereinigung der Kräfte des Himmels und der Erde bedeutet. Mir war, als würde ich von der Erde verschluckt, und plötzlich kam mir der beunruhigende Gedanke, daß es sich etwa so anfühlen mußte, in einem Sarg zu liegen. In diesem Augenblick beschloß ich, meine Leiche nach meinem Tod einäschern zu lassen, denn es war zwar warm und angenehm, beinahe so, als würde ich von der Erde umschlossen, doch wollte ich dort nicht mehr als einige Minuten verbringen. Mir gefiel der Gedanke, vom Feuer verzehrt zu werden, befreit von jeglichen körperlichen Grenzen.

Später erklärte uns Don Eduardo, daß eine der wichtigsten Lektionen für den Schamanenlehrling die war, sterben zu lernen. Die Zeremonie endete damit, daß der Schamane den Hauptgeistern von Machu Picchu dankte und die Zymbalen schlug, um den Eingang zur Geistwelt zu verschließen. Er erklärte uns, daß das Kanu jetzt zum Status eines Denkmals zurückkehre, da der Stein an sich keine eigene Macht besitze. Während eines solchen Rituals könnten jedoch die Kraft von Himmel und Erde durch das Kanu strömen.

Als nächstes führte Don Eduardo unserere Gruppe durch das Tor in die «Stadt des Lichts» der Inkas, die Stadt Machu Picchu. Wir folgten dem Schamanen zu einer freien Stelle, wo einst der sogenannte Große Tempel stand. Alles, was von ihm übriggeblieben war, waren drei massive Mauern und ein Steinbett, das die südwestliche Ecke des Tempels einnahm. Don Eduardo erzählte, daß das Bett benutzt wurde, um die Astralreise oder außerkörperliche Erfahrungen zu erlernen, durch die der Schamane in die untere Welt reisen kann, um die Ursachen von Krankheiten zu finden, und in die obere Welt, um die Folgen von Ereignissen zu ermitteln und sogar den Verlauf seines eigenen Schicksals zu beeinflussen. Der Schamane behauptete, daß es besonders wichtig sei, zu wissen, wie man den Körper richtig verläßt, wenn man stirbt, denn ohne das entsprechende Wissen kann der Geist einen Schock erleiden und jahrelang verwirrt sein, verloren zwischen dieser und der nächsten Welt.

Zweck der Übung war es, mittels der Astralreise den «Tempel des Mondes» auf dem Gipfel des Huayana Picchu aufzusu-

«Tempel des Lichts», Ausgangspunkt der «Astralreise».

chen. Die Anden ließen uns winzig klein erscheinen, ganz besonders in der ehrfurchtgebietenden Weite, die Machu Picchu umgibt. Auf zwei Seiten geht es achthundert Meter in die Tiefe, und auf der dritten steigt der Huayna Picchu steil an, um dann wieder hinabzugleiten wie der Körper und Schwanz eines kauernden Löwen, der beinahe ganz von der Biegung des tosenden Urubamba umgeben ist – ein großartiger Schauplatz für unsere Wiedererweckung.

Der Reihe nach legten wir uns auf den Stein, und Don Eduardo berührte unsere Stirn. Einige beschrieben Bilder von Felsen oder Tempelruinen, andere erzählten, daß sie wie ein Adler oder Kondor geflogen waren. Don Eduardo teilte uns mit, daß er mit dieser Übung versuche, uns nicht nur an die Ewigkeit des Geistes glauben, sondern sie auch erfahren zu lassen.

Anläßlich eines Besuches von Machu Picchu, drei Jahre vorher, hatte ich eine denkwürdige Erfahrung mit Don Eduardo gemacht. Als Christ erzogen, habe ich immer an die Unvergänglichkeit des Geistes geglaubt, doch hatte ich es nie für möglich gehalten, daß man das vor dem Tod erfahren könne. Das erste Mal lag ich auf dem Tempelstein und spürte, wie der Schamane mir die Hand auf die Stirn legte. Ich empfand ein starkes Gefühl der Entspannung und des Friedens, doch geschah nichts Ungewöhnliches. Ich flog weder wie ein Adler, noch erreichte ich den Gipfel des Huayna Picchu, befand mich allerdings in einem angenehmen traumähnlichen Zustand. Diesmal sagte Don Eduardo nach etwa zehn Minuten: «Okay, nun komm herauf.» Ich setzte mich auf und ging weg, um mich wieder in den Kreis meiner Gefährten zu gesellen. Zu meinem Erstaunen schauten alle gespannt auf das Steinbett. Ich drehte mich um und sah meinen physischen Körper – und einen lächelnden Don Eduardo, der mir ein Zeichen gab, zurückzukommen und mich wieder auf den Stein zu legen, um mich mit meinem materiellen Selbst wieder völlig zu vereinigen.

Inti Huatana

Auf einem kleinen Hügel, zwanzig Meter vom Großen Tempel entfernt, befindet sich der Inti Huatana, der legendäre «Angelpunkt der Sonne». Hier veranstalteten die Inka jedes Jahr zur Zeit der Wintersonnenwende eine Zeremonie für die «Eine Sonne», damit sie ihren täglichen Bogen nicht noch nördlicher ziehe und für immer verschwinde. Als Hiram A. Bingham im Jahre 1911 Machu Picchu erreichte, sah er außerdem noch einen Stein auf der Spitze des Inti Huatana. Don Eduardo glaubt, daß dies ein Kristall war, den man benutzte, um mit Schamanen in entlegenen Teilen des Planeten und anderen Dimensionen von Raum und Zeit zu kommunizieren. Der Inti Huatana soll der Ort der Erde sein, wo Erde und Sonne sich treffen, wo die Energien des Männlichen und Weiblichen zusammenkommen. Es ist wichtig, bei Sonnenaufgang dort zu sein, wenn die ersten Strahlen der aufgehenden Sonne über den Berggipfeln auftauchen und auf den Stein treffen. In den scha-

Der «Angelpunkt der Sonne».

manischen Legenden heißt es, daß der Inti Huatana einem die Sicht in die Geistwelt öffnet, wenn man ihn mit der Stirn berührt. Während jeder von uns zum Stein ging, um die aufgehende Sonne zu grüßen, sang die Gruppe «Uma Kong», den Gesang, der Himmel und Erde vereint.

Man schätzt, daß die Stadt Machu Picchu während ihrer Glanzzeit etwa siebenhundert Menschen beherbergte, die meisten davon wohl Frauen, wegen des außergewöhnlich hohen Anteils (ca. neunzig Prozent) weiblicher Gräber. Allerdings haben Archäologen kürzlich in der Nähe einen Friedhof gefunden, wo sich weitere zahllose Inka-Gräber befinden und das Verhältnis von Männern und Frauen ausgeglichener zu sein scheint. Andere Forschungsergebnisse lassen darauf schließen, daß die Terrassen, die die Inka aus den Felsen gehauen haben, nicht nur, wie bisher angenommen, eine landwirtschaftliche Funktion hatten, sondern auch rituellen Zwecken dienten. Archäologen haben entdeckt, daß die Erde auf den Terrassen aus verschiedenen Teilen Perus stammt. Anscheinend brachten die Bewohner von Dörfern und Städten des Inkareiches Proben ihres Bodens, um sie auf den Anbauterrassen von Machu Picchu zu deponieren; ebenso brachten sie Samen und Pflanzen, um sie auf dem heiligen Boden anzubauen.

Machu Picchu bleibt dennoch ein Rätsel. Wohin flohen die Einwohner der Stadt, besonders, da die Stadt nie von den Spaniern erobert wurde? Warum wurde die Stadt so plötzlich verlassen, und warum wurden alle Gold- und andere Wertgegenstände weggeschafft? Es heißt, die Inka seien zu der legendären Stadt Vilcamamba, dem Eldorado der Inka im Herzen des Dschungels, das bis heute nicht entdeckt wurde, ausgewandert.

Am späteren Vormittag verließen wir für ein paar Stunden das Inti Huatana, um uns die Ruinen anzuschauen. Wir besichtigten den Stein des Kondors, der nach Ansicht der Archäologen ein Gefängnis der Inka war, doch meinte Don Eduardo, es sei der Ort gewesen, wo man zahme Kondore gehalten habe. Wir stellten fest, daß viele andere Teile der Ruinen von den

Der «Stein des Kondors».

Archäologen und Don Eduardo verschieden interpretiert wurden. Dr. Wilfredo Yepes, der Chefarchäologe in Machu Picchu, begleitete uns und stellte seine Sicht derjenigen von Don Eduardo gegenüber. Der Archäologe war beeindruckt und meinte, daß der Schamane gewisse Ideen bestätige, die er bezüglich der Bereiche der Ruinen habe, und deren Zweck man immer noch nicht erklären könne. Es schien uns, als könnte ein weiterer Meinungsaustausch zwischen Archäologen und Schamanen den Interpretationen der Ruinen von Machu Picchu sowie anderer historischer Stätten Nord- und Südamerikas eine neue Dimension verleihen.

Um drei Uhr nachmittags versammelten wir uns am Stein von Pachamama, einem über sechs Meter langen und drei Meter hohen Stein, der die Mutter Erde symbolisiert. Dies war unserere Schlußzeremonie in der Ruinenstadt Machu Picchu, und Don Eduardo teilte uns mit, daß nur die Frauen am Ritual teilnehmen durften. Er erklärte uns, daß wir beim Inti Huatana

Der Stein von Pachamama, Symbol der Mutter Erde.

die Verbindung mit dem männlichen Element und den Energien von Vater Sonne hergestellt hatten. Beim Stein von Pachamama würde die Gruppe sich mit der weiblichen Komponente und Mutter Erde verbinden.

Die Frauen vollzogen dieses Ritual für die ganze Gruppe, da dies der Ort war, an dem die weiblichen Initianden ihre Opfer darbrachten. Der Stein repräsentiert die Fruchtbarkeit, nicht nur der Erde und der Frauen, sondern auch des menschlichen Geistes. Die Frauen gingen der Reihe nach zum Stein und stellten sich mit dem Rücken gegen ihn, um seine Energie zu empfangen.

Der Schamane erzählte uns nun, daß der Huayana Picchu, der Berg hiner dem Pachamama, viele Labyrinthe und Tunnel enthält, deren geheime Eingänge für die Augen des Uneingeweihten verborgen, jedoch für die Augen des Schamanen deutlich gekennzeichnet seien. In der Legende heißt es, eine alte weise Frau wahre das Geheimnis des Berges, und die Schama-

Der Tempel der Frauen.

nen kämen zu ihren höchsten Initiationen, nämlich derjenigen, die in das weibliche Element einweihen, hierher. Die Höhlen innerhalb des Berges sollen heute ebenso häufig benutzt werden wie zur Zeit der Inka, denn der Schamanismus sei ein Wissen, das weder vom Zeitalter noch von der Kultur abhängig sei. Wir beendeten das Ritual am Pachamama um vier Uhr und erwischten gerade noch den letzten Bus hinunter zum Zug. Wir schliefen alle ein, denn wir waren völlig erschöpft von den letzten vierzig Stunden praktisch andauernder Aktivität. Möglicherweise erlaubte uns die körperliche Erschöpfung, in die außerordentliche Realität des Schamanen einzutreten, indem sie uns half, kulturelle Schranken, die die Grenzen unserer Wahrnehmung bestimmen, zu durchbrechen.

Der französische Anthropologe Claude Lévi-Strauss behauptet, daß das Denken des primitiven und des zivilisierten Menschen ebenso gültig, aber grundverschieden sei. Der Primitive glaube, daß man nichts verstehen könne, bis man alles verstanden habe. Mit anderen Worten, man könne nicht verstehen, wie ein Grashalm wächst, solange man nicht verstehe, wie das Universum funktioniere. Dagegen glauben moderne Menschen, daß man den Kosmos erst verstehen könne, wenn man ein Ding in seiner Gesamtheit erfaßt habe; mit anderen Worten, wir müßten zuerst den Grashalm bis in seine atomare Struktur verstehen, bevor wir die Gesamtheit des Universums begreifen könnten. Der primitive Schamanismus und die moderne Wissenschaft nähern sich der Erkenntnis von den entgegengesetzten Enden des Spektrums, doch liefern uns beide ein zusammenhängendes Bild der Wirklichkeit.

NEUNTES KAPITEL

Das heilige Feuer

Wir fragten Don Eduardo, warum er bereit gewesen war, mit unserer Gruppe zu arbeiten und Schüler mit einer westlichen Sicht des Schamanismus zu unterrichten. Er erwiderte, daß es wichtig sei, das alte schamanische Wissen wieder an die Öffentlichkeit zu bringen.

«Als die Europäer nach Amerika kamen, waren die amerikanischen Schamanen gezwungen, sich von der Öffentlichkeit zurückzuziehen und aus den Dörfern in die Berge und Urwälder zu fliehen. Doch die Prophezeiungen der nord- und südamerikanischen Schamanen sprechen von der Rückkehr des Büffels und der Zeit, da der weiße Mann seinen Fuß auf Großmutter Mond setzt. Dies sei die Zeit, diese Lehren wieder bekanntzumachen.» Und er habe, fuhr Don Edurardo fort, von seinen Lehrern gelernt, daß der Lehrer verpflichtet ist, sein Wissen weiterzugeben, wenn ein Mensch mit offenen Händen und gutem Herzen zu ihm kommt, um von ihm zu lernen.

Don Eduardos Lehrer sind noch am Leben und arbeiten in den Bergen Nordperus, in einem Gebiet, das nur durch eine mehrtägige Reise zu Pferd und zu Fuß erreichbar ist. Diese Lage schützte ihre Vorgänger vor dem langen Arm der Inquisition und verhindert heute, daß sie vom peruanischen Ärzte-Establishment strafrechtlich verfolgt werden. Don Eduardo selbst hat viele Zusammenstöße mit Behörden gehabt, die ihn beschuldigten, Kurpfuscherei zu betreiben. Erst in den letzten paar Jahren hat sich diese Haltung geändert, und sogar die örtliche medizinische Hochschule hat sich an ihn gewandt. Die Schule hat ein Programm eingeführt, bei dem die Medizinstudenten ein Praktikum bei einem(-ner) Medizinmann(-frau) absolvieren, um die indianische Auffassung von Krankheit und Heilung verstehen zu lernen. In Peru sind elf von vierzehn Millionen Menschen Indianer, und die meisten von ihnen halten immer noch an den traditionellen Überzeugungen fest; doch sind die eingeborenen Mediziner für Krankheiten, die mit der Industrialisierung einhergehen, schlecht ausgerüstet. Don Eduardo erkennt die Bedeutung einer Partnerschaft mit der westlichen Medizin und glaubt, daß die einheimischen und westlichen Heiler, wenn sie Hand in Hand arbeiten, dazu beitragen können, viele Übel der Menschheit zu lösen.

Den Morgen nach unserer Rückkehr von Machu Picchu verbrachten wir hauptsächlich mit Schlafen und Ausruhen, und am frühen Nachmittag besichtigten wir die Ruinen von Cuyillaichacoc, wo wir den Tanz des Kondors lernten. Dabei handelt es sich um eine Bewegungsmeditation, bei der man abwechselnd die linke und die rechte offene Hand zum Herzen führt. Ziel der Übung ist es, den «Geistflug», den wir in den Ruinen von Machu Picchu gelernt hatten, zu üben, um wie der große weiße Kondor zum Himmel zu fliegen. Im Gegensatz zu den meisten östlichen Meditationsformen des Hinduismus und Buddhismus ist der Körper bei vielen schamanischen Meditationen stark in Bewegung. Nach Ansicht des Schamanen kann man den Körper nicht mit dem Geistflug verlassen, solange man nicht voll von seinem Körper Besitz genommen hat. Viele der Vorbereitungsübungen für den Tanz des Kondors zielen darauf, die Teile unseres Körpers wiederzuerlangen, mit denen wir Kontakt verloren haben. Bei einigen waren es die Hüften, bei anderen der Oberkörper, die Brüste, der Bauch oder sogar die Arme oder

Beine. Während des Tanzes machten wir Bewegungen, die nicht üblich sind für unseren modernen Lebensstil, bei dem unser Körper infolge des Vorzugs, den wir dem Intellekt geben, leidet. Am nächsten Morgen, nach einer guten Nachtruhe, stiegen wir ins Flugzeug, um nach Trujillo, einer Stadt in der Wüste Nordperus, zu fliegen.

Schwarze Magie

Don Eduardo lebt mit seiner Frau und sechs von seinen vierzehn Kindern in einem kleinen Küstendorf zwanzig Meilen südlich der Stadt Trujillo. Am Morgen nach unserer Ankunft, am vierzehnten Tag unserer Reise, wurden wir von Don Eduardo in seinem Heim empfangen. Seine Frau Doña Maria und seine Kinder, die ich beinahe ein Jahr lang nicht gesehen hatte, rannten uns entgegen. Das Haus aus Adobeziegeln hatte sich seit meinem letzten Besuch nicht verändert; nur das Dach wies Spuren der letzten heftigen Regenfälle, die einen großen Teil Nordperus überschwemmt hatten, auf. Direkt gegenüber ihrem Haus hatten Doña Maria und die Kinder ein kleines Restaurant eröffnet, in dem täglich eine einfache Mahlzeit mit gebratenem Fisch, auf verschiedene Weise zubereitet, und Kartoffeln, Bananen und Reis mit Seeigel oder Stachelrochen angeboten wurde. Sie hatten besondere Vorkehrungen für unsere Ankunft getroffen und eine große Vielfalt gebratener Fische zubereitet. Da es erst zehn Uhr morgens war, schlug Don Eduardo vor, mit der «*cuy*-Reinigung» an den Mitgliedern unserer Gruppe zu beginnen.

Das *cuy* ist ein Meerschweinchen, das in ganz Südamerika von Schamanen benutzt wird, um Krankheiten zu diagnostizieren. Man reibt den ganzen Körper der betreffenden Person mit dem Tier ab, besonders die Punkte der sieben Chakras und die Kopfgegend. Das Meerschweinchen hat sozusagen die Funktion einer primitiven Art von Röntgenschirm, da der Medizin-

Don Eduardos Haus.

mann die Organe des Tieres auf irgendwelche Zeichen einer organischen Erkrankung hin, an der der Klient leiden könnte, untersucht.

Vor allem aber wird das *cuy* benutzt, um schwarze Magie zu diagnostizieren. Wenn die Person an irgendeiner Art von schwarzer Magie – oder psychosomatischen Störungen – leidet, so bricht angeblich das Rückgrat des Meerschweinchens und es stirbt dann, wenn man damit den Körper der Person abreibt.

Don Eduardo erläuterte: «Seit alters haben die Schamanen, an der Küste wie auch in den Bergen, das Meerschweinchen zu diagnostischen Zwecken benutzt. Das männliche Meerschweinchen wird zur Diagnose von Männern und das weibliche zur Diagnose von Frauen verwendet. Das Meerschweinchen ist äußerst empfindlich und absorbiert alles Negative oder jede Krankheit auf der Ebene der Chakras sowie nervlich bedingte geistige Störungen.»

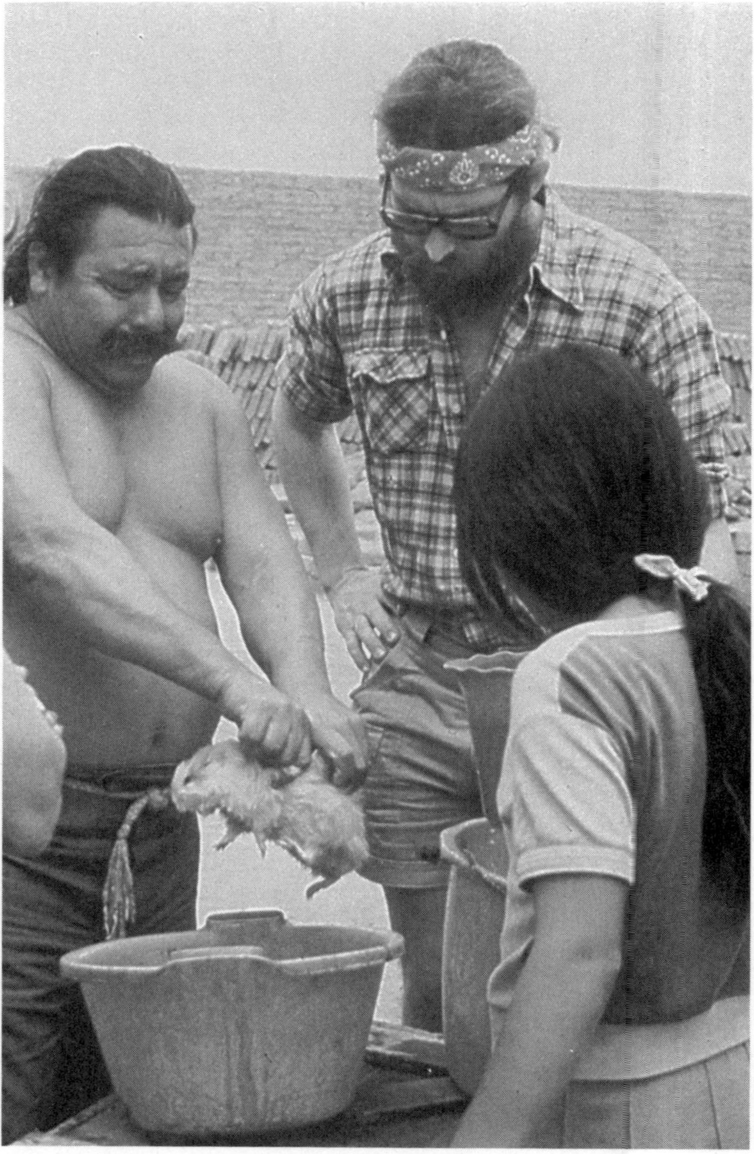

Bei der Untersuchung des Meerschweinchens.

Das Meerschweinchen muß bei lebendigem Leibe enthäutet werden, und seine Organe müssen untersucht werden, während sein Herz noch schlägt. Don Eduardo diagnostizierte mehrere körperliche Leiden, an denen Mitglieder unserer Gruppe vor kurzem gelitten hatten, genau richtig, und erklärte, daß zwar die Krankheitssymptome verschwunden, in vielen Fällen jedoch die Grundursache der Krankheit noch vorhanden war und sich beim Meerschweinchen manifestierte. Was uns jedoch am meisten überraschte, war, daß mehrere Meerschweinchen ein gebrochenes Rückgrat aufwiesen. Don Eduardo glaubt, daß die schlimmste Form der schwarzen Magie die ist, die wir unbewußt uns selber zufügen. In der westlichen Medizin bezeichnen wir diese Störungen als psychosomatische oder streßbedingte Krankheiten, und es ist erwiesen, daß zu den selbstverursachten Leiden sogar bestimmte Krebsarten gehören.

Für jenen Abend setzten wir ein Feuerritual an, um diejenigen mit Diagnose auf schwarze Magie zu heilen. Als Vorbereitung hatten wir den Rest des Tages damit verbracht, in einer Stammessitzung zu meditieren, um zu entdecken, welche Ereignisse in unserem Leben uns dazu gebracht hatten schwarze Magie gegen uns selbst auszuüben. Wir betrachteten auch jene Gewohnheiten, die wir angenommen hatten, um das Erlangen von Glück und Erfolg zu verhindern. Diejenigen, deren Meerschweinchen keine Anzeichen von Krankheit zeigten, wurden vom Schamanen ermuntert, über Aspekte ihres Lebens zu meditieren, die am Sterben waren oder die sie zurückließen – Aspekte, die sie dem Feuer überantworten sollten, damit sie aus ihrer Seele verbannt wurden.

Nach einem üppigen Fischmahl versammelten wir uns im Kreis auf dem Sand vor Don Eduardos Haus. Ich lud alle ein, über die letzten vierzehn Tage unserer Initationsreise nachzudenken und sich darüber klar zu werden, welche Schritte sie machten, um Informationen über den Schamanismus zu gewinnen und auch ihre geistige Entwicklung zu fördern.

Nach zwei Wochen der Seelenforschung und schwieriger Reisen durch die Wüsten und Berge Perus begannen die Mitglieder unserer Gruppe allmählich abzubauen. In den letzten beiden Wochen war unsere Psyche mit neuen Informationen und bewußtseinserweiternden Erfahrungen überhäuft worden. Die Reiseschwierigkeiten und die nächtlichen Heilungszeremonien hatten unsere Abwehr geschwächt, und der Schamane meinte, daß jetzt einige Leute in der Lage seien, einen Quantensprung in die Welt des Schamanismus zu machen. Jetzt, so schilderte er, bestehe die Gefahr darin, zu den sicheren und bequemen Gewohnheiten der Vergangenheit zurückzukehren. Ohne daß wir es wüßten, sie dies die größte Hürde, die wir auf unserer Reise nehmen mußten. Wir müßten eine innere Kraft aufbieten, von der wir bisher keine Ahnung gehabt hatten. Jede Person müsse für sich bestimmen, welches Risiko sie während der restlichen Reise eingehen wolle. Es bestehe die Gefahr, daß einige sich entschieden, die nächste Woche als Touristen zu verbringen oder sich hinter der Rolle des objektiven Sozialwissenschaftlers zu verstecken, der aus der Distanz beobachtet, es aber nicht wagt, die Grenzen seiner Überzeugungen und seiner Ausdauer auf die Probe zu stellen.

Donna bemerkte, daß sie ihr Leben lang die Schmerzen aller anderen gefühlt und den Wunsch gehabt hatte, ihnen zu helfen, daß sie sich jedoch nie um sich selbst gekümmert hatte. «Ich weiß, daß ich den Menschen helfen will», sagte sie, «und ich möchte lernen, dem Land zu helfen. Mein nächster Schritt ist, beide Aspekte zu lernen, nämlich mich um die Welt und um mich selbst zu kümmern.» Donna fuhr fort, daß sie es vermeide, über ihre eigenen Bedürfnisse nachzudenken, wenn sie immer mit dem Leben anderer beschäftigt sei.

Eva meinte: «Gestern abend habe ich zum ersten Mal seit Jahren getanzt. Es war ein sehr trauriges Ereignis, das mich bewog, nicht mehr zu tanzen. Gestern war offensichtlich die Zeit für mich gekommen, wieder zu tanzen.» Sie bezog sich dabei auf eine Überraschungsparty, die wir am Abend vorher, anläßlich ihres Geburtstages, organisiert hatten, und an der alle, auch Don Eduardos Kinder, zum Klang eines alten Radios getanzt hatten. Eva erzählte uns, daß sie seit der Trennung von ihrem Mann nicht bereit gewesen war, sich jemand anderem gegenüber emotional zu öffnen. Dies hätte zwar verhindert, daß sie noch einmal verletzt wurde, doch habe es auch zu einer Gefühlsleere in ihrem Leben geführt, die im Laufe der Jahre immer schlimmer geworden war. Ihr größtes Risiko zum jetztigen Zeitpunkt sei, sich einer neuen und dauerhaften Beziehung gegenüber zu öffnen. Sowohl Donna wie auch Eva hatten Probleme erkannt, die man normalerweise als psychologisch und als außerhalb des schamanischen Bereiches liegend betrachtet. Don Eduardo wies jedoch darauf hin, daß man auf dem schamanischen Weg lernt, sich diesen Dingen tagtäglich zu stellen und ihre Lösung nicht aufzuschieben.

Andere Gruppenmitglieder schilderten Probleme, die eher existentieller oder spiritueller Art waren. Rainer, ein Psychologe aus der Bundesrepublik, hatte das Gefühl, daß sich seine Seele in völliger Dunkelheit befinde. Er meinte: «Es hat mich wirklich total deprimiert. Ich bin im Moment am Tiefpunkt angekommen. Das gehört wohl zum Prozeß völliger Auflösung, wobei ich jeden Tag weniger weiß. Ich habe keine Ahnung mehr, was ich will und warum ich hierhergekommen bin. Es löst sich einfach alles auf. Ich glaube, ich habe noch nie vorher eine so starke Verbindung zu allem Negativen und allen negativen Kräften und Gefühlen gehabt. Ich bin auf dem Weg nach unten, doch hoffe ich, daß ich wieder 'raufkomme. Mehr kann ich eigentlich nicht sagen.»

Rainer bemerkte, daß die Dinge, die früher wertvoll und wichtig für ihn waren, jetzt keine Bedeutung mehr zu haben schienen. Gleichzeitig sei er sich bewußt, daß er zögere, diese alten Werte loszulassen, denn sie seien die einzigen, die er habe. Er hoffe, daß er während der letzten Woche der Reise eine neue Leitvision für sein Leben entdecken und die Kraft haben werde, das zu verändern, was er verändern müsse, wie etwa, von Norddeutschland nach Süddeutschland zu ziehen, wo er zwar nicht die Sicherheit in bezug auf Arbeit und Freunde hatte, sich aber heimischer fühlte.

Clara hatte im letzten Jahr eine Reihe merkwürdiger Ereignisse um sich herum beobachtet; z.B. gingen Gläser kaputt, ohne daß jemand sie berührte, Gegenstände verschwanden auf mysteriöse Weise und tauchten dann wieder auf, oder sie hörte merkwürdige Geräusche im ganzen Haus. Don Eduardo meinte, dies seien Zeichen, daß sich ihre medialen Fähigkeiten entwickelten und sie lernen müsse, ihre Kräfte zu beherrschen, da sie sich sonst auf eine destruktive und unkontrollierbare Weise manifestieren würden. Clara schilderte: «In den letzten drei Jahren habe ich schwere persönliche Probleme gehabt, doch wußte ich nicht, daß es so schrecklich sein würde. Als ich mittendrin steckte, war alles um mich herum Dunkelheit. Als ich eingeladen wurde, diese Reise zu machen, träumte ich ein Jahr lang von den verschiedenen Erfahrungen, die wir machen würden. Viele Erfahrungen, die wir hier gemacht haben, habe ich in meinen Träumen schon gesehen. Aber ich hatte das Gefühl, völlig aus dem Gleichgewicht geraten zu sein. Ich wollte anderen Menschen helfen, doch führte ich nie etwas zu Ende, was ich angefangen hatte. Als ich jedoch hier ankam, war mir der Kontakt zur Natur eine große Hilfe. Und heute abend fühle ich zum ersten Mal in diesen drei Jahren so etwas wie ein inneres Gleichgewicht. Ich sehe ein, daß ich, statt um Licht zu bitten, zuerst um Heilung bitten muß, und dann, glaube ich, kommt das Licht.»

Wir verbrachten den Rest des Nachmittags in stiller Meditation und damit, ein Stück Holz zu suchen, in das wir eine symbolische Darstellung jener Teile unseres Lebens, die wir ändern wollten, schnitzen konnten. Don Eduardo macht mir klar, daß das gebrochene Rückgrat bei meinem Meerschweinchen von dem emotionalen Schmerz herrührte, der mit meiner noch frischen Scheidung verbunden war. Es ginge nicht darum, wer an der Beendigung der Ehe schuld sei, sondern vielmehr darum, mich aufzurappeln und mein Leben weiterzuleben, und meiner Frau so weit wie möglich zu helfen, das gleiche zu tun. Ich erzählte der Gruppe: «Es stimmt, daß die Bitterkeit und der Schmerz, die ich in meinem Herzen trug, alles in meinem Leben vermieste.»

Don Eduardo hatte mir vorher unter vier Augen mitgeteilt, daß ungelöste Gefühle und nicht abgeschlossene Beziehungen möglicherweise die schlimmste Art von schwarzer Magie seien, die wir uns zufügten. Der Weg des Schamanen sei der, nichts in seinem Leben unerledigt zu lassen, und jeden Augenblick bereit zu sein zu sterben. Er meinte, viele von uns lebten ihr Leben, als hätten wir ewig Zeit, diese Dinge zu erledigen. Am schlimmsten jedoch sei es, daß wir erwarteten, daß die Zeit oder ein Eingreifen «von oben» diese ungelösten Situationen an unserer Stelle löse.

Als ich an jenem Nachmittag am Strand spazierenging und verschiedene Stückchen Treibholz auflas und wieder wegwarf, weil sie zu lang oder zu kurz waren oder nicht die richtige Form hatten, um meine Lebenssituation darzustellen, kam mir der Gedanke, daß Ehen, wie auch Menschen, eine natürliche Lebensdauer haben könnten. Die Tatsache, daß eine Beziehung zu Ende war, bedeutete nicht, daß sie gescheitert war, ebensowenig wie die Tatsache, daß wir sterben, nicht bedeutet, daß unser Leben vergeblich war. Nachdem ich beinahe drei Stunden gelaufen war, fand ich ein Stück Holz mit einem Knoten in der Mitte. Im Zentrum des Knotens war ein Loch, so daß dieses Stück Holz aussah wie ein natürliches Monokel. Mit meinem Taschenmesser rundete ich die groben Kanten ab und schnitzte eine Wellenlinie auf das Holz, die den Wind symbolisierte. Dann, ohne zu wissen warum, schnitzte ich einen Vogel im Flug hinein. Als ich am Abend den Stock ins Feuer legte, hatte ich das Gefühl, als sei mir ein Knoten im Herzen gelöst worden und ich sei wieder frei, zu fliegen, wohin ich wollte.

Das freundliche Feuer

Abends versammelten wir uns auf einem kleinen Stückchen Land, auf dem Don Eduardo seine Heilpflanzen anbaut. Der Schamane saß in der Nähe eines kleines Holzstoßes und hielt eines seiner Machtschwerter in der einen und seine Rassel in der anderen Hand. Nachdem er den Geist der vier Winde gerufen und der Mutter Erde ein Opfer gebracht hatte, bat er mich, das Feuer anzuzünden. Aus irgendeinem Grund wollte das Feuer nicht brennen, doch schien Don Eduardo das nicht zu bemerken, da er gerade seine Rassel schwang und mit geschlossenen Augen sang. Die ganze Gruppe schloß sich ihm mit einem Gesang an, der die Geister des Wassers tief unter der Erde rief und sie bat, uns zu reinigen. Nach mehreren Versuchen fing das Feuer schließlich an zu brennen und ließ Rauchwolken in die Luft steigen.

Don Eduardo erklärte uns die Schwierigkeit mit dem Feuer so, daß wir uns dem Feuer nicht mit genügend Respekt genähert hatten, bzw. daß unser Opfer an den Großen Geist nicht ehrlich gemeint war. Mit dem Feuer sollten wir nicht nur unsere Probleme und Krankheiten zurücklassen, sondern auch unser Bestes opfern, damit wir dem Planeten und dem Großen Geist besser dienen konnten. Der Schamane blies Öl und Parfüm ins Feuer und brachte den vier Winden ein Opfer aus einer roten Flüssigkeit dar, was symbolisierte, daß unser Blut zur Mutter Erde zurückkehrte. In den Legenden heißt es, wenn das Opfer eines jeden von Herzen kommt, dann wird das Feuer freundlich und brennt nicht mehr. In den letzten beiden Wochen hatten wir viele positive, aber auch viele negative Teile von uns entdeckt. Der Schamane forderte uns auf, unsere negativen Teile ins Feuer zu legen, um sie auszuräuchern. Er erinnerte die ganze Gruppe daran, daß wir nur die Teile von uns ändern konnten, denen wir uns gestellt, und die wir überwunden hatten.

Nachdem wir beinahe zwei Stunden gesungen hatten, schien das Feuer in der Abenddämmerung die Farbe zu wechseln, und

Ein Gruppenmitglied am «freundlichen Feuer».

die Flammen nahmen einen bläulichen Schimmer an. Dies war das Zeichen, daß das Feuer freundlich geworden war, und jeder nun sein Opfer ins Feuer legen konnte. Einer nach dem anderen näherten wir uns dem Feuer, hielten, während unser Opfer brannte, unsere Hände über die Flammen, und brachten mit ihnen das Feuer zur Stirn, zum Herzen und zum Bauch, damit unser eigenes inneres Feuer entzündet werden konnte. In manchem überlieferten schamanischem Glauben heißt es, daß unsere Hände vor Verletzungen geschützt werden, weil das innere Feuer in jedem von uns zum Leben erweckt wird. Das Feuer könne uns nicht schaden, weil wir das Wesen der Flamme annähmen. Somit war es zum heiligen Feuer geworden, das dem Großen Geist unsere Opfer bringen konnte.

ZEHNTES KAPITEL

Zwischen Himmel und Erde

In der Nacht nach dem Feuerritual hielt Don Eduardo eine Heilungszeremonie für diejenigen ab, die laut Diagnose an schwarzer Magie litten. Für einige von uns hatte das Feuer allein nicht genügt, und wir benötigten zusätzliche Läuterung. Die Assistenten des Schamanen machten Kreise aus gelbem Maismehl um jeden von uns und zündeten innerhalb jedes Kreises ein kleines Strohfeuer an. Wir wurden angewiesen, unsere Hände und Füße im Feuer zu reinigen, während der Schamane seine Rassel schwang und betete. Anschließend sprach er mit jedem, der die Reinigung durch Feuer mitgemacht hatte. Dabei erwähnte er Faktoren, mit denen die betreffende Person vorsichtig umgehen sollte, und wies auf Menschen und Umstände hin, die für sie in Zukunft problematisch sein konnten. Obwohl Don Eduardo überhaupt nichts über das Leben dieser Menschen wußte, konnte er verschiedene Probleme und Fragen, die uns beschäftigten, richtig erkennen. Mein Meerschweinchen hatte ein gebrochenes Rückgrat, und während meiner Sitzung mit Don Eduardo sah er ein Seil, das eng um meine Taille geschnürt war. Daraufhin erzählte ich Don Eduardo, daß ich in den letzten Wochen Magenschmerzen gehabt hatte. Er sah, daß ein Buch, das ich vor kurzem fertig geschrieben hatte, vom Verleger abgelehnt wurde. Bei meiner Rückkehr in die Vereinigten

Staaten stellte ich fest, daß er recht gehabt hatte; mein letztes Buch war zurückgeschickt worden, und mein Verleger bestand darauf, große Teile seien zu überarbeiten.

Nach dem Feuerritual mußte jeder eine Mischung aus Alkohol, Kräutern und Tabak aus einer Muschel (*mao*) durch die Nase zu sich nehmen, um dem Großen Geist zu danken. Zwei Stunden nachdem die Feuer gelöscht worden waren, wandte sich der Schamane pfeifend und singend an unsere Krafttiere, und bat sie zu kommen, um die Heilung zu beenden. Während er sang und seine Rassel schwang, beobachtete er uns genau, um zu sehen, wie wir auf seine Krafttiere reagierten. Nach Auffassung des Schamanen ist die Heilung des Geistes ebenso wichtig wie die Heilung des physischen Körpers. Selbst wenn der Schamane eine Krankheit heilt, begnügt er sich nicht einfach mit der Beseitigung der Symptome, sondern sieht die Krankheit als Gelegenheit für den Körper, sich auf einer höheren Ebene des Wohlbefindens neu zu organisieren. Mit anderen Worten, Krankheit wird als Möglichkeit aufgefaßt, ein um so größeres Maß an Gesundheit zu erlangen. Als Don Eduardo den Geist heilte, beseitigte er nicht nur jene Sypmtome, die die Seele bedrückten, wie vergangenes Leid und schmerzhafte emotionale Erlebnisse, sondern bat unsere Krafttiere uns zu helfen, eine neue Weisheit und Vision für unser Leben zu finden.

Der San-Pedro-Kaktus

Bei unserem Heilungsritual in der Nazca-Ebene hatte Don Eduardo eine starke Mischung aus San Pedro zubereitet, die Kräuter zur Reinigung des Blutes, der Därme und zur Erneuerung des gesamten Körpers enthielt. Dieses Mal enthielt die San-Pedro-Mischung hauptsächlich visionäre Pflanzen, d.h. die heiligen Pflanzen, die Don Eduardo oft benutzt, um die seherischen Kräfte zu entwickeln. Der Schamane hatte betont,

Don Eduardo bei der Zubereitung des Kaktus.

Der San Pedro-Kaktus.

daß es wichtig sei, konzentriert zu bleiben und sich ja nicht von seinen eigenen Visionen in eine Falle locken zu lassen, da sie sich sonst in Halluzinationen verwandeln und die Realität verzerren würden. Statt dessen wollten wir unsere Augen offen halten und uns auf seine Kraftstäbe und den Bereich unmittelbar vor seiner Mesa konzentrieren.

Mehrere Male bemerkte ich, daß jemand einnickte, müde von der Reise, dem Schlafmangel der letzten paar Tage und von der verführerischen Wirkung der San-Pedro-Mischung übermannt. Ein- oder zweimal wollte ich aufstehen, um die betreffende Person wachzurütteln, doch gab mir der Schamane ein Zeichen, mich hinzusetzen. Dann richtete er seinen Blick auf die schlafende Person und begann, das Lied des entsprechenden Krafttieres zu pfeifen. Innerhalb weniger Augenblicke fuhr dann die Person hoch, machte die Augen weit auf und blickte erstaunt um sich. Im Laufe des Abends sahen einige unserer Gefährten Gestalten in Form von Tieren in der Mitte unseres Kreises. Dabei handelte es sich um nebelhafte Gestalten in Form eines Vogels, eines Fuchses oder eines Bären, die sich der einen oder anderen Person näherte.

Es war schwierig für die Mitglieder der Gruppe, die Augen offenzuhalten und sich auf die Kraftstäbe des Schamanen zu konzentrieren. Selbst wenn wir physisch nicht so erschöpft gewesen wären, hätte uns die San-Pedro-Mischung in einen Bewußtseinszustand versetzt, in dem unsere Aufmerksamkeit nachzulassen begann. Wenn wir nicht wachblieben, würden wir aber nicht nur nicht vom Abendritual profitieren sondern der Schamane würde uns außerdem nicht als Anwärter für die Initiation am Schluß betrachten, da unser Wille zu schwach sei. Eine Person berichtete: «Die einzige Art, wie ich wach bleiben konnte war, indem ich mich auf einen spitzen Stein setzte, der sich mir in die Haut bohrte. Aber der Schmerz war manchmal nicht stark genug, und ich ertappte mich dabei, wie ich eindöste. In jenen Augenblicken fühlte ich mich wie ein großer weißer Vogel, der mit ausgebreiteten Schwingen über die ganze

Welt flog. Manchmal kreiste ich über der Wüste und nahm den Schamanen mit seiner Rassel, der Mesa, den Kraftobjekten sowie meine Gefährten wahr. Ich öffnete die Augen und sah die gleiche Szene, aber aus einer anderen Perspektive, nämlich vom Boden aus statt aus der Luft. Dann bemerkte ich plötzlich, daß dies eine der Fallen war, von denen Don Eduardo gesprochen hatte. Diese Erfahrungen, so hatte er gesagt, sind nur wirksam, wenn man sie bewußt erlebt. Ich hatte zwar eine Vision, doch war es eine Vision mit wenig Macht, denn sie war auf den Bereich der Phantasie beschränkt.»

Das Ziel, so erklärte uns der Schamane, bestehe darin, während der Vision vollkommen bewußt zu sein und gleichzeitig auf die Kraftstäbe und auf die schamanischen Lieder zu achten.

Aufgrund früherer Erlebnisse als Schüler von Don Eduardo wußte ich, daß wenn er seine Kraftlieder pfiff, die Kräfte der Natur, verkörpert als die *aukis-, apus-* und *huamanes*-Naturgeister, erscheinen würden. Wenn man die Gabe schamanischer Vision hatte, konnte man sie in der Mitte und um den Medizinkreis sehen. In dieser Nacht bekamen mehrere von uns auch die Krafttiere der Gruppe flüchtig zu sehen. Allerdings waren wir froh, als es drei Uhr morgens war und die Zeremonie zu Ende ging, weil nun die Müdigkeit endgültig die Oberhand gewann.

Am nächsten Tag besuchten wir die Ruinen von Chanchán, einer Stadt, die während der Blütezeit der Mochica-Kultur, einer Vor-Inka-Kultur, erbaut worden war. Die Mochica-Stämme stellten, ebenso wie die Nazca- und Paracas-Stämme, zweitausend Jahre vor dem Inka-Reich unübertroffene Textilien und Keramiken her. Die Zitadelle ist teilweise wieder aufgebaut worden; Don Eduardo hat beinahe fünfzehn Jahre dort gegraben und mitgeholfen, sie wiederherzustellen. In einem großen Hof, der von hohen Mauern aus Adobe-Ziegeln umgeben ist, tauschten wir miteinander die Erfahrungen des Vorabends aus. Rainer, der Psychologe aus München, schilderte, daß er große Mühe gehabt hatte, wach zu bleiben. «Das Problem mit dem Einschlafen hatte ich schon lange, bevor ich den San Pedro eingenommen hatte. Denn als ich mich auf meinen Platz setzte, hatte ich eigentlich das Gefühl, daß die Stelle, auf der ich saß, mich einschläferte.»

Don Eduardo meinte, daß wir alle am Vorabend ein großes Chaos in unserem Kopf erlebt hatten: «Manchmal fühlten wir uns von uns losgelöst, und ab und zu bekamen wir uns wieder zu fassen und kehrten zu uns selbst zurück. Dies ist eine weitere wichtige Prüfung des Medizinmannes, nämlich, das Chaos zu überwinden, das man erlebt, wenn man die materielle Welt hinter sich läßt und sich in die geistige Welt begibt. Wir müssen ständig darum ringen, bewußt zu bleiben.»

Selbst Don Eduardo wurde diesen Prüfungen unterworfen und schilderte, daß er manchmal eingedöst sei, von der Macht der Wüstenbauten zum Schlafen verleitet.

Der Lehrling des Schamanen muß kämpfen, um bei Bewußtsein zu bleiben; nur wenn ihm das gelingt, kann er das Wissen und die Weisheit erlangen, die die Lehrlinge seit Jahrhunderten zu erwerben suchen. Don Eduardo machte uns klar, daß man nicht augenblicklich zum Eingeweihten wird. «Es gibt Menschen» berichtete er, «die davonlaufen, wenn sie nicht von Anfang an erfolgreich sind, und die dann glauben, der Weg des Schamanismus sei nicht interessant genug oder zu schwierig, da sie zu Beginn keine großen Leistungen vollbracht haben.» Er fuhr fort, daß jeder von uns in seinem eigenen Tempo lerne, und daß wir Geduld haben und durchhalten müßten, auch wenn wir beim ersten oder zweiten Versuch keinen Erfolg hatten. «Es gibt Menschen, die wach geboren werden, und Menschen, die morgens aufwachen. Einige von uns wachen mittags auf, einige nachmittags, und manche wachen im Laufe ihres Lebens überhaupt nicht auf.»

Die visionären Pflanzen, die wir am Vorabend eingenommen hatten, sollten uns helfen, die gewöhnliche Realität zeitweilig aufzuheben und aus unseren kulturbedingten Denkmustern auszusteigen. Schamanen in ganz Südamerika glauben, daß man erst Zutritt zur geistigen Welt haben kann, wenn man das ständige Geschnatter in seinem Gehirn vorübergehend abstellen kann. Dieses «Hirngeschnatter», ob es sich nun um einen inneren Dialog oder ein Lied handelt, das uns durch den Kopf geht, erhält die Definitionen der Wirklichkeit, die wir zuhause und in der Schule gelernt haben und die die Grenzen menschlicher Fähigkeiten definieren. Die südamerikanischen Schamanen sind der Ansicht, daß wir als Gefangene einer kulturellen Trance leben, die blind nur eine kleine Ecke des Universums von Möglichkeiten bewohnen. Das San-Pedro-Getränk erschließt dem Gehirn eine neue Art sich zu organisieren, d.h. eine Art, die nachgiebiger und bei der die Realität weniger starr ist. Der Lehrling des Schamanen wird ermutigt, eine hypothetische Beziehung zur Realität zu entwickeln, bei der nichts als erwiesen oder wahr angenommen wird, bevor er es nicht selbst geprüft hat.

Dies ist ein Standpunkt, der dem Realitätsmodell der Physik der Quantenmechanik stark ähnelt. Einige Quantentheorien kann man so interpretieren, daß die materielle Welt vor unseren Augen, im Augenblick, in dem wir sie wahrnehmen, immer wieder geschaffen wird. Somit liegt das Wesen der Realität in den Augen des Betrachters, im Akt des Betrachtens selbst. Der Schamane geht noch einen Schritt weiter und meint, daß man auch Ereignisse in der materiellen Welt ändern kann. Wenn man also seine Auffassung von Krankheit ändern kann, kann man auch den normalen Heilungsprozeß beeinflussen und beschleunigen. Wenn man seine Wahrnehmung eines benachbarten Stammes ändern kann, kann man diesem Stamm auch Frieden bringen. Somit richtet sich nach Ansicht des Schamanen die Realität nach den Erwartungen des Einzelnen oder der Gesellschaft.

Es gibt eine alte, persische Geschichte, die dies verdeutlicht. Zwei Reisende, die in entgegengesetzte Richtung gingen, begegneten einander. Der erste Reisende fragte den anderen, was er für Menschen in der Stadt, die vor ihm lag, antreffen werde. Als Antwort fragte ihn der zweite Reisende, wie er denn die Stadt empfunden hätte, die er soeben verlassen habe. Der erste erwiderte: «Sie war voller Diebe und Scharlatane. Nicht eine einzige ehrliche Person ist mir begegnet. Die Straßen waren schmutzig und die Menschen lebten wie Tiere im Unrat.» Der zweite Reisende antwortete darauf: «Dann werden Sie genau das gleiche in dieser Stadt finden.»

Die Kraftstäbe

Don Eduardo erläuterte, daß wir in den letzten anderthalb Wochen ein Ritual der Reinigung bei den großen Figuren von Nazca und einen symbolischen Ego-Tod in den Ruinen von Machu Picchu durchgemacht hätten; in Machu Picchu hätten wir auch Verbindung zu den männlichen Kräften der Sonne aufgenommen, und nun sei es an der Zeit, wieder den weiblichen Kräften im Tempel des Mondes zu begegnen.

Spät vormittags suchten wir den Tempel auf und bereiteten den Ort für unser Abendritual vor. Der Tempel wurde von den Mochica-Indianern vor Tausenden von Jahren erbaut, und gilt als der älteste Adobe-Bau in ganz Amerika. Der einst mächtige Bau von beinahe zweihundert Metern Länge und über zehn Meter Höhe ist jetzt fast ganz vom Wüstensand bedeckt, und an der Seite klaffen Löcher, dort, wo Räuber versucht haben, gewaltsam einzudringen, um die Schätze zu plündern.

In der Nacht vorher waren wir zum Gipfel des Berges unmittelbar hinter dem Tempel geklettert. Es war schwierig und gefährlich, da die untere Hälfte des Berges aus Sand und die obere Hälfte aus einer Art Schiefer bestand, der unter den Füßen bröckelte, so daß wir jedesmal, wenn wir den Halt verloren, in der Dunkelheit ein paar Meter abwärts rutschten. Ziel unseres Unternehmens war, unsere Ausdauer und Entschlossenheit zu prüfen, und wir waren gezwungen, uns auf das, was der Schamane unsere «innere Vision» nannte, zu verlassen, um uns bei dem gewundenen und oft rutschigen Weg nicht zu verirren.

Die Mitglieder unserer Gruppe waren jenseits des Erschöpfungspunktes, und obwohl wir kaum geschlafen hatten, strahlten wir alle eine starke Lebenskraft und Energie aus. Don Eduardo war zufrieden mit dem Fortschritt, den wir gemacht hatten, denn obwohl dies das erste Mal war, daß er eine Gruppe von Außenstehenden durch den Prozeß der schamanischen Initiation führte, hatte er uns die Reise nicht leicht gemacht. Ganz im Gegenteil, er prüfte die Grenzen unserer Ausdauer und Entschlossenheit. Wenn wir auf unserer schamanischen Suche scheitern sollten, dann lieber jetzt, bevor wir jemand anderen oder uns Schaden zufügten.

Der Tempel des Mondes ist für die Schamanen der Mochica-Kultur seit der Vor-Inka-Zeit eine heilige Stätte gewesen. Hierher kamen ihre Lehrlinge, um die Kunst des Heilens zu erlernen und dem Geist des alten schamanischen Meisters zu begegnen, der angeblich im Tempel begraben sein soll. Die Medizinleute der Gegend glauben, daß die Weisheit dieses alten Schamanen auch heute noch auf alle jene ausströmt, die mit der richtigen Einstellung zu diesem Kraftzentrum kommen.

Jeder von uns erhielt einen von Don Eduardos Kraftstäben und ging allein in einen Teil des Tempels, den er sich ausgewählt hatte, zum Meditieren. Die Kraftstäbe repräsentierten einen Aspekt des schamanischen Wissens, den wir uns aneignen mußten. Der *Eulenstab* symbolisiert die alten Friedhöfe und die Kräfte der Nacht. Der *Adlerstab*, an dem der Kopf und die Klauen eines getrockneten Vogels befestigt sind, verhilft zu astralen Flügen und Visionen und ermöglicht eine umfassendere Sicht der Probleme und Möglichkeiten des Lebens. Jeder der dreizehn Kraftstäbe des Schamanen symbolisiert Wissen über die Natur. Ziel unserer Meditation war, eine Verbindung zwischen dem Körperlichen und dem Geistigen herzustellen. Der Stab sollte einerseits als Plattform dienen, auf der wir stehen konnten, um das Wissen des Mondtempels anzuzapfen, andererseits als Schutz für den Fall, daß die starke Intensität dieses Wissens sich nachteilig auf uns auswirken sollte.

Die meisten von uns vermochten die Atmosphäre des Mondtempels kaum ertragen. Martin berichtete, daß er sich an nichts erinnern konnte, doch wußte er, daß er nicht eingeschlafen war, weil im Laufe des nächsten Tages immer wieder plötzlich Bilder und Erinnerungen an die letzte Nacht auftauchten.

Deborah, eine Spezialistin für Sonnenenergie aus Kalifornien, erzählte, daß sie so sehr damit beschäftigt gewesen war, ihren Erschöpfungszustand zu bekämpfen, daß sie nichts anderes tun konnte. «Das Ganze ging einfach vorüber», meinte sie, «weil ich nur damit beschäftigt war, mich auf den Beinen zu halten.» Anscheinend ist dieses Wissen von dem, was der Schamane die «Überwelt» nennt, etwas, das sich nicht leicht verbal ausdrücken oder logisch erklären läßt. Die Medizinleute selber bezeichnen es als eine «Weisheit, die nur durch Gesang oder Kunst aber nicht in Worten erfahrbar ist.» Don Eduardo erklärte, daß die «Weisheit» in den nächsten Wochen und Monaten eine anhaltende Wirkung auf uns haben werde.

Der Schamane führte aus, daß wir uns häufig in unseren Träumen in diese «Überwelt», das Reich des Geistes, begeben. Da wir aber nicht wüßten, wie wir diese Träume richtig nutzen konnten, seien unsere Reisen weiter nichts als touristische Reisen. Ebenso seien viele von uns im Mondtempel in die «Überwelt» eingetreten, doch hätten sie dabei das Bewußtsein verloren. Deshalb werde diese Meditation immer stehend durchgeführt. Zwar hätten wir uns die ganze Nacht bewegt, doch hätten sich nur sehr wenige von uns an das erinnern können, was vorgefallen war; unser Gedächtnis sei nur psychischer und emotioneller Art. Die Schamanen glauben, daß wir unseren Verstand sorgfältig üben müssen, um die geistige Welt, sei dies nun in unseren Träumen oder im Mondtempel, bei vollem Bewußtsein aufsuchen zu können.

Don Eduardo ist der Überzeugung, daß unsere Reise in die «Überwelt» der wichtigste Schritt im schamanischen Lernprozeß ist, denn dort gewinnen wir Informationen über die Entwicklung des Geistes und das Schicksal der Menschheit. Mit diesem Wissen wird der Schamane zum Entwicklungsvermittler, der nicht nur Techniken erlernt, um Kranke zu heilen, sondern auch Techniken, um einen Entwicklungsplan zu erhalten und zu offenbaren, dem die Bäume, die Sterne und die Menschen gehorchen.

Man braucht Jahre, um die Reise in die «Überwelt» zu meistern. Später teilte uns Don Eduardo mit, daß wir im Laufe des Abends eine Reihe von Prüfungen durchzustehen hätten. Der Schamane hatte uns von seiner Mesa aus sorgfältig beobachtet; je nachdem, wie wir mit den Energien des Mondtempels umgingen, würde er uns am nächsten Tag als Schamanen initiieren. Er verriet uns, daß er die Energiefelder der Personen, die sich nicht an die Ereignisse des Vorabends erinnerten, hatte schrumpfen, ja sogar fast verschwinden sehen, als ihre Energiekörper im vertrauten physischen Selbst Zuflucht suchten. Hingegen seien diejenigen, die während der ganzen Nacht auf der Hut geblieben waren, mit einer strahlenden Energie, die das natürliche Umfeld des Körpers vergrößert habe, erfüllt gewesen.

Am Nachmittag kehrten wir in die Wüste zurück und bauten eine Steinspirale auf dem Wüstenboden zwischen dem Tempel der Sonne und dem Tempel des Mondes. In der vorherigen Nacht hatten die Mitglieder der Gruppe ihren ersten flüchtigen Einblick in die «Überwelt» gehabt. Es war ein Schock gewesen, aus unserer gewöhnlichen Realität hinauszutreten, und Don Eduardo erklärte und, daß wir unser Gleichgewicht wiedergewinnen mußten, indem wir auf der Medizinspirale liefen. Dies sei eine Form, der viele Dinge im Universum folgten, z.B. die Milchstraße oder das DNS-Molekül. In der Medizinspirale reise der Lehrling des Schamanen symbolisch zur Mitte der Erde und stelle eine Verbindung zu den denselben Kräften her, die die Galaxien und Sonnensysteme gestalte. In der Mitte der Spirale, so heißt es in den Legenden, erlebt man voll, was es heißt, Mensch zu sein; man steht direkt zwischen Himmel und Erde, zwischen der gewöhnlichen Welt und dem Reich des Geistes.

Die Spirale befand sich zwischen den beiden Tempeln, vollkommen in der Mitte zwischen dem Männlichen und dem Weiblichen, zwischen Himmel und Erde, wie es der Mensch sein sollte. Nach zwei Stunden Gesang in der heißen Wüstensonne nahmen wir die Spirale auseinander und verstreuten die Steine wieder auf dem Wüstenboden. Der Schamane betonte nachdrücklich, daß dies eine lebendige Spirale sei, die nur für den Augenblick existiere, und daß wir keine Spuren davon hinterlassen durften.

ELFTES KAPITEL

Die Initiation

Ich fragte Don Eduardo, was es bedeute, als Schamane initiiert zu werden. Er antwortete, daß unsere Gruppe in den letzten paar Wochen die Schritte und Prüfungen gemacht hatte, um eingeweiht zu werden. Diejenigen, die initiiert würden, hätten der Mutter Erde gegenüber eine große Verantwortung zu tragen. Der Schamane werde zum Verwalter der Natur, doch liege seine größte Verantwortung darin, auf dem Pfad der Erkenntnis zu bleiben. Don Eduardo fuhr fort, daß die Initiation nur den Anfang eines neuen Stadiums in der eigenen Arbeit kennzeichne, und daß die Suche nach Erkenntnis nie zu Ende sei.

Wir hatten im Sinn gehabt, zu einem Bergsee, zwei Tagesreisen per Bus und Esel von Trujillo entfernt, zu fahren. Allerdings herrschte gerade eine der schlimmsten Regenzeiten Perus, und wir stellten kurz vor unserer Abreise fest, daß die Straßen überschwemmt und sogar die Bergpfade von meterhohem Schlamm bedeckt waren, und so schlug Don Eduardo statt dessen einen Quellsee in der Wüste südlich von Trujillo vor, die wir in einigen Stunden Busfahrt erreichen konnten. Don Eduardo erzählte uns, daß die Schamanen seit Jahrhunderten ihre Schüler für die letzte Stufe der Initiation zu diesen Lagunen brachten, und daß dies das erste Mal sei, das er eine Gruppe von nordamerikanischen und europäischen Lehrlingen dorthin führe. Nach einer langen Fahrt durch Wüstensumpfland erreichten wir einen breiten und seichten See. Es war jetzt elf Uhr, und Don Eduuardo teilte uns mit, daß unsere Zeremonie punkt zwölf Uhr mittags beginnen müßte. Wir liefen hundert Meter zu einem Platz, der direkt nach Osten lag. Don Eduardo warf ein großes Schwert in den bräunlichen Sand, und wir stellten uns am Rande des Wassers in eine Reihe hinter ihm, halbmondförmig auf. Wir hatten verschiedene persönliche Gegenstände und mehrere Münzen mitgebracht, die wir in Stoff eingewickelt hatten, und die wir in die Lagune werfen wollten, um unseren Geist symbolisch an dieser Stelle zu verankern. Punkt zwölf, als die Sonne hoch am Himmel stand, begann Don Eduardo seine Rassel zu schütteln und zu pfeifen; er rief die Geister der vier Winde und brachte den vier Himmelsrichtungen ein Opfer aus Maismehl dar. Er wandte sich an die *aukis-*, *apus-* und *huamanes*-Geister, die Geister der Seen, der Lagunen und der Wälder, denn die Schamanen glauben, daß der Geist der Erde selbst von unterirdischen Quellen in die Wüstenlagunen fließt. Er bat seine Lehrer, zur Zeremonie zu kommen und richtete ein Gebet an die Meister, die im Laufe der Jahrhunderte an dieser Lagune initiiert worden waren. Dann brachte er der Mutter Erde ein Opfer, indem er eine Mischung aus saurer Limone und süßem Zucker in die Lagune blies.

Zuvor hatte der Schamane uns mitgeteilt, daß die Initiation mit Gefahren verbunden sei. Es könnte durchaus geschehen, daß der Lehrling einen «Verlust der Seele» erleide, was psychische Probleme und psychosomatische Störungen zur Folge haben könne, wenn man sich nicht vollkommen im Gleichgewicht befand. Zu unserer Sicherheit nahm Don Eduardo mehrere Schlucke *cananga*, ein süßer roter Kräutertrank, der unser menschliches Blut symbolisiert. Er blies ihn in die Lagune und betete laut. «Mit dem Saft des guten *cananga* führe ich einen Schlag gegen meine Feinde, gegen alle Kräfte des Dunklen und gegen alles Negative.» Dann, während er milden Tabak rauchte, bat er das Wasser, sich zu öffnen, und die Kräfte der

Lagune, sich uns zu offenbaren. Er erklärte, daß die Lagunen ein Tor zur geistigen Welt seien, und daß selbst die christliche Tradition davon spreche, aus Wasser und Geist wiedergeboren zu werden. Anschließend bat der Schamane die Geister der Bäume, der Pflanzen und der Tiere, während der Initiation anwesend zu sein.

Alle Mitglieder unserer Gruppe waren voller Erwartung, denn niemand wußte, wen der Schamane initiieren würde. In den fast zwölf Jahren, die ich Don Eduardo kannte, hatte er nur etwa zehn seiner Lehrlinge initiiert, und er hatte nie auch nur angedeutet, daß er mich reif für diesen Schritt hielt. Zu meiner Überraschung wandte er sich zu mir und sagte, daß ich der erste sei. Ich ging auf ihn zu und erhielt eine Limone, die ich mit in die Lagune nahm, dorthin, wo wir vorher drei Stäbe gesteckt hatten, um zu kennzeichnen, wo unsere physische Welt endete und die «Überwelt» begann. Ich biß in die Limone und pustete drei Mundvoll als Opfer für das Wasser, das tief unter der Mutter Erde fließt. Dann warf ich meinen Gegenstand, den ich am Morgen sorgfältig eingewickelt und vorbereitet hatte, in die Mitte der Lagune. Ich hörte Don Eduardos Gesänge über das Wasser gleiten, während ich betete, daß mein Geist beschützt und an dieses alte Kraftzentrum befestigt werde. Das Lied des Schamanen schien sanft über das Wasser zu fließen und in der Lagune widerzuhallen, als sängen ein Dutzend Stimmen. Ich schaute zur Stelle, an der mein Opfer gelandet war, und sah die Nachmittagssonne sich widerspiegeln, als sei sie in der Mitte der Lagune eingefangen worden.

Dann hörte ich Don Eduardo pfeifen und wandte mich ihm zu, da er mir eindringlich geraten hatte, ja nicht die Konzentration zu verlieren. Ich ließ mich ins Wasser fallen und wusch mich, um mich symbolisch von der Vergangenheit zu reinigen, denn in einigen Legenden heißt es, daß man seine persönliche Lebensgeschichte beiseite lassen muß, um als Schamane wiedergeboren zu werden. Als ich zu Don Eduardo zurücklief, bemerkte ich, daß er seinen *seguro*, einen Krug mit Kräutern von den Berglagunen, hielt. Diese Kräuter werden mit Limonensaft, Alkohol und Speiseölen vermischt und stellen Don Eduardos Verbindung zu seinem geistigen Körper dar. *Seguro* ist der spanische Begriff für «Sicherheit», und die Mischung heißt so, weil sie der Anker des Schamanen zur physischen Welt sein kann. Damit kann er sich zurückholen, wenn er auf seinen Reisen in die Unter- oder Überwelt das Gefühl hat, in Gefahr zu sein.

Plötzlich blies Don Eduardo einen Mundvoll *seguro* auf mich und hauchte damit symbolisch neues Leben in mich hinein. Dann nahm er sein Schwert und durchschnitt die Luft vor meinem Körper in den vier Himmelsrichtungen, um die Verbindung zu dem, was ich früher war, zu durchtrennen. Nachdem er mich herumgewirbelt hatte, wälzte ich mich auf dem Boden, um symbolisch wiedergeboren zu werden, dieses Mal nicht von einer Frau, sondern von der Großen Mutter Erde selbst.

Weniger als ein Drittel unserer Gruppe wurde an diesem Tag vom Schamanen initiiert; alle wurden aufgefordert, der Lagune ihr Opfer darzubringen und sich mit diesem alten Kraftort zu verbinden. Anschließend reinigte der Schamane das Energiefeld jeder einzelnen Person mit seinem Schwert und erinnerte uns daran, daß wir auf unserem geistigen Pfad weiterschreiten mußten. Er sagte den Personen, die nicht eingeweiht worden waren, daß sie zwar noch weitere Schritte machen mußten, bevor sie initiiert werden konnten, doch könnten sie dazu beitragen, den Planeten zu heilen. Er erläuterte, daß alle geistigen Pfade zu demselben Ort führen. Die Initiation sei nicht ein Zeichen geistiger Entwicklung, sondern repräsentiere die Bereitschaft, für den Planeten und seine Mitmenschen Verantwortung zu übernehmen.

Während der Initiation hilft der Schamane dem Lehrling, mit einem sehr alten Erbe schamanischen Wissens Verbindung aufzunehmen. So wie ich das verstehe, glauben Schamanen, daß dieses Wissen eine «Datenbank» ist, die in der Zeit, nicht aber im Raum existiert. Sie existiert in der gleichen Welt, die von den

Archetypen und den mythischen Gestalten unserer Träume und Visionen bewohnt wird. Mir wurde klar, daß diese Verbindung mit der mythischen Welt sich in einigen Fällen als gefährlich erweisen kann. Der Initiand muß eine starke Verbindung zur Erde entwickeln, um sich nicht in der mythischen Realität der «Überwelt» zu verlieren.

Einige meiner Gefährten waren enttäuscht, daß der Schamane sie nicht initiiert hatte. Sie hatten das Gefühl, daß sie ebenso hart gearbeitet hatten wie die anderen Gruppenmitglieder, und sie wollten wissen, welche Kriterien der Schamane angewandt hatte, um diejenigen auszuwählen, die er eingeweiht hatte. Als ich den Schamanen nach seinen Gründen fragte, antwortete er einfach, daß einige Personen nicht reif gewesen waren, und daß es für sie gefährlich gewesen wäre, die Initiation zu erleben.

Don Eduardo zeigte auf mich und sagte, daß ich z.B. höchstwahrscheinlich mein Interesse am Schamanismus verloren hätte, wenn ich fünf Jahre früher initiiert worden wäre, weil ich das mit meiner akademischen Mentalität als akademische Schlußfeier und als Zeichen aufgefaßt hätte, daß meine Arbeit beendet sei. Die Initiation sei jedoch nur der Anfang. Die größte Arbeit liege noch vor uns.

Einige Monate später stellten dann mehrere Mitglieder der Gruppe fest, daß sie tatsächlich infolge unserer Reise eine Veränderung in sich spürten. Einer meinte, er fühle sich verantwortlicher für die Heilung anderer Menschen. Uta widmet sich seither der Erhaltung von Kräutern und Heilpflanzen, die vom Aussterben bedroht sind, und setzt sich dafür ein, daß sie wieder verwendet werden. Rainer organisiert Konferenzen über die Entwicklung des Bewußtseins und hat ein Buch über das Thema zu schreiben begonnen. Martin berichtete, daß er das erworbene Wissen bei der Behandlung seiner Patienten anwendet. Natürlich ist es noch zu früh, die vollen Auswirkungen unserer Initiationsreise abzuschätzen, doch hat sich der Lebensstil vieler Mitglieder auf positive Weise verändert.

Am nächsten Tag teilte uns Don Eduardo mit, daß die Initiation Samen sei, der in unseren Geist gelegt worden ist, und um den wir uns jetzt kümmern müßten. Mit der entsprechenden Pflege würde er dann Wurzeln schlagen und prächtig gedeihen; ohne sie würde er aber bald verkümmern und eingehen. Er erklärte uns, daß die gestrige Zeremonie bloß die Verkündigung einer Initiation gewesen sei, die für die eine Person schon am zweiten Tag der Reise stattgefunden hatte, als sie in den Bus einstieg. Für eine andere hatte sich die Initiation ereignet, als sie einem Gefährten half, eine schwere Tasche zu tragen, und für die dritte Person habe sie oben, in den Ruinen von Machu Picchu, stattgefunden. Die Initiation sei im Grunde nichts anderes, als das Feiern des Geistes einer Person, deren Bewußtsein erweckt worden ist.

Mit dem Ritual werde auch die Verbindung zu den Lehrern des Schamanen bestätigt. Don Eduardo schien die ganze Zeit jeden von uns genau zu beobachten, und fragte uns mehrmals nach unseren Visionen und Träumen. Er überprüfte ständig, wie wir die Gelegenheiten, die sich uns während der verschiedenen Rituale und Heilungszeremonien boten, wahrnahmen. Anscheinend hatten wir immer eine Verbindung zum Großen Geist und zur Mutter Erde. Nur diejenigen, die glaubten, daß während der Initiationszeremonie nichts geschehen war, leugneten diese Verbindung. Vielleicht hätten sie selbst dann nichts gespürt, wenn sie initiiert worden wären. Auch hier schien das wichtige Element unsere Wahrnehmung des Prozesses zu sein, und nicht die formale Initiation selbst.

Angelika, eine Filmemacherin aus München, bemerkte: «Gestern habe ich lange mit mir gerungen. Ich fragte mich, ob ich, wenn Don Eduardo mich gewählt hätte, angenommen hätte. Ich hatte Angst vor der damit verbundenen Verantwortung, weil ich keine klare Vorstellung von dem hatte, was ich infolge der Initiation gemacht hätte. Hätte ich jedes Jahr nach Peru zurückkehren müssen, um noch mehr zu lernen? Hätte ich meinen Lebensstil ändern müssen? Ich wußte nicht, ob ich meinen Beruf wechseln konnte. All das verwirrte mich... Dann wurde ich nicht gewählt, und zuerst war ich sehr traurig, aber nach einer Weile dachte ich, nein, es stimmt so. Er weiß, daß ich noch nicht soweit bin. Und eigentlich war ich ganz erleichtert.»

Angelika hatte begriffen, was Don Eduardo für einen wichtigen Aspekt der Initiation hält. Er glaubt nämlich, daß sich Initiationen die ganze Zeit ereignen; es sei zwar ein wundervolles Ereignis, wenn es unter der Leitung eines Meisters geschehe, doch müsse man letzten Endes die Entscheidung, initiiert zu werden, selber treffen. Der Schamane ist überzeugt, daß man sich entscheiden muß, Wissen, Macht und Verantwortung zu übernehmen. Die meisten von uns wollten zwar die Schritte tun, die zu Wissen und Macht führen, doch wollten nur wenige die Verantwortung für den Stamm, den Planeten und für die Entwicklung allen Lebens und Bewußtseins übernehmen.

Don Eduardo verkündete, daß der Grund für unsere Entwicklung gelegt worden sei, doch würden diejenigen, die eingeweiht worden waren, viel mehr leiden und kämpfen müssen als diejenigen, die nicht initiiert worden waren, falls sie den Samen des Wissens, der in uns gesenkt worden war, nicht pflegten. Diejenigen, die nicht initiiert worden waren, wurden ermutigt, ihre spirituellen Aspekte weiter auszubilden und daran erinnert, daß Initiationen in den unerwartetsten Augenblicken und durch Personen, von denen man es am wenigsten erwartet, erfolgen. Eine Initiation kann auf dem Weg zum Supermarkt oder auf einem Gipfel im Himalaja geschehen. Und die stärksten Initiationen, so meinte Don Eduardo, werden von der Hand eines Meisters verliehen, der direkt von der Überwelt aus arbeitet.

Der Tanz der Vier Winde

Am nächsten Morgen lud uns Don Eduardo zu sich nach Hause ein, damit wir bei der Zubereitung des San-Pedro-Trankes zugegen sein konnten. Er schilderte, daß Schamanen auf der ganzen Welt heilige Pflanzen benutzt haben, um ihre Vision in die Geisterwelt zu öffnen. Der Hauptbestandteil des Trankes ist ein Kaktus, der gewöhnliche Bewußtseinszustände aufhebt. Don Eduardo hatte während der ganzen Reise den Kaktus in Verbindung mit bestimmten anderen Pflanzen benutzt, um uns zu helfen, uns in die außergewöhnliche Realität des Schamanen zu begeben.

«Im Peru», so Don Eduardo, «hat man den San Pedro immer gekocht. Aber einige Schamanen benutzten ihn auch roh. Für uns muß er genau sieben Stunden gekocht werden, damit er fünf von seinen Bestanteilen verliert, aber zwei wichtige, meskalinähnliche Verbindungen erhalten bleiben. Auf den *huacos*, den alten Keramiken, sieht man manchmal männliche und weibliche Schamanen, die in der Linken den San-Pedro-Kaktus halten, während sie ihre Gebete sprechen. Der San Pedro dient dazu, eine Verbindung herzustellen mit der Welt der *apus-, aukis-, huamanes-* und *pacarinas*-Geister, sowie zu den großen Meistern der Vergangenheit und den Naturgeistern, die bestimmte heilige Orte beschützen. Man findet den Kaktus nur in den Bergen. Neben dem San Pedro enthält der Trank eine Reihe anderer heiliger Kräuter, die in den Bergen und bei besonderen Lagunen, den *hilcas*, wachsen. Eines davon wird *misha* genannt, ein anderes der ‹Kondor›; letzterer verleiht Visionen, wenn man ihn mit dem San Pedro mischt. Man muß etwa eine Handvoll dieser anderen Bestandteile für drei San-Pedro-Kakteen benutzen. Hinzu kommt noch das Kraut *ornamo*. Die Geister all dieser Kräuter wirken zusammen, um die Visionen zu reinigen und abzurunden.»

Um zehn Uhr abends versammelte sich unsere Gruppe vor dem Mondtempel. Schon seit Jahrhunderten brachten Schamanen ihre Lehrlinge hierher, damit sie die Überwelt unmittelbar erfahren und eine persönliche Verbindung zu den göttlichen Kräften herstellen konnten. Diese Schamanen sind der

Im Tempel des Mondes.

Ansicht, daß man sich mit nichts weniger als der unmittelbaren Erfahrung des Großen Geistes begnügen sollte. Selbstverständlich führte diese Auffassung zu einem Konflikt mit den römisch-katholischen Priestern, die darauf beharren, daß es eines Vermittlers zwischen den Menschen und Gott bedarf.

Zwei von Don Eduardos Söhnen, ebenfalls Lehrlinge des Schamanen, formten einen Feuerkreis von etwa acht Metern Durchmesser vor der Mesa des Schamanen. Don Eduardo erklärte uns, daß der Feuerkreis eine Brücke zwischen unserer physischen Welt und der Überwelt darstelle. Er setzte sich hinter seine Mesa, alle seine Kraftobjekte und -stäbe vor sich ausgebreitet, und begann, seine Rassel zu schütteln und zu den Vier Winden zu singen, damit sie an unserer Abendzeremonie teilnahmen. Dann brachte er den Naturgeistern ein Opfer dar, indem er eine Mischung aus Tabak und San Pedro aus einer Muschel durch die Nase sog. Darauf nahm er eines seiner

Schwerter, das «Feuerschwert», begab sich in den Feuerkreis und begann, in die vier Himmelsrichtungen rituelle Sprünge zu vollführen, die Energiefelder durchtrennend, die unsere materielle Welt zusammenhalten, und öffnete die Türen zur Geisterwelt. Der Schamane schuf eine Brücke zwischen den Welten, indem er die Verbindungen mit dem Osten, dem Norden, dem Süden und dem Westen durchschnitt. In den Legenden heißt es, daß der Schamane hierbei sein Leben riskiere –, denn wenn er die Kontrolle verliert oder sich ablenken läßt, kann er in dem Reich zwischen den Welten verschwinden. Wir staunten über Don Eduardos Beweglichkeit und über die Tatsache, daß er mit seinen mehr als hundert Kilo fähig war, im Feuerkreis so ohne weiteres Saltos in der Luft zu schlagen.

Der Schamane erläuterte, daß wir im Tanz der Vier Winde fähig sein würden, mit den vier Richtungen der Überwelt Verbindung aufzunehmen. Wir schritten paarweise zur Mesa und erhielten einen Kraftstab, der das Wissen symbolisierte, das wir

«Tanz der Vier Winde».

in der Geisterwelt erlangen mußten. Wir fingen im Westen an und tanzten zweimal um den Kreis herum, und zwar gegen den Uhrzeigersinn, und jedesmal, wenn wir bei einer der vier Himmelsrichtungen angelangt waren, wirbelten wir durch die Luft, um unsere materielle Realität zu entwirren und uns an den vier Himmelsrichtungen der Geisterwelt neu zu orientieren. Dann machten wir zwei Runden im Uhrzeigersinn und wirbelten zurück in unsere gewöhnliche Realität, nachdem wir die Brücke zwischen den beiden Welten überquert hatten. Als wir den Tanz beendet hatten, gingen wir zur Mesa zurück und gaben dem Schamanen die Kraftstäbe zurück. Er blies eine Mischung aus süßen Kräutern und Alkohol aus seinem *seguro* auf unsere Hände und gab jedem von uns einen Quarzkristall, den wir mitnehmen sollten. Dieser würde uns befähigen, eine Verbindung zum Schamanen, zu seinen Lehrern und zu diesem Machtort zu behalten.

Nachdem wir den Tanz der Vier Winde beendet hatten, gingen wir einer nach dem anderen zum Mondtempel hinüber, um dem Schamanenmeister, der hier begraben worden war, Ehre zu erweisen. Zwei Mitglieder unserer Gruppe wurden zu «Geistwächtern» ernannt und begleiteten uns durch eine dichte Nebelbank, die plötzlich zwischen uns und dem Tempel aufgestiegen war. Für viele von uns war der kurze Besuch des Mondtempels so, als seien wir heimgekehrt an einen Ort, an dem wir seit Jahrtausenden nicht mehr gewesen waren, der jedoch in unserer Erinnerung ein Kraftort blieb.

Stanley Krippner: «Dies muß für die Initianden und Nicht-Initianden eine einzigartige Erfahrung gewesen sein.»

Alberto Villoldo: «Ja, wir fühlten uns sehr geehrt, daß Don Eduardo sich entschieden hatte, sein Wissen an uns weiterzugeben.»

S. K.: «Als ich im Februar 1984 verschiedene peruanische Heiler besuchte, traf ich Annette Holzapfel, eine deutsche Anthropologin, die im Norden des Landes Feldstudien betrieb.

Sie hatte einige nützliche Vergleiche zwischen *curanderos* und *curiosos* gezogen, wobei letztere Teilzeit-Heiler (neben ihrem Beruf als Bauern) und erstere vollberufliche Heiler sind. Die *curiosos* ‹werfen Maiskörner›, um die Krankheit eines Klienten zu diagnostizieren. Die Anordnung der Körner soll das Wesen der Krankheit erkennen lassen.»

A. V.: «Dies wäre ein weiteres Beispiel für den Gebrauch der Synchronizität seitens eines Heilers.»

S. K.: «*Curiosos* haben zwar keine Erfahrung aus dem Körper heraus, doch verändern sie ihr Bewußtsein, um die Heiligen und die Geister zu rufen. Sie benutzen dazu Kokablätter, Tabak, Knoblauch und *pisco* – ein starkes alkoholisches Getränk. Das Maiskornwerfen geschieht in einem veränderten Zustand, und es heißt, sie hätten eine Auswahl von über hundert Kräuterheilmitteln.»

A. V.: «Man schätzt, daß etwa sechzig Kräuterheilmittel von amerikanisch-indianischen Heilern Eingang in die amerikanische medizinische Praxis gefunden haben, und zwar entweder in ihrer ursprünglichen Form oder indem man sie künstlich hergestellt hat.»

S. K.: «Zu den gewöhnlichen Krankheitsursachen, die von den von Frau Holzapfel besuchten peruanischen Praktikern behandelt werden, gehören: *boca*, ein durch Klatsch verursachtes Leiden; *maldicion*, ein durch Eifersucht verursachtes Leiden; schockbedingte Krankheiten oder *susto*; und Leiden verursacht durch das böse Auge, *mal de ojo*; Hexerei, *brujeria*; kalte Morgenluft, *mal aire*; böse Geister in der Luft, *aire de huaca*; und Luft von Friedhöfen oder begrabenen Gegenständen.»

A. V.: «Es ist bedauerlich, daß viele Immigranten in den USA ihren Arzt oder Gesundheitsdienst davon unterrichten, daß sie an einer solchen Krankheit leiden, und kein Gehör finden. Westlich orientierte Ärzte müssen mit dem Gesundheitssystem und den Überzeugungen anderer eingeborener Kulturen vertrauter werden.»

S. K.: «In der Nähe von Cusco traf ich einen *curanaero* namens Francisco Flores, der für jedes Mitglied unserer Gruppe Kräuterheilmittel zubereitete. Einige Personen freuten sich derart über das Ergebnis, daß sie für ihre Rückkehr in die USA Nachschub bestellten. Er hat auch aufgrund unserer Geburtsdaten Wahrsagungen gemacht. Ein halbes Dutzend Personen, darunter auch ich selbst, erhielten sehr schlechte Weissagungen. Bei mir hieß es: Unglück, Mißgeschick, Schande. Flores führte in einer alten Höhle eine Zeremonie durch, um die Folgen unseres Schicksals zu mildern. Genau in derselben Woche, als ich in Peru war, hatte die New York Times einen Artikel über Parapsychologie veröffentlicht, in dem eine törichte Behauptung von einem anderen Parapsychologen *mir* in die Schuhe geschoben wurde. Bei meiner Rückkehr nach San Francisco erhielt ich mehrere Briefe von Kollegen, in denen sie meine angebliche Äußerung kritisierten. Ich hatte also tatsächlich synchronistisch ‹Unglück› und ‹Schande› erlitten. Ich brauchte sieben Monate, um die New York Times zu einer Richtigstellung zu bewegen.»

A. V.: «Synchronizität spielte auch bei unseren Zeremonien mit Eduardo Calderon eine wichtige Rolle. Während der Rituale erlebt man in bezug auf seine eigenen Wahrnehmung von Zeit, Raum und Energie einen tiefgreifenden Wandel, und dieser kann drastische Veränderungen im Leben zur Folge haben.»

S. K.: «Vielleicht ist diese neue Art der Welt-Anschauung nötig, um das schamanische Konzept der Verwaltung wieder in unser Leben einzuführen. Unsere Mutter Erde leidet an Erosion, Verschmutzung, Überbevölkerung und lebt in der ständigen Gefahr eines Atomkrieges. Die westliche Zivilisation hat sicherlich viel Positives und Nützliches bewirkt, doch hat sie uns alle in eine Bahn gelenkt, die zur Vernichtung führen könnte.»

A. V.: «Eigentlich ironisch, wenn man bedenkt, daß die westliche Technologie der Mutter Erde helfen könnte. Im alten Peru wußte man so wenig über Erosion, daß das Getreide normalerweise vertikal am Hang angebaut wurde statt horizontal, um zu verhindern, daß der Boden wegeschwemmt wurde. Natürlich wurde dies durch die prächtige Inka-Architektur aufgewogen; nicht einmal eine Messerschneide kann man zwischen die Steinblöcke der feingefügten Inka-Mauern schieben.»

S. K.: «Ich habe schon gewagte Theorien gehört, mit denen man versucht, diese Leistung zu erklären, angefangen bei außerirdischen Laserstrahlen bis zum chemischen Erweichen des Steins, doch die armseligste scheint mir die, daß die Bauten sorgfältig geplant und Obsidian-Messer benutzt wurden. Als ich Machu Picchu besuchte, zeigte man mir einen Stein, der teilweise von einem Obsidian-Messer gespalten worden war, und man sagte mir, daß das Messer steckengeblieben war.»

A. V.: «Einige spekulative Autoren legen rassistische Vorurteile an den Tag; sie glauben nicht, daß amerikanische Indianer technisch so fortgeschritten gewesen sein können, und schreiben diese Werke außerirdischen Wesen zu.»

S. K.: «Ebenso ist es für spekulative Autoren reizvoll vorherzusagen, daß außerirdische Kräfte die Welt aus der Patsche, in der sie jetzt steckt, befreien werden. Leider sieht es so aus, als müßten wir uns selber befreien. Ich glaube, daß Eduardo Calderons Initianden dabei eine wichtige Rolle spielen können, indem sie die schamanische Weisheit benutzen, um mehr gesunden Menschenverstand in unsere Welt zu bringen.»

Bei amerikanischen Schamanen, Medien und anderen Heilern kann die Initiation viele verschiedene Formen annehmen. Einige Initiationen sind intrapersonal und geschehen im Traum oder in einer Vision. Manche sind sehr geheim: ein Lehrer schenkt einem Lehrling in einer Zeremonie, an der keine Außenstehenden teilnehmen, einfach ein Kraftobjekt. Andere wiederum sind öffentlich, und werden von kleinen Gruppen oder großen Mengen besucht. Bei den brasilianischen Umbandisten kann die Initiation die ganze Nacht dauern, und mit Blutopfern von Tieren oder Vögeln verbunden sein. Bei vielen Voodoo-Praktiken in Haiti sind Opfer unvermeidlich, da das Blut angeblich den Voodoo-*loa* oder Gottheiten Energie verleiht.

Manchmal werden dem Initianden Kraftobjekte geschenkt: Stäbe, Schilde, Federn oder Kleider. Bei manchen Initiationen werden heilige Gesänge angestimmt, bei anderen wird getanzt, geschmaust und ausgiebig gefeiert. Doch trotz der Unterschiede in Zeit, Ort und Form ist die Initiation überall ein wichtiger Übergansritus. Der Initiand ist nun Meister, der Lehrling ist jetzt Lehrer. Der Praktiker kann nun mit der Geisterwelt vermitteln und sein Bewußtsein verändern, um in eine nicht gewöhnliche Realität einzutauchen, mit dem Ziel, Wissen und Macht zu erlangen, die er zur Heilung von Mitgliedern der sozialen Gruppe benutzen kann. Der Weg des Schamanen ist kontrollierter und aktiver als der des Mediums, doch führt die Reise sie beide in das Reich des Heiligen.

Die schamanische Initiation ist in jeder Gruppe verschieden. Für Rolling Thunder etwa dauert der Ausbildungsprozeß viele Jahre; einige Medizinmänner und -frauen werden erst zehn Jahre oder mehr nach ihrer Berufung initiiert. Bei anderen amerikanischen Stämmen können die Schamanen bereits initiiert werden, wenn sie ihren ersten Klienten erfolgreich behandelt haben.

Virginia Veach, eine Absolventin des Saybrook Institute, wurde bei einem Stamm nordwestamerikanischer Indianer, der in Armut lebte und völlig entmutigt war, als Beraterin eingesetzt. Ein halbes Dutzend anderer Psychologen oder Sozialarbeiter hatte dort eine Zeitlang gelebt und mit ihnen gearbeitet, doch ohne großen Erfolg. Während ihrer ersten Gruppensitzung bat eine Indianerin Dr. Veach, ihr einen Traum zu deuten. Daraufhin fragte Dr. Veach: «Was bedeutet der Traum denn für Sie? Als Außenstehende kann ich Ihnen keine richtige Interpretation geben.» Dies war eine weise Antwort, zumal die Frau zufällig die Traumdeuterin des Stammes war.

Nach mehreren Wochen entdeckte Frau Veach Methoden, um die einzelnen und die sozialen Institutionen wieder handlungsfähig zu machen. Eine Schamanin durch erbliche Übertragung, die sich geweigert hatte, ihre Rolle zu übernehmen, hatte einen Initiationstraum und wurde am nächsten Tag als Stammesschamanin in einem Ritual öffentlich initiiert. Kurz danach verkündete der Stamm, daß er keine fremde Hilfe mehr brauche; die Mitglieder seien nun in der Lage, ihre Probleme selbständig zu lösen und von ihren eigenen Mitteln Gebrauch zu machen.

Man muß allerdings nicht unbedingt schamanischer Initiand sein, um von diesen Traditionen zu lernen. Die Initiation bedeutet Verantwortung, und es gibt viele Arten, in denen unsere Mutter Erde der Pflege und des Schutzes bedarf. Industrielles Wachstum braucht Erdöl von der Erde; vom schamanischen Standpunkt sollten diese Resourcen geborgt und wieder zurückerstattet werden. Es dauert nur einige Jahrzehnte, um einen Zentimeter Muttererde zu zerstören, aber es dauert mindestens ein Jahrhundert, um ihn wiederherzustellen. Es dauert nur ein paar Stunden, um einen Wald niederzubrennen, doch braucht der Wald Jahrzehnte, um wieder zu wachsen. Jeder von uns kann sich von seinen Träumen, von Dialogen in der Gemeinschaft, und von Einzel- und Gruppenvisionen leiten lassen, um Verantwortung für die Pflege unserer Erde, unserer Atmosphäre, unseres Wasservorrates, unseres Bodens, unserer Wälder und unserer wild lebenden Tiere zu übernehmen. Jeden Tag verschwinden mehrere Tierarten vom Erdboden. Für den Schamanen sind alle Lebensformen voneinander abhängig, und der Verlust einer einzigen bedeutet den Verlust eines Teils von uns selbst.

Die schamanische Sensibilität muß nicht nur auf die Schamanen beschränkt bleiben. Der Schamane arbeitet mit einer Gemeinschaft und ermutigt sie, den Bedürftigen zu helfen. Dies gilt für Kranke, Entmutigte, Entrechtete oder Entfremdete. Uns fehlen solche Institutionen und solche Menschen in unseren modernen Gesellschaften, doch kann jeder von uns seinen Teil der Schamanenrolle bei der Verwaltung der Erde übernehmen. Wenn wir den Mut haben, unsere inneren Kräfte bereitzustellen, können wir entscheidend zur Heilung unserer Welt beitragen.

Schlußzeremonie.

ZWÖLFTES KAPITEL

Rolling Thunder

Der erste Schamane, mit dem einer von uns etwas mehr Zeit verbracht hat, war Rolling Thunder, der als Cherokee geborene Medizinmann, der von den Shoshonen adoptiert und schließlich in den ganzen Vereinigten Staaten und Europa berühmt wurde. Als wir Rolling Thunder 1974 in seinem Heim in Carlin, Nevada, besuchten, schlug er vor, gemeinsam einen Tanz abzuhalten. In dieser Jahreszeit gab es wenig Regen, doch meinte Rolling Thunder, es sei eine alte Überzeugung von ihm, daß es vor einem solchen Tanz hilfreich sei, wenn ein kurzer Regenschauer den Staub festige. Er fügte hinzu, daß es nach dem Tanz einen stärkeren Regenguß geben sollte, um die Spuren des Tanzes wegzuwaschen. Bei Sonnenuntergang stiegen wir in drei Autos und fuhren zu einer verlassenen Ranch, die einige Meilen entfernt lag. Die Sterne leuchteten hell am Himmel und keine Wolke war in Sicht. Drei Rehe standen am Straßenrand, erblickten unsere Karawane und machten sich trottend zu den Hügeln davon. Nur einige Sekunden waren verstrichen, aber als wir den Himmel wieder ansahen, beobachteten wir, wie sich kleine Wölkchen vor uns zusammenballten. Einige Minuten später stellten wir die Scheibenwischer an. Der Schauer hörte auf, als wir am Tanzplatz ankamen. Es waren keine Pfützen da, das Wasser hatte lediglich den Staub gefestigt.

Wir tanzten stundenlang, während Rolling Thunders Lehrlinge die Trommel schlugen und indianische Lieder sangen. Rolling Thunder lehrte uns den Schlangentanz, der oft bei Heilungszeremonien gebraucht wird. Der Himmel war immer noch klar, als wir zu tanzen aufhörten, doch auf dem Weg zu den Autos zogen sich dunkle Wolken über der Lichtung zusammen. Donnerschläge begannen zu krachen, in der Nähe blitzte es, und starker Regen strömte hernieder, als wir die letzten paar Meter zu unseren Wagen rannten. Rolling Thunder forderte uns auf: «Es ist nicht gut, Spuren zu hinterlassen. Die weißen Leute sollen nicht denken, daß ein Haufen Wilder und Hippies hier irgend so eine heidnische Zeremonie abgehalten hat.»

Einigen Tänzern schien es, als habe Rolling Thunder den Regen vor und nach dem Tanz verursacht. Für Rolling Thunder war es jedoch nur eine Frage, sich mit den natürlichen Gesetzen in Einklang zu bringen. Der Schweizer Psychologe C. G. Jung benützte den Begriff der «Synchronizität» zur Bezeichnung einer Koinzidenz, die offensichtlich einen Sinn enthält. Diese «synchronistischen» Ereignisse sind ziemlich alltäglich in der Welt des Schamanen, für den die Zeit sich nicht immer in einer geraden Linie fortbewegt und für den Ursache und Wirkung manchmal zusammenfallen.

Während unseres Besuches geschah noch eines dieser «synchronistischen» Ereignisse. Einige Nächte vor unserer Ankunft hatte Spotted Fawn, Rolling Thunders Ehefrau, im Fernsehen einen Film gesehen mit Carrine Calvet in der Hauptrolle, einer ursprünglich aus Frankreich stammenden Hollywood-Schauspielerin. Kurz bevor wir unsere Reise nach Nevada antraten, beschloß C. Calvet, die Reise mit uns zu machen. Sie litt an Unterleibsschmerzen und hatte bereits mehrere Ärzte aufgesucht, doch verschrieben sie ihr lediglich schmerzlindernde Medikamente. C. Calvet bat um Hilfe, und Rolling Thunder erwog die Sache reiflich. Die Tatsache, daß der Film gleichzeitig im Fernsehen gezeigt worden war, war für ihn ein «Zeichen», daß die Heilungszeremonie für den natürlichen Lauf der Dinge dienlich sein würde.

Rolling Thunder hatte den Eindruck, daß C. Calvets Schmerzen schon seit langem bestanden und sehr stark waren; er verkündete, daß er bei der Heilungszeremonie Hilfe benötigen würde. Er teilte uns mit, daß wir und unsere Freunde ihm helfen könnten, doch müßten wir uns erst einer «Reinigung» in einer «Schwitzhütten-Zeremonie» unterziehen.

Zusammen mit Rolling Thunder, drei seiner «geistigen Krieger» und zwei von unseren männlichen Freunden zogen wir die Kleider aus und betraten ein Wicki-up, einen kuppelartigen Bau. Er war aus Schößlingen gemacht, die gebogen und zusammengebunden und über die Tierhäute gehängt worden waren. In der Mitte war eine flache Vertiefung gegraben und mit rotglühenden Steinen gefüllt worden. Als sich das Wasser auf den Steinen zusammenzog, hörte man ein explosives Zischen, und dann umhüllte eine Welle starker Hitze unsere nackten Körper. Abwechselnd fügte jeder von uns Wasser hinzu, und die Hitze verstärkte sich, bis wir das Gefühl hatten, unsere Haut stünde in Brand. Mit jedem Atemzug schien sich dieses Feuer bis in unsere Lungen auszubreiten. Wir sahen ein, daß wir die Hitze nicht bekämpfen konnten, sondern mußten die Hitze annehmen und uns ihr überlassen.

Sobald wir uns mit der Hitze angefreundet hatten, durchströmte uns ein friedliches Gefühl des «Einsseins». Diese Einheit erstreckte sich auf die Hitze, die Gruppe und die Natur selbst. Wir stimmten kultische Gesänge an, beteten und sangen, während uns der Schweiß in Strömen am Körper herunterlief, und reinigten uns damit von jeglichen Ängsten, Sorgen und Belangen, die uns daran hindern würden, voll an der bevorstehenden Heilungssitzung teilzunehmen.

Der Sitte entsprechend mußten alle das Wicki-up verlassen, wenn jemand es verließ, da sonst der Kreis unterbrochen war. Deshalb bestand ein starker sozialer Druck, sich der Hitze anzupassen. Rückblickend war dies einer der Hauptfaktoren für die transzendentale Erfahrung, die wir beide während der «Schwitzhütten-Zeremonie» machten. Doch schließlich konnte einer der «geistigen Krieger» die Hitze nicht länger ertragen und klappte das Stück Haut zurück, das als Tür diente. Wir übrigen folgten ihm aus dem Wicki-up, duschten, zogen uns an und versammelten uns wieder in einem Kreis um das Lagerfeuer. Corinne Calvet wurde in einen Stuhl an einem Ende des Kreises gesetzt. Rolling Thunder wies uns an, um das Lagerfeuer den Schlangentanz einzuleiten. Unterdessen arbeitete er mit C. Calvet, wobei er rohes Fleisch, eine Adlerklaue und Federn verwendete, und er endete damit, daß er etwas in einen Eimer spuckte, nachdem er an ihrer Haut gesogen hatte, um ihren Körper zu «reinigen» und ihm den Schmerz zu entziehen. An jenem Abend ging sie erschöpft zu Bett, doch am nächsten Morgen, beim Erwachen, fühlte sie überhaupt keinen Schmerz mehr und er trat auch nie wieder auf. Nach der harten Arbeit, die wir in der Schwitzhütte und beim Schlangentanz geleistet hatten, war die Aufgabe ihres Leidens unseres Erachtens eine angemessene Art und Weise für C. Calvet, ihre Dankbarkeit auszudrücken. Wiederum schienen soziale Kräfte einer der Hauptfaktoren für das Gelingen einer bedeutsamen Heilungserfahrung zu sein.

Im Jahre 1979 stattete Stanley Krippner Rolling Thunder von neuem einen Besuch ab. Während seines Besuches bat ihn der Schamane, einen jungen Indianer zu hypnotisieren, der stark trunksüchtig war und sich hilfesuchend an *Meta Tante* («Gehe in Frieden», die vom Medizinmann gegründete spirituelle Gemeinschaft) gewandt hatte. Rolling Thunder, der eine Vorschrift durchgesetzt hatte, die Alkohol und andere Drogen im Lager strengstens verbot, hatte den kranken Mann auf Diät gesetzt, um seinen Körper zu «reinigen» und ihn für eine Heilungszeremonie vorzubereiten.

Krippner erinnert sich, was passierte:

«Ich dachte, ich würde William – den Indianer, der Hilfe suchte – vor der Zeremonie kennenlernen, damit ich feststellen konnte, welche Art von Hypnose am besten für ihn geeignet sei. Er hatte jedoch in der Stadt zu tun und würde vor Beginn der Zeremonie nicht verfügbar sein. Tatsächlich saß er bereits am Lagerfeuer, mit vier Dutzend anderer Mitglieder der Gemeinschaft, als ich ankam. Das Trommeln und Singen dauerte ungefähr neunzig Minuten und ich vermutete, daß der Gesang und die Musik bei William und seinen Freunden bereits einen veränderten Bewußtseinszustand ausgelöst hatten.

Das Trommeln hörte auf, und ich wurde gebeten, mit der Hypnose zu beginnen. Ich forderte William einfach auf, tief in sich zu gehen und sich vorzustellen, wie es sich anfühlte, nach Alkohol süchtig zu sein. Als er andeutete, daß er sich dieses Gefühl vergegenwärtigt habe, bat ich ihn, das Gefühl in ein Bild zu verwandeln. Er berichtete, daß er ein schreckliches Ungeheuer sehe, welches versessen sei, ihn zu zerstören.

Ich erinnerte William daran, daß sich ungefähr fünfzig Leute am Lagerfeuer befanden, die ihn sehr liebten und die ihm gern helfen wollten. Ich sagte ihm, daß sie ihm ein Geschenk geben würden und er imstande sei, es sich vorzustellen. Beinahe sofort meinte William, daß man ihm Pfeil und Bogen geschenkt habe.

Ich bemerkte, daß das Geschenk Ausdruck seines indianischen Erbes sei und sagte William, daß er jetzt das Ungeheuer töten könne. Er stellte sich vor, wie er ihm einen Pfeil ins Herz schoß, das Ungeheuer brach zusammen.

Ich führte William durch eine Entspannungsübung, um ihn für den nächsten Schritt des Prozesses vorzubereiten. Dann fragte ich ihn, welche gesunden Getränke er am liebsten habe, und er antwortete mit einer Liste von Fruchtsäften und Kräutertees. Ich ließ ihn sich vorstellen, wie er einen davon trank und sehr genoß. Dann wiederholte ich die gesamte Übung und sagte ihm, daß er jedesmal, wenn er nach Alkohol lechzte, das Verlangen in ein Ungeheuer verwandeln könne, dieses mit Pfeil und Bogen erschießen, und (in Wirklichkeit oder in seiner Vorstellung) etwas Saft oder Tee trinken könne, um seinen Durst zu löschen. Ich äußerte die Ansicht, daß er umso erfolgreicher mit diesem Verfahren wäre, je öfter er es durchmachte.

Als ich mich setzte, tauchte Rolling Thunder auf, in weißes Wildleder und einen Kopfputz aus Federn gekleidet. Bevor er mit seinem Teil der Zeremonie fortfuhr, fragte Rolling Thunder die Gruppe, ob sie den Schrei einer Eule gehört habe. Die Gruppenmitglieder bejahten das, und Rolling Thunder bemerkte, daß dies ein Symbol des Todes sei. Somit war William in einen Kampf auf Leben und Tod mit dem Alkohol, seiner Nemesis, verwickelt. Rolling Thunder fügte hinzu, daß die Eule siebenmal geschrien habe; die Sieben sei eine Glückszahl für Indianer, folglich seien Williams Chancen, den Kampf zu gewinnen, ziemlich gut. In der Tat verließ William *Meta Tante* im folgenden Jahr und war, laut letzten Informationen, immer noch abstinent.»

War wieder einmal «Synchronizität» am Werk? Hatte eine Eule tatsächlich geschrien? Wenn ja, hatte sie siebenmal geschrien? Ich konnte mich nicht erinnern, da ich zu sehr damit beschäftigt gewesen war, William durch seine inneren Bilder zu führen. Aber letzten Endes ist die wichtige Lehre die, daß Rolling Thunder ein scheinbar «synchronistisches» Ereignis in dramatischer Weise verwendet hatte, um Williams selbstheilende Fähigkeiten innerhalb eines Kontextes sozialer Unterstützung zu mobilisieren.

In beiden Heilungssitzungen stieß Rolling Thunder mit einer Adlerfeder in die Haut seines Klienten, bis dieser vor sichtlichem Unbehagen zusammenzuckte. Rolling Thunder beugte sich mit dem Mund über diese Stelle und machte sich daran, sie mit seinen Händen zu «wölben» und mit seinem Mund an ihr zu «saugen». Er erklärte, daß dies ein weiteres Reinigungsverfahren sei, und spuckte in der Tat reichliche Mengen einer dunkelroten Flüssigkeit in einen Eimer. Die Flüssigkeit wurde später in ein bewaldetes Gebiet gebracht und vergraben.

Dieses Ritual des «Wölbens und Saugens» wird von vielen schamanischen Praktikern angewandt, und einige Beobachter haben den Eindruck, daß dabei dem Klienten das unreine Blut entzogen wird. Rolling Thunder meint nur, daß die Flüssigkeit die Krankheit des Klienten darstelle und daß das Ritual nötig sei, um die Gesundheit wiederherzustellen. In Wirklichkeit könnte die Flüssigkeit Tabaksaft oder irgendeine andere Flüssigkeit sein, die der Schamane vor der Zeremonie in seinem Mund behält. Untersuchungen haben verschiedentlich gezeigt, daß die Flüssigkeit tatsächlich Blut ist. Manchmal ist es tierisches Blut, das in einer Blase gschluckt wird, und diese wird dann zur gegebenen Zeit in der Magendarmmuskulatur zerrissen. Es kann jedoch auch das Blut des Schamanen sein – erzeugt entweder, indem er sich stark in die Wange beißt oder durch einen Selbstregulierungsvorgang, bei dem eine innere Blutung verursacht, und das Blut erbrochen wird. Tabaksaft wäre, so vermuten wir, viel einfacher und ebenso dramatisch.

Maria Sabína

Eine ebenfalls bekannte Schamanin, deren Weltanschauung den Begriff der «Synchronizität» einschließt, ist Maria Sabína, die mazatekische indianische *sabia* oder «Weise», aus Mexiko. Stanley Krippner besuchte sie 1980 und befragte sie in zwei Interviews über ihre Lebensaufgabe. Ihre Berufung zur Heilerin, berichtete sie, datiere zurück auf eine Todeserscheinung, die sie während der Krankheit ihrer Schwester gehabt hatte. Sie behauptete, daß sie eine dunkle Gestalt an der Seite ihrer Schwester gesehen und dabei starke Besorgnis empfunden habe. Durch Beten sei sie geistigen Wesen begegnet, die sie anleiteten, wie sie ihre Schwester heilen konnte. Mit ihren Lektionen war der Gebrauch von «heiligen Pilzen» verbunden, die sie als *los niños santos*, «die heiligen Kinder», bezeichnete.

Seit ihrer Jugend bis zum Tod ihres zweiten Mannes benutzte Doña Maria die Pilze nur sporadisch, da vor ihrer Einnahme jegliche sexuelle Betätigung verboten war. In den ersten Jahren ihrer Verwendung kam sie allerdings zu der Überzeugung, daß die Pilze Weisheit vermittelten, Krankheit heilten, und das Blut und Fleisch von Jesus Christus verkörperten. Tatsächlich gibt es eine mündlich überlieferte Geschichte von einem blonden Mensch-Gott, Quetzalcoatl (gefiederte Schlange), der Mexiko durchwanderte, die Kranken heilte und den Grundsatz der universellen Liebe lehrte. Eine der vielen Mythen über ihn erzählt, wie er die «heiligen Pilze» – *teonancatl*, das «Fleisch der Götter» – dem «edlen Kind» – *Piltzintecuhtli* – schenkte. Bei Quetzalcoatls Wanderung durch Mexico soll das «Fleisch der Götter» überall da gewachsen sein, wo er auf den Boden spuckte oder sein Blut aus kleinen Wunden getropft war. Als die Spanier Mexiko eroberten, ersetzte der Katholizismus die einheimische Religion. Christus und Quetzalcoatl wurden jedoch in einigen Teilen des Landes von den Indianern gleichgesetzt.

1955 ereignete sich ein weiteres Beispiel von «Synchronizität», als Maria Sabína eine durch Pilze herbeigeführte Vision hatte, daß Fremde auf der Suche nach Wissen über *teonancatl* ihre Stadt besuchen würden. In der Vision wurde sie angewiesen, ihnen dieses Wissen zu vermitteln, obwohl das bedeutete, daß sie mit einer geheimen, jahrhundertealten Tradition brach – die Mazateken gehorchten nämlich dem ausdrücklichen Befehl der Spanier nicht, mit den Pilz-*veladas* oder -vigilien aufzuhören. Innerhalb kurzer Zeit tauchten der Mykologe R. Gordon Wasson und der Fotograph Allan Richardson auf. Sie stellten Fragen über die Pilze und Doña Maria beantwortete sie, nachdem sie zur Bestätigung ihrer Vision eine städtische Behörde aufgesucht hatte, die ihr beipflichtete, daß dieses Wissen weitergegeben werden sollte.

Wasson und Richardson waren die ersten bekannten Außenstehenden, die in einer einheimischen Zeremonie Pilze einnahmen. Wasson schrieb später, daß ihn diese Erfahrung bis ins Innerste seines Wesens erschüttert habe, daß sie sowohl eine tiefe als auch heftige Erfahrung war.[2] Wasson beschrieb sein Erlebnis für die Zeitschrift *Life*, und es dauerte nicht allzulange, da kamen viele Fremde nach Huatla de Jimenez, nicht um geheilt zu werden, sondern auf der Suche nach Gott. Die Mazateken hatten die Pilze nicht zu diesem Zweck gegessen, gemäß ihrer Tradition sollte die göttliche Pflanze nur aus ganz bestimmten Gründen verwendet werden.

Wiederum hatte Doña Maria eine Vision, die möglicherweise «synchronistisch» war; dieses Mal war das Omen tragisch: «Ich sah das gesamte Land meines Sohnes Aurelio und seinen Tod und das Gesicht und den Namen des Mannes, der ihn töten würde, und den Dolch, mit dem er ihn töten würde, denn alles war bereits vollbracht. Der Mord war bereits begangen worden. Es war zwecklos für mich, meinem Sohn zu sagen, daß er sich vorsehen solle, weil sie ihn umbringen wollten, denn es gab nichts zu sagen.»[3] Eine Gruppe von Städtern war erzürnt, daß Maria Sabína die Pilz-Tradition an Außenstehende verraten hatte. Nicht nur wurde ihr Sohn getötet, sondern ihr Haus und ihr Laden wurden vollkommen niedergebrannt. Dennoch behauptete sie, daß sie sogar ohne den Rat der städtischen Behörde Wasson das Geheimnis verraten hätte, da die Pilze sie dazu beauftragt hatten.

Unter den Mazateken gibt es drei Gruppen von Leuten, die angeblich über besondere Kräfte verfügen. Es gibt die Hexenmeister und bösen Hexen – die *brujos* und *brujas* –, die etwas abseits der Gemeinschaft leben und ihre Kuren, Zauberworte und Hexensprüche gegen Entgelt verkaufen. Es gibt die *curanderos* und *curanderas*, die Pflanzenheiler. Und schließlich gibt es die *sabios* und *sabias*, die «Weisen» oder Schamanen. Maria Sabína war eine Zeitlang eine *curandera* und arbeitete nicht mit Pilzen, sondern mit Kräutern und Opfergaben, wobei sie Eier und andere Substanzen zur «geistigen Reinigung» verwendete. Aber bei den Mazateken glaubt man, die Macht sowohl des Pflanzenkenners als auch die des Hexenmeisters komme von *Chicon Nindo*, dem alten mazatekischen Herrn der Berge. Die Macht der «Weisen» ist größer, weil sie durch die heiligen Pilze von Christus, Quetzalcoatl, kommt.

Als sich die Nachricht von Doña Marias Wunderkräften verbreitete, kamen kranke und entmutigte Indianer aus verschiedenen Teilen der Gegend, um an ihren *veladas* teilzunehmen – *los niños santos* zu essen und auf ihre Vision zu warten. Sie pflegten in der Dunkelheit zu sitzen, während die Schamanin in die Hände klatschte und Verse sang wie:

«Frau guten Geistes bin ich... Heil, allerheiligste Maria, oh Jesus Christus... Frau des Wartens bin ich, Frau von Ahnungen bin ich... Denn eine Tochter von Christus bin ich... Frau der Gerechtigkeit bin ich, Frau des Rechts bin ich, Gott kennt mich, die Heiligen kennen mich, Frau des südlichen Kreuzes bin ich, Frau von Gottes Stern bin ich, denn ich gehe hinauf zum Himmel...»[4]

Es hieß, die Geister kämen, wie auch die Gestalt Christi, wenn Doña Maria ihre Verse sang. Die Geister erledigten praktische Angelegenheiten wie das Diktieren der Heilmittel für Krankheiten, den Fundort von verlorenen oder gestohlenen Gegenständen und Lösungen für Probleme. Sie empfahlen ihr, wo Kräuter zu finden und wie sie zu verwenden waren, welche Heiligen oder Geister zu beschwören und welche Pilgerfahrten zu unternehmen waren. Manchmal erbrach sich der Klient, angeblich, um böse Geister aus dem Körper zu vertreiben. Die Pilze konnten unter Umständen selbst Erkältungen, Fieberkrankheiten, Zahnschmerzen, oder eine Reihe anderer Krankheiten heilen, oder sogar einen guten Geist befreien, der von den Meister-Geistern in den Quellen oder Bergen gefangen worden war.

Doña Marias zeremonielle Liturgie enthält zwar römisch-katholische Elemente, doch sind sie lediglich formeller Art; den Kern bilden die gleichen alten Oden und Psalmen, die von den Hohepriestern von Montezuma dem Zweiten vorgetragen wurden, bevor er von Hernán Cortés im Jahre 1519 gestürzt wurde. Bis sie von den Spanischen Inquisition verboten wurden, erzielte man psychedelische Effekte mit dem Peyote-Kaktus und bestimmten Arten der *morning glory*-Samen sowie mit

Pilzen, die zur Gattung der Psilocybe gehörten, und, in geringerem Maße, mit Arten der Concybe und Stricharia.[5] Wenn die Pilze nicht reif waren und sie nur einen kleinen Vorrat an getrockneten Pilzen hatte, gebrauchte Doña Maria San-Pedro-Tabak, der zu der Familie der Solanaceae gehört und bewußtseinsverändernde Eigenschaften hat. Archäologische Funde lassen darauf schließen, daß vor rund 10000 Jahren psychoaktive Pflanzen in der Neuen Welt verwendet wurden und mit dem schamanistischen Gebrauch von *amanita muscaria*, dem Fliegenpilz, in Sibirien und anderen Teilen Eurasiens in Zusammenhang stehen könnten.

Maria Sabína wurde 1894 geboren und mußte im Alter von bald neunzig Jahren die *veladas* ihrer schwachen Gesundheit wegen aufgeben. Kurz nach unserem Besuch im Jahre 1980 erreichte uns die Nachricht, daß sie zum dritten Mal geheiratet hatte und damit beschäftigt war, die Pilz-Tradition durch regen Unterricht zu erhalten. Eine ihrer Töchter hatte Doña Maria geholfen, während er *veladas* zu beten und zu singen, doch glaubte man, daß sie nicht dazu bestimmt war, eine «Weise» zu werden. Unterdessen beschrieb die Schamanin den Kosmos in einer Weise, die «synchronistische» Ereignisse einschließt: «Ich sah ... eine riesige Uhr ticken, die Himmelskörper langsam sich drehen, und darinnen die Sterne, die Erde, das gesamte Universum, den Tag und die Nacht, das Weinen und das Lächeln, die Glückseligkeit und den Schmerz. Derjenige, der weiß um den letzten Grund des Geheimnisses vom *teonancatl*, kann sogar dieses unendliche Uhrwerk sehen.»

Techniker des Heiligen

Was haben diese Leute gemeinsam, daß man ihnen die Bezeichnung «Schamane» gibt? Welche Merkmale teilt Maria Sabína mit Rolling Thunder vom Stamm der Shoshonen, Don Jese Rios vom Stamm der Huichol und Juan Perez aus Kolumbien? Der bekannte Ethnologe Mircea Eliade beschrieb die Schamanen in poetischer Weise als «Techniker des Heiligen», weil sie als Vermittler zwischen der Welt der Sterblichen und der Welt der Geister fungieren.[6]

Möglicherweise aufgrund seiner Kontakte zu Ärzten und Psychologen spricht Rolling Thunder davon, während vieler seiner Zeremonien und Heilungssitzungen «in einen veränderten Bewußtseinszustand einzutreten». Juan Perez erzählt davon, daß er «Energiequellen» aufspürt und es zuläßt, daß die Energie ihn verwandelt. Die Pilze verändern Doña Marias Bewußtsein so, wie die Knospen des Peotyte-Kaktus das Bewußtsein Don Josés verändern. All diese veränderten Zustände sind in dem Sinne «luzid», als der Schamane während der Erfahrung bewußt ist und sich hinterher an das Geschehene erinnert. Außerdem werden die veränderten Zustände aus einem bestimmten Grund eingegangen; sie helfen der Selbstentfaltung des Praktikers, dem Klienten oder der Gemeinschaft in irgendeiner Weise.

Daher können wir sagen, daß Schamanen Männer und Frauen sind, fähig, ihren Bewußtseinszustand willkürlich zu verändern, um in die «nicht gewöhnliche Wirklichkeit» einzudringen, mit dem Ziel, Wissen, Macht und Kenntnisse zu erlangen, die Mitgliedern ihres Stammes helfen oder sie heilen können; dabei ist der Stamm die soziale Gruppe, die ihre schamanitische Rolle gewährleistet. Vom Standpunkt der Psychologie läßt sich diese Definition neu formulieren. Schamanen sind Stammesangehörige, die ihre Aufmerksamkeit selbst regulieren können, so daß sie Zugang zu Informationen haben, die normalerweise nicht gewährt werden, und diese verwenden sie, um den physischen oder psychischen Zustand von Mitgliedern ihrer sozialen Gruppe zu verbessern. Eine Stammesgruppe hat sie als «Techniker des Heiligen» akzeptiert und profitiert von den Informationen, die sie angeblich von ihren Reisen ins Jenseits oder von ihrer Kommunikation mit Geistwesen zurückbringen. Außerdem scheinen einige Schamanen imstande zu sein, die Kräfte der Natur zu beeinflussen, indem sie Regen oder Sonnenschein «verursachen», wenn eine Zeremonie es erfordert.

Veränderte Bewußtseinszustände scheinen zwar bei einigen Stämmen eine größere Rolle zu spielen als bei anderen, doch sind sie anscheinend auch ein gemeinsames Element. Wahrscheinlich gibt es einen historischen Grund hierfür. Einige zeitgenössische Psychologen sprechen von «phantasiebegabten» Individuen, die sich häufig an ihre Träume erinnern, eine rege Vorstellungskraft haben, leicht audio-visuelle Eindrücke produzieren können, und andere Fähigkeiten der Phantasie an den Tag legen, wie etwa das Erzählen von Geschichten, die Wahrnehmung von «Auren» oder «Energiefeldern», die Leute umgeben, und das Berichten über «synchronistische» Erfahrungen.

In frühen Jäger- und Sammlergesellschaften bestand das Überleben aus täglichem Kampf. Es gab nicht viel Zeit zum Nachdenken über das innere Leben. Aber wenn sich jemand an einen Traum erinnerte, wurde dessen Inhalt für ebenso wirklich gehalten wie ein Tagesereignis. Natürlich entsprach die Traumwelt nicht genau der Alltagswelt, und es entwickelte sich die Vorstellung, daß Träume die Menschen in eine andere Welt mitnahmen – eine Welt, die zwar nicht weniger wirklich war als die gewöhnliche, aber etwas rätselhafter. Schamanen hatten Erklärungen für diese Welt. Wenn ihre Erklärungen plausibel klangen und dem Kranken halfen, gesund zu werden, oder den Jägern beim Aufspüren des Wildes, stieg sein gesellschaftliches Ansehen. Wenn hingegen die Bemühungen des Schamanen, die Geister zu besänftigen, die Kranken zu heilen oder die Jäger des Stammes über den Standort wilder Tiere zu unterrichten fehlschlugen, wurde der Schamane gewöhnlich verspottet, verbannt oder sogar getötet.

Um ihre einflußreiche Stellung innerhalb des Stammes zu sichern, mußten diese ersten Schamanen sehr klug sein. Sie machten Heilpflanzen ausfindig, möglicherweise auf empirischer Basis. Sie ersannen Rituale, um das Wahrnehmungsvermögen der Jäger und Sammler zu verbessern, so daß sie etwa Wild genauer lokalisieren konnten. Vor allem aber schufen sie Techniken, um Mitgliedern ihrer Gruppe zu ermöglichen, mit dem Heiligen in Verbindung zu treten. Manchmal bedeutete das den Gebrauch von bewußtseinsverändernden Pflanzen – auch diese wurden wahrscheinlich auf empirische Weise identifiziert. Ein anderes Mal setzte man bildende Kunst ein, Poesie, Tanz, Geschichtenerzählen, Musik und Gesang – sämtliche Komponenten des primitiven Mythos.

Wurden denn bei diesen frühen schamanischen Leistungen paranormale Fähigkeiten gebraucht? Bestimmte Experimente lassen auf die Möglichkeit schließen, daß diese ungewöhnlichen Fähigkeiten sich von Zeit zu Zeit manifestieren, doch zeigen die experimentellen Daten auch, daß solche Fertigkeiten wie die «außersinnliche Wahrnehmung» und die «Psychokinese» unzuverläßig sind. Diejenigen Schamanen, die diese Fähigkeiten besaßen, waren sich wahrscheinlich der Unzuverläßigkeit ihrer Kräfte bewußt und entwickelten deshalb Methoden, mit denen sie dieselbe Wirkung mittels Fingerfertigkeit erzielen konnten.

Mit anderen Worten, Schamanen vertreten zweifellos eines der ältesten Gewerbe der Welt. Sie waren Künstler, Heiler, Zauberer, Priester, Psychotherapeut, Seher und Geschichtenerzähler. Damit trugen sie zur Entwicklung des menschlichen Bewußtseins bei. Im Laufe der Jahrhunderte folgten einige Mitglieder des Stammes dem von den Schamanen gebahnten Weg, andere entwickelten ähnliche Fähigkeiten, und bald gehörten auch die Traumdeutung, künstlerische Techniken, medizinische Kenntnisse und religiöse Rituale zum kulturellen Erbe.

Die Schamanen waren auch die ersten Wissenschaftler der Welt. Ihre Art, medizinische und heilige Pflanzen ausfindig zu machen, nämlich auf empirischem Wege, ist ein anerkanntes wissenschaftliches Vorgehen. Außerdem experimentierten sie wahrscheinlich an sich selbst – ebenfalls eine wissenschaftliche Methode. Ihre Verbindung zu kosmischen Ereignissen lieferte ihnen zusätzliche Daten, was zum Beispiel eine Legende der Zuni-Indianer aus dem Südwesten der Vereinigten Staaten veranschaulicht.

Dieser Geschichte zufolge hieß die Sonne einen Schamanen jeden Morgen zum Dorfrand kommen und zu ihr beten. «Beobachte mich ganz genau am Ende des Jahres, wenn ich in den Süden komme. Und beobachte mich auch genau in der Mitte des Jahres, im Monat, in dem ich zur Rechten den weitesten Punkt erreiche.»

Während des nächsten Jahres beobachtete der Schamane die Sonne, doch waren seine Berechnungen für die Sonnenwende um dreizehn Tage zu früh. Im folgenden Jahr hatte er sich um zwanzig Tage verrechnet. Im Jahr danach war er zwei Tage zu spät daran. Nach acht Jahren war der Schamane jedoch imstande, den Zeitpunkt der Sonnenwende genau zu bestimmen.[7]

Beobachtungen wie diese wurden an Tausenden von Orten auf der ganzen Welt angestellt und legten den Grund zur modernen Wissenschaft. Sie lieferten der Menschheit die ersten handfesten Anhaltspunkte, daß es eine universelle Ordnung gibt, weil diese Beobachtungen hundertfach wiederholt werden können und dennoch einheitliche Resultate liefern. Wenn der Schamane keine zuverlässigen Daten vorlegte, war seine Rolle in Gefahr und seine Tage als angesehener Mann waren gezählt. Somit schuldet die Menschheit den Schamanen größten Dank für ihre Pionierleistung in vielen Bereichen der Wissensaneignung und der Entwicklung menschlicher Fähigkeiten.

Schamanen waren die ersten Mythenschöpfer der Welt, und die Funktionen kultureller Mythen erwuchsen aus den verschiedenen Rollen, die die Schamanen erfüllten. Ob ein Mythos nun tatsächlich wahr ist oder nicht, er ist jedenfalls wahr im funktionellen Sinne, wenn er vier Zwecken dient. Erstens hat er die psychologische Funktion, dem Individuum einen vorgezeichneten Weg zu bieten, um es durch die verschiedenen Lebensphasen von der Geburt bis zum Tod zu führen.

Zweitens hat ein Mythos die soziologische Funktion, einer bestimmten sozialen und sittlichen Ordnung Gültigkeit zu verleihen und Geltung zu verschaffen.

Drittens hat er die wissenschaftliche Funktion, ein verständliches und zuverläßiges Bild von der Natur und natürlichen Phänomenen zu liefern. Und viertens hat er die geistige Funktion, das Wachbewußtsein mit dem unermeßlichen Geheimnis und Wunder des Kosmos zu verbinden.[8]

Kulturelle Mythen erfüllten mehr oder weniger drei dieser vier Funktionen, konnten jedoch nie ein ebenso zuverlässiges Bild der Wirklichkeit liefern wie die Wissenschaft. Mit dem Aufstieg der Wissenschaft erlebten wir den Niedergang des Mythos – doch konnte die Wissenschaft nie die anderen drei Zwecke hinlänglich erfüllen, ebenso wie die heutigen Wissenschaftler mit ihrer gesamten Technologie nicht imstande gewesen sind, als «Techniker des Heiligen» zu fungieren.

Schamanische Rollen

Unser Kollege Michael Winkelmann hat sich mehrere Jahre lang mit der Beziehung zwischen schamanischer Rolle und sozialer Entwicklung beschäftigt und dabei siebenundvierzig Gesellschaften aus Vergangenheit und Gegenwart eingehend untersucht.[9] Winkelmann fiel auf, daß sich im Bereich des Heiligen vier Gruppen von Praktikern deutlich herauskristallisierten. (Es gab auch einen politischen Bereich, der vom König, vom Herrscher oder vom Häuptling beherrscht wurde.) Zu diesen vier Gruppen gehörten der Heiler-Schamane, der Priester, der bösartige Praktiker – der Hexer, und der Wahrsager – das Medium. In den frühen Jäger- und Sammlergesellschaften wurden alle diese Funktionen ursprünglich von den Schamanen allein wahrgenommen. Sie dienten als religiöse Funktionäre, prophezeiten die Zukunft oder wandten einen Zauber an – besonders gegen Stammesfeinde.

Als die Volksstämme seßhafter wurden, kam es bei einigen von ihnen zu einer Aufteilung der Heilungsfunktionen zwischen dem Schamanen und einer anderen Person bzw. einer Gruppe von Personen. Dort, wo der Schamane sich wenig spezialisierte, konzentrierten sich die Heiler besonders auf die Arbeit mit einer spezifischen Gruppe von Prozeduren (z.B. Behandlungen mit Kräutern) oder auf ein bestimmtes Ziel (z.B. kranke Tiere zu heilen). Winkelmann stellte fest, daß die Heiler einen festen Platz in der politischen Hierarchie einnahmen und sich oft ihre Stellung erkauften, während die Schamanen im allgemeinen nur inoffiziell politische Macht besaßen. Die Schamanen ließen sich gewöhnlich allein von einem älteren Schamanen ausbilden oder gaben an, in Träumen oder anderen veränderten Bewußtseinszuständen von Geistführern zu lernen. Dagegen wurden die Heiler normalerweise unter der Leitung von erfahreneren Praktikern in Gruppen unterrichtet.

Winkelmann entdeckte, daß der Schamane sich mehr darauf konzentrierte, das Wetter zu beeinflussen und den Erfolg der Jagd zu gewährleisten, während der Heiler sich mit Geburt, Hochzeit, Tod und anderen Übergangsriten beschäftigte. Der Schamane machte Prophezeiungen, während er sich in einem veränderten Bewußtseinszustand befand, dagegen weissagte der Heiler die Zukunft, indem er Knochen warf, die Eingeweide von Tieren deutete oder andere mechanische Methoden benutzte. Die Schamanen begaben sich in äußerst tiefe Bewußtseinsveränderungen wie etwa das Reisen ohne Körper («Astralreise»), doch erhob keiner der von Winkelmann untersuchten Heiler diesen Anspruch. Man sollte deswegen nicht vergessen, daß in vielen Gesellschaften diese beiden Rollen nicht unterschieden wurden, und inwieweit das geschah, hing vom Grad der politischen Integration und der Mobilität des Stammes ab.

Wenn ein Stamm zumindest halb seßhaft war, sich bis zu einem gewissen Grad der Landwirtschaft widmete und durch ein leidliches Maß an politischer Integration gekennzeichnet war, trat der Priester als eigenständiger Praktiker in Erscheinung. Priester herrschten über religiöse Anlässe, besonders diejenigen, die zur Feier wichtiger Ereignisse im Lebenszyklus sowie im kosmologischen Zyklus (z.B. die Jahreszeiten, die Sommer- und Winter-Sonnenwende) gefeiert wurden. Der Priester organisierte Opferdarbietungen und andere Rituale, um die Götter zu besänftigen und ihnen Ehre zu erweisen. Die Priester – fast immer Männer – besaßen beträchtliche politische und wirtschaftliche Macht und widmeten sich hauptamtlich ihren Aufgaben.

Wenn eine Gesellschaft über die lokale Ebene hinaus politisch integriert und vollkommen seßhaft war, gesellte sich zu den Leuten mit angeblich besonderen Fähigkeiten der Hexer. Gewöhnlich arbeitete der Hexer nicht vollzeitlich, lebte etwas abseits vom Rest der Gemeinschaft und hatte eine niedrige politische und wirtschaftliche Stellung. Sowohl Männer wie Frauen übernahmen diese Rolle.

Erst als die Gesellschaften ein höheres Maß an politischer Integration erreicht hatten und von der Landwirtschaft abhängiger wurden, trat der Wahrsager als wichtiger Praktiker in Erscheinung. Grundsätzlich waren dies Frauen und «Teilzeitbeschäftigte», die ihre häuslichen Pflichten mit ihren seherischen Aufgaben verbanden. Einige von ihnen waren beteiligt, wenn es um eine Heilung ging, besonders wenn Verbindung zu Geistern aufgenommen werden mußte. Wie die Schamanen begaben auch sie sich in veränderte Bewußtseinszustände; ihre Spezialität war nicht die Astralreise, sondern die Inkorporation der Geister.

Wie zeitgenössische Medien erinnerten sie sich selten daran, was die Geister getan oder gesagt hatten, während sie von ihnen besessen waren; ihre Körper und Stimmen waren Vehikel für höhere Kräfte.

Winkelmann bemerkte eine sehr wichtige Beziehung zwischen der Anzahl besonderer Praktiker und der Komplexität einer Gesellschaft.

Wenn es einen Praktiker gab, war er fast immer ein Schamane oder Heiler. Bei zweien war einer von beiden immer ein Schamane oder Heiler und der andere der Priester oder der Hexer. Bei dreien war der eine immer ein Schamane oder Heiler, und die beiden anderen waren gewöhnlich der Priester und der Hexer. Wenn die Gesellschaft sehr komplex war, gesellte sich der Wahrsager hinzu, und alle vier Rollen wurden von verschiedenen Personen wahrgenommen.

Winkelmanns Unterscheidung zwischen Schamanen und Heilern war etwas willkürlich, da es mehr Ähnlichkeiten als Unterschiede gab. Es war jedoch eine wichtige Unterscheidung, weil er Schamanen nur in klassenlosen Gesellschaften mit geringer politischer Integration fand. In vollkommen seßhaften Gesellschaften entdeckte er überhaupt keine, und in halb seßhaften bäuerlichen Gesellschaften nur vier. Er identifizierte nur zwei Schamanen in Gesellschaften, die über die Gemeindeebene hinaus politisch organisiert waren.

Priester waren meistens in seßhaften bäuerlichen Gesellschaften anzutreffen – ebenso wie Heiler. Bei den amerikanischen Indianerstämmen fand er keine Wahrsager; diese hatten natürlich nicht das hohe Niveau an politischer Organisation, das für Gesellschaften mit Medien typisch ist. Möglicherweise kann man nur als Medium fungieren, welches sich von Geistern besitzen läßt, wenn die soziale Gruppe in der Lage ist, ein sicheres, beschützendes Milieu zu gewährleisten, um diese Aufgabe des Selbstbewußtseins zu unterstützen. Zu Winkelmanns siebenundvierzig Gesellschaften zählten das alte Babylonien und Rom sowie die afrikanischen *Kung* und eine Reihe orientalischer Gemeinschaften. Aus Winkelmanns Untersuchung geht hervor, daß die soziale Organisation bestimmen kann, welche Praktiker einer Gruppe zur Verfügung stehen. Der Schamane hat im Laufe der Jahrtausende bei der Entwicklung des

Bewußtseins mitgeholfen und seine Funktionen auch an andere Praktiker delegiert, wenn die Gesellschaft sich dazu bereit fand.

Verschiedene Modelle des Heilens

Während Winkelmann sich mit Gesellschaften der Vergangenheit und Gegenwart auf der ganzen Welt beschäftigte, beschränken wir uns im vorliegenden Buch auf einen bescheideneren Rahmen, und konzentrieren uns auf Schamanen, Heiler und Medien, die wir in Nord- und Südamerika besucht haben. Rolling Thunder, zum Beispiel, ist ein Schamane, der auch die Aufgaben eines Heilers und Wahrsagers erfüllt. Er ist Experte für Kräuter und indianische Weissagungen. Er nimmt mit Geistern Verbindung auf, verkörpert sie jedoch nicht. Während seiner Astralreisen fliegt er mit dem Adler, seinem «Totem»-Vogel, von dem er, so sagt er, ständig neue Fertigkeiten lerne.

Maria Sabína ist Schamanin in einer Gesellschaft, in der es ebenfalls Heiler gibt. Außerdem verrichtet Doña Maria auch seherische Aufgaben. Sie spricht mit den mazatekischen Geistern und den christlichen Heiligen. Ihre Astralreisen führen sie «zum Himmel empor».

Um besser verstehen zu können, welche Auffassungen Naturvölker vom Heilen haben, ist es wichtig, ihre Modelle mit denen der westlichen Medizin zu vergleichen.[11] Ein Modell ist nichts weiter als ein Versuch, die Realität darzustellen und zu erklären. Es ist wie eine Landkarte – und wie eine Landkarte kann es das betreffende Gebiet ziemlich gut oder eher schlecht darstellen. Die Wissenschaft kann uns behilflich sein, die Karten zu vergleichen und festzustellen, welche Karte dem uns bekannten Kosmos am meisten entspricht.

Miriam Siegler und Humphrey Osmond haben ein Modell des Heilens geschaffen, welches zwölf Dimensionen enthält;

Diagnose, Verhalten des Klienten, Ziel, Behandlung, Prognose, Selbstmord und Tod, Rolle der Institution, Rolle des für die Heilung zuständigen Personals, Rechte und Pflichten des Klienten, Rechte und Pflichten der Familie, Rechte und Pflichten der Gesellschaft.

Wir werden die Allopathie auf diese zwölf Dimensionen hin untersuchen und dem schamanischen Heilmodell gegenüberstellen.

Die Allopathie ist ein Begriff, der im neunzehnten Jahrhundert geprägt wurde, um die medizinische von der homöopathischen Betrachtungsweise zu unterscheiden. Während die Homöopathie Krankheit mit etwas Ähnlichem wie der Krankheit behandelt, behandelt die Allopathie Krankheit mit etwas Verschiedenartigem. Somit ist die Allopathie eine Vorgehensweise, welche Krankheit mit Hilfe von Medikamenten bekämpft, die andere Wirkungen auslösen und hervorrufen als diejenigen der behandelten Krankheit. Diese Methode, «Ähnliches durch Unähnliches» zu behandeln, ist ein Versuch, den Prozeß zu neutralisieren oder aufzuheben, der den spezifischen Anzeichen und Symptomen zugrunde liegt. Durch das Entfernen dieser Symptome kann man mit der allopathischen Behandlungsweise den Krankheitsprozeß umkehren oder zum Stillstand bringen, oder einfach die Symptome neutralisieren und dem Körper ermöglichen, aus eigener Kraft zu heilen.

Für den allopathischen Arzt ist die Diagnose ein rationales und logisches Verfahren; die Informationen werden durch Fragen, Beobachtungen und Tests gewonnen. Der Arzt teilt gewöhnlich einige, wenn auch nicht unbedingt alle diese Informationen dem Patienten mit. Die Krankheitsursache ist eher naturkundlich als übernatürlich oder magisch; sie ist logisch mit den beim Patienten manifesten Anzeichen und Symptomen verbunden. Die Aussage des Patienten über seine Erfahrung (oder Symptome), zusammen mit der Beobachtung seines Verhaltens und der Untersuchung seines Körpers (oder der Anzeichen), können beim diagnostischen Prozeß helfen. Die Ursachenforschung ist zwar wichtig, doch wird manchmal mangels einer bekannten Ursache die Behandlung der Anzeichen und Symptome fortgesetzt. Gewöhnlich gibt es eine spezifische Behandlung für jede Krankheit, doch kann man empirisch vorgehen, wenn eine genaue Diagnose nicht zu stellen ist.

Ziel der allopathischen Medizin ist die Behandlung von kranken Patienten und die Wiederherstellung ihrer Gesundheit. Ist dies nicht möglich, so muß verhindert werden, daß die Krankheit schlimmer wird, oder sie muß zumindest begrenzt werden, um die Gesellschaft vor möglicher Ansteckung zu schützen. Mit der Allopathie soll auch medizinisches Wissen gesammelt werden, damit mehr Krankheiten geheilt und die Behandlungen wirksamer werden können. Man geht von der Annahme aus, daß es für jede Krankheit eine Behandlung gibt.

Die von der Allopathie gebotene Behandlung ist auf spezifische Ziele gerichtet und wird anhand der Reaktion des Patienten überwacht. Sie ist grundsätzlich medizinisch und kann unter Umständen einen chirurgischen Eingriff oder die Verabreichung von Medikamenten erfordern. Manchmal ist die Krankenpflege Bestandteil der Behandlung. Auf jeden Fall ist die Behandlung ganz spezifisch auf die vom Arzt diagnostizierte Krankheit bezogen.

Die Prognose, die Vorhersage des Krankheitsverlaufs, wird vom Arzt vorgenommen und gründet sich auf die Diagnose. Der Arzt glaubt, daß die Diagnose die möglichen Krankheitsfolgen begrenzt; der Arzt bietet Hoffnung an, kann allerdings keine Heilung versprechen.

Selbstmord und Tod sind auf jeden Fall zu vermeiden. Tod wird entweder als Versagen des Behandlungssystems gesehen, oder einfach als die unvermeidliche Folge des Alterns oder einer schweren Erkrankung, die auf die beste im Augenblick erhältliche Behandlung nicht anspricht.

Die Rolle der Klinik besteht darin, als Ort zu dienen, wo praktisch alle Patienten untersucht und manche Patienten während kurzer oder langer Zeit gepflegt werden. Patienten «leben» nicht in einer Klinik, sie «weilen» dort, bis die Behandlung abgeschlossen ist.

Die Rolle des für die Heilung zuständigen Personals variiert; der Arzt behandelt den Patienten, die Krankenschwestern pflegen ihn und die übrigen Mitglieder des Personals helfen manchmal mit, ihn zu rehabilitieren.

Die Rechte und Pflichten des Patienten sind eng mit der Diagnose verbunden. Auf jeden Fall hat der Patient das Recht, krank zu sein. Die Rolle des Kranken wird dem Patienten übertragen, wobei ihn keine Schuld trifft, außer in den Fällen, in denen die Erkrankung mit selbstzerstörerischem Verhalten einhergeht. Der Patient hat das Recht, über seine Krankheit und ihren Verlauf aufgeklärt zu werden. Er hat das Recht auf besondere Pflege. Er hat die Pflicht zu versuchen, gesund zu werden und Hilfe zu erbitten, um zu genesen. Sobald medizinische Hilfe geboten wird, hat der Patient die Pflicht, die Hilfeleistenden zu entschädigen.

Die Rechte und Pflichten der Familie überschneiden sich mit denen des Patienten. Familienmitglieder haben das Recht, mitzufühlen und über die Krankheit aufgeklärt zu werden. Sie haben die Pflicht, den Arzt bei der Behandlung zu unterstützen und diese in keiner Weise zu behindern.

Zu den Rechten und Pflichten der Gesellschaft gehört das Recht, vor Menschen geschützt zu werden, die wegen ihrer Krankheit eine Gefahr für andere darstellen. Die Gesellschaft hat die Pflicht, in irgendeiner Form für medizinische Pflege zu sorgen (allerdings nehmen einige Gesellschaften diese Pflicht ernster als andere).

Die jüngste Kritik an der allopathischen Medizin dreht sich um verschiedene Aspekte dieses Modells. Es wird behauptet, daß die Diagnose und Behandlung oft unpersönlich und unvollständig seien. Im Normalfall fehle dem Patienten jedes Mitspracherecht am Entscheidungsprozeß. Medikamente und chirurgische Eingriffe werden angeblich viel zu häufig eingesetzt, und es gibt mehr und mehr ärztliche Fehlbehandlungen. In vielen Teilen der Gesellschaft sind die medizinischen und pflegerischen Dienste ungleich verteilt. Bei schweren Erkrankungen werden der Patient und seine Familie oft in der Wahl umstrittener Behandlungsmethoden eingeschränkt. Einerseits besteht kein Zweifel, daß die westliche Medizin sehr viel Gutes geleistet hat, besonders im Kampf gegen Seuchen, Epidemien und viele Infektionskrankheiten. Andererseits haben viele Leute aufgrund iher Unzufriedenheit Zuflucht zur sogenannten «holistischen» (ganzheitlichen) Medizin oder sogar zu nicht allopathischen Methoden genommen.

Die ganzheitlichen Behandlungsmethoden variieren von Arzt zu Arzt und von einem Krankenhaus zum andern. Im allgemeinen wird jedoch die «ganze» Person (Körper, Geist, Gefühle und Verstand) berücksichtigt, d.h., der Patient und seine Familie werden in den Behandlungsprozeß einbezogen, die Prävention von Krankheiten durch gesunde Lebensweise und Einstellungen wird betont und «natürliche» therapeutische Maßnahmen (wie etwa Fasten, Diätmaßnahmen, körperliche Bewegung, positives Denken, Selbstregulierung der Körperfunktion) werden benutzt, bevor man zu Medikamenten oder Operationen greift. Diese Behandlungsmethoden haben natürlich sehr vieles mit den indianischen Heilungstraditionen gemein, die von Rolling Thunder, Brave Buffalo, Don José Rios, Juan Perez, Maria Sabína und anderen Schamanen und Heilern praktiziert werden.

Selbst die am wenigsten orthodoxe Form der holistischen Medizin unterscheidet sich vom schamanischen Modell der Heilung, das vor der Ankunft der Europäer in Amerika galt.

Die Pima-Indianer aus Arizona haben im Laufe der Jahrhunderte ihre Auffassung von körperlicher und geistiger Gesundheit beibehalten. Ihre Auffassung von Krankheit hat nichts Einfaches oder Unkompliziertes an sich; ihr Modell ist ebenso anspruchsvoll wie irgendein anderes auf der Welt, einschließlich des allopathischen Modells.[13]

Bei den Pimanen stellt der Schamane die Diagnose und es ist auch seine Aufgabe, die Person über ihre Krankheit in Kenntnis zu setzen, nachdem er entschieden hat, um welche Art von Krankheit es sich handelt und wie sie verursacht wurde. Die Schamanen unterscheiden drei verschiedene Arten von Leiden, von denen die eine zu behandeln zwecklos ist, d.h., bestimmte Fälle von Knochenbrüchen, Verstopfung, Verdauungsstörungen, Mißbildungen bei Kindern, Retardierung und giftige Bisse. Diese Leiden werden entweder als dauerhaft betrachtet oder als etwas, das sich ohne Behandlung bessert.

Eines der heilbaren Leiden ist die «wandernde Krankheit», verursacht durch Unreinheiten, die durch den Körper «wandern». Das andere ist die «bleibende Krankheit», die durch unpassendes Verhalten gegenüber «Kraftobjekten» wie etwa Bussard-Federn, Wolken, Koyoten, Hirschen, Stechäpfeln und den Rennkuckucken verursacht wird. Wenn man von einer solchen Krankheit befallen ist, «bleibt» man lange «krank». Als die Europäer ankamen, beobachteten die Pimanen, daß sie sich keine «bleibende Krankheit» zuzogen, wenn sie Kraftobjekte entweihten. Allerdings stellte diese Beobachtung ihr Heilmodell keineswegs in Frage. Die Pimanen folgerten, daß die weißen Siedler sich diese Krankheiten nicht zuzogen, weil diese Objekte für sie nicht heilig waren. Die Pimanen stellten auch fest, daß die «bleibende Krankheit» keine anderen indianischen Stämme befiel, ebensowenig wie Tiere, die die Regeln verletzten.

Das Verhalten des Patienten ist aus verschiedenen Gründen wichtig. Sein Körper wird als Gefäß für die auf Lebenszeit erworbenen, krankheitsverursachenden Potentiale betrachtet. Es ist die Aufgabe des Schamanen festzustellen, welches dieser Potentiale bei der Krankheit beteiligt ist. Einige Leute sind empfänglicher für schädliche Substanzen (Hitze, Eiter, von anderen Menschen übertragene Krankheiten) als andere. Als man den Pimanen von der Theorie des Krankheitserregers erzählte, schwächte dieses Wissen keineswegs ihr Modell, sondern bestätigte es vielmehr. Aus den Krankheitserregern wurden ebenfalls schädliche Substanzen, von denen man glaubt, sie verursachten die «wandernde Krankheit».

Ziel der pimanischen Heilkunde ist sowohl die Prävention von Krankheiten als auch die Verordnung von heilenden Maßnahmen. Die Gesundheit soll erhalten werden, während sowohl die «wandernden» als auch die «bleibenden» Krankheiten zu heilen sind. Die Behandlung der «wandernden Krankheiten» besteht im Normalfall aus Kräutern und (seit der Ankunft der Europäer) aus Arzneien. Zu der Behandlung von «bleibenden» Krankheiten gehört Gesang, Sandmalerei (der Klient wird auf eine verzierte Stelle gelegt, wo «heilende Energien» absorbiert werden können), sowie das Auflegen von Kristallen. Es kann auch vorkommen, daß die schädlichen Geister vom Klienten weggeblasen oder aus seinem Körper gesogen werden. Die Prognose ist günstig, wenn die Behandlung adäquat ist und prompt und mit genügend Kraft und Ausdauer durchgeführt wird. Geschieht dies nicht, kann das den Tod oder die Fortdauer der Krankheit zur Folge haben. Selbstmord kann die Folge davon sein, daß man der Versuchung böser Geister erliegt.

Die Rolle der Institution ist es, als Rahmen für die Heilung zu dienen. Die Arztpraxen und Krankenhäuser können für einige Arten der «wandernden Krankheit» benutzt werden. Die Schamanen können eine «wandernde Krankheit» auch pimanischen Heilern übergeben, die Kräuterspezialisten sind. Bei «bleibenden Krankheiten» wird für die Heilung gewöhnlich eine Umgebung im Freien gewählt, wie etwa ein Lagerfeuer, wo der Schamane versucht, die Krankheit zu hemmen oder auszurotten.

Die Rolle des Heil- und Pflegepersonals hängt von der Krankheit ab. Der Heiler behandelt «wandernde Krankheiten», und der Schamane behandelt «bleibende Krankheiten». Ärzte und Krankenschwestern können keimbedingte «wandernde Krankheiten» behandeln. Die Pimanen stellen sich die

Keime als winzige Partikel vor, die durch die Welt wandern, in Menschen eindringen und sich als Symptome manifestieren; die Schamanen behandeln diese Probleme nicht, weil sie von anderen behandelt werden können. Es gibt mindestens vierzig Arten gefährlicher Kraftobjekte, wovon jedes seine eigene «bleibende Krankheit» hat (z.B. «Adler-Krankheit», «Krötenechsen-Krankheit»). Im Gegensatz zu den Schamanen, die in kosmologische Sphären reisen (wie etwa den astralen Bereich, Mittelerde und die Unterwelt), konzentrieren sich die pimanischen Schamanen auf die Poteniale innerhalb des Körpers des Patienten. Es wird zwar mit Geistern Kontakt aufgenommen, doch im Grunde nur als letzte Möglichkeit, um die Probleme des Klienten zu lösen.

Pimanische Klienten (Patienten) haben das Recht auf Behandlung, die Pflicht, mit dem Heiler zusammenzuarbeiten und die Pflicht, im Falle einer «bleibenden Krankheit», jede weitere Entweihung von Kraftobjekten zu unterlassen. Die Familie hat das Recht auf Behandlung für ihre kranken Mitglieder und die Pflicht, keine weiteren Kraftobjekte zu entweihen, denn nicht nur sie selbst, sondern auch ihre Kinder könnten sich sonst eine «bleibende Krankheit» zuziehen. Die Gesellschaft hat das Recht, Heiler zu haben (Schamanen, Heiler, Ärzte, Krankenschwestern) und die Pflicht, die geistigen Gesetze zu befolgen, damit ihre Mitglieder vor Seuchen und Epidemien geschützt sind. Somit ist das pimanische Heilmodell Teil der kulturellen Mythologie der Pimanen, nach der einige Objekte und Tierarten zum Zeitpunkt der Schöpfung mit Würde ausgestattet wurden. Sich gegenüber Adlern, Krötenechsen, Koyoten und dergleichen unpassend zu verhalten, bedeutet, die natürliche Ordnung der Dinge zu verletzen. Krankheit ist die logische Folge dieses Vergehens, und der Schamane versucht mit seiner Arbeit, die natürliche Ordnung wiederherzustellen.

Die Homöopathie als Herausforderung

Sowohl das allopathische als auch das pimanische Heilmodell beziehen alle zwölf Dimensionen ein, die für ein vollständiges therapeutisches Vorgehen notwendig sind. Wie flexibel und elastisch das pimanische Modell ist, kann man einerseits daran erkennen, wie leicht die Tatsache integriert wurde, daß Europäer und andere indianische Stämme nicht der «bleibenden Krankheit» unterlagen, und andererseits daran, daß sie die Theorie des Krankheitserregers in ihr Modell aufnahmen. Es gibt buchstäblich Hunderte von bedeutenden Heilmodellen auf der ganzen Welt, von denen einige neu, andere wiederum sehr alt sind. In der Tat werden schon seit längerer Zeit über fünfzehn Prozent der Erdbevölkerung mit allopathischen Mitteln behandelt.

Im Westen wurde die Allopathie zum ersten von der Homöopathie systematisch in Frage gestellt, und zwar vom deutschen Arzt Samuel Hahnemann in seinem 1810 veröffentlichten Buch *Organon der rationellen Heilkunde*. Die Prinzipien, auf der die Homöopathie beruht, datieren zurück zu Hippokrates, dem griechischen Arzt der Antike, der schrieb: «Durch Ähnliches wird Krankheit geschaffen und durch die Anwendung von Ähnlichem wird sie geheilt». Der Begriff «Homöopathie» stammt aus dem Griechischen und bedeutet «ähnliches Leiden», weil die Homöopathie davon ausgeht, daß man eine Krankheit am besten mit einem Wirkstoff behandelt, der eine dem Leiden ähnliche Wirkung hat.[14]

Beim homöopathischen Heilmodell wird angenommen, daß im Körper eine «Lebenskraft» existiert, die durch die Harmonisierung des Individuums mit der Umwelt nach Heilung strebt. Man glaubt, daß die Symptome die Bemühung dieser «Lebenskraft» darstellen, auf Umweltbelastungen zu reagieren, daher wird vom Arzt verlangt, daß er die Symptome, die er behandelt, unterstützt und verstärkt. Es werden Kräutermittel in äußerst kleinen Dosen verwendet, die ähnliche Symptome bewirken wie diejenigen, an denen der Patient leidet, um seine selbstheilenden Kräfte zu aktivieren. Dieses Vorgehen steht im Widerspruch zu demjenigen der allopathischen Medizin, welche Symptome verbessert und sich dabei auf hohe Dosen starker Medikamente stützt. Hahnemann glaubte, daß jeder Fall als individuelle Krankheit aufzufassen und zu behandeln sei, welche vorher noch nie in derselben Weise und unter denselben Umständen aufgetreten sei. Diese besonders starke Betonung des Individuellen sowie der Glaube an selbstheilende Fähigkeiten machten aus der Homöopathie eine Vorläuferin der ganzheitlichen allopathischen Medizin.

Hahnemanns Vorstellungen wurden von allopathischen Ärzten abgelehnt, da er bei der Behandlung von Krankheiten ein diametral entgegengesetztes Vorgehen anwandte. Interessanterweise formulierte Hahnemann seine Theorie sehr viel genauer und vollständiger als die damals existierende allopathische Theorie; Hahnemann trug spezifische Gesetze und Theorien vor, die in der allopathischen Medizin fehlten. Allerdings verging mehr als ein Jahrhundert, bis die Homöopathie einer strengen experimentellen Prüfung unterzogen wurde.

Ursprünglich verließ sich die Wissenschaft auf empirische Methoden, um die Prinzipien zu bestimmen, nach denen die Natur funktioniert. Der erste belegte Versuch, wissenschaftliche Kontrollen einzuführen, stimmt möglicherweise nicht genau, ist jedoch von Interesse. Rund fünfhundert Jahre vor Christus wußte König Krösus von Lydien nicht, ob er gegen die Perser Krieg beginnen sollte. Er beschloß, ein Orakel um Rat zu fragen, doch wollte er zuerst feststellen, welches Orakel am zutreffendsten war. Seine Abgesandten reisten zu den Stätten von mehr als einem Dutzend Propheten, Sehern und Medien und fragten sie, was der König an diesem speziellen Tag machte. Das Orakel von Delphi, das sich angeblich durch das Einatmen von Schwefeldämpfen oder durch Kauen von bewußtseinsverändernden Lorbeerblättern in einen veränderten Bewußtseinszustand versetzte, antwortete: «Krösus kocht ein Lamm und eine Schildkröte zusammen in einem Kupferkessel mit einem Kupferdeckel.» Das Orakel hatte vollkommen recht. Als er von seinem Erfolg hörte, schickte Krösus noch einen Boten zum Orakel mit der Frage, was geschähe, wenn er den Halys überquerte, um gegen die Perser zu kämpfen? Das Orakel gab zur Antwort, daß ein großes Reich zustört werden würde. Krösus sah dies als günstiges Omen und zog in den Krieg, doch wurde sei eigenes Reich zerstört. Diese Geschichte mag wahr sein oder nicht, sie zeigt jedenfalls, daß ein Forscher meist ein Projekt mit einer wissenschaftlichen Haltung beginnt, dann jedoch zuläßt, daß ein vorherbestimmtes Ergebnis sein Urteil trübt und er aufgrund dessen die Resultate falsch interpretiert.

Mit fortschreitender Entwicklung der Wissenschaft gab es auch mehr Kontrollen. 1784 beauftragte die französische Regierung einen Ausschuß, die Behauptung von Franz Anton Mesmer zu prüfen, der vorgab, Leute durch die Kontrolle eines unsichtbaren «tierischen Magnetfeldes» heilen zu können. Der amerikanische Botschafter in Frankreich, Benjamin Franklin, und der englische Astronom Francis Bailey leiteten den Ausschuß. Eine Reihe körperlich kranker Menschen wurden Charles d'Eslon, einem Schüler von Mesmer und Befürworter des «Mesmerismus», zur Verfügung gestellt; außerdem gestattete man ihm, seine eigenen Patienten sowie Mitglieder des Ausschusses zu «mesmerisieren». Man stellte fest, daß d'Eslons eigene Patienten leicht zu «mesmerisieren» waren, während die anderen nicht reagierten.

Ein in Franklins eigenem Garten durchgeführter überwachter Versuch brachte die Sache noch mehr in Mißkredit. D'Eslon mesmerisierte dort einen Aprikosenbaum und behauptete, daß jeder, der ihn berührte, unter dem Einfluß von «tierischem Magnetismus» stünde. Ein zwölfjähriger Junge wurde mit verbundenen Augen in den Garten gebracht, und d'Eslon wurde so weit von ihm ferngehalten, daß er die Versuchsperson nicht verständigen konnte. Man führte den Jungen von einem Baum zum anderen und fragte ihn nach seinen Eindrücken. Er behauptete, er käme dem «magnetisierten» Baum immer näher, doch in Wirklichkeit entfernte er sich von ihm. Beim dritten Baum klagte er über zunehmende Kopfschmerzen und beim vierten Baum wurde er ohnmächtig. Der Ausschuß kam zum Schluß, daß «Magnetismus ohne Einbildung nichts bewirkt». Man behauptete nicht, daß «mesmerische» Phänomene nicht authentisch seien, sondern nur, daß es keinen «tierischen Magnetismus» gebe. Später tauchte der «Mesmerismus» als «Hypnotismus» wieder auf, jedoch ohne zum «tierischen Magnetismus» als mitwirkende Kraft Zuflucht zu nehmen.

Anfang des achtzehnten Jahrhunderts löste sich die Wissenschaft langsam aus dem mittelalterlichen Fängen der übernatürlichen Erklärungen, und die meisten Wissenschaftler waren äußerst skeptisch. Manchmal führte der Skeptizimus zu falschen Schlüssen. Antoine Lavoisier, ein berühmter Chemiker, war Mitglied des Mesmer-Ausschusses sowie eines Untersuchungsausschusses, der 1768 von der Französischen Akademie der Wissenschaften gegründet worden war, um Meteoriten zu untersuchen. Obwohl diese felsähnlichen Gegenstände schon seit langem immer wieder vom Himmel fielen, entschied die Gruppe, daß es keine Meteoriten gab. Man vermutete, daß sie himmlische Körper seien, doch einen Himmel gab es nicht. Daher gab es keine Meteoriten, und sämtliche Museen Europas entledigten sich ihrer kostbaren Meteoriten-Sammlungen.

Krösus hatte lediglich die Indizien verdreht, um sie seinem Vorurteil anzupassen; Lavoisier und die anderen französischen Wissenschaftler hingegen ignorierten sie sogar, weil sie nicht mit ihrer Weltanschauung übereinstimmten.

Heutzutage versuchen Wissenschaftler oft, durch «Doppelblind»-Kontrollen Vorurteile auszuschalten, d.h. sowohl der Experimentierende als auch die Versuchsperson sind «blind», bzw. wissen nicht, was untersucht wird. Die Homöopathie wurde unter diesen Bedingungen von einem Team von Wissenschaftlern in Glasgow, Schottland, untersucht. Dieses Team arbeitete mit einer Gruppe von sechsundvierzig Personen zusammen, die an chronischer Polyarthritis litten. Die Gruppe wurde in zwei Hälften geteilt und verschiedenste homöopathische Mittel wurden ihnen verabreicht. Allerdings erhielt nur die eine Gruppe die Medikamente, die andere erhielt Placebos, d.h. eine unwirksame Substanz. Man hatte den Versuchspersonen mitgeteilt, daß sie bei einer Doppelblindstudie mitmachen würden und die Hälfte von ihnen Placebos erhielte. Man sagte ihnen jedoch nicht, daß die andere Hälfte homöopathische Mittel bekam. Die beiden verantwortlichen Ärzte hatten keine Ahnung, welche Personen das Placebo erhielten und welche das Medikament; daher waren sie ebenfalls «blind».

Zu Anfang der Behandlung und drei Monate später wurden verschiedene Tests durchgeführt. Zu diesen Tests gehörte eine Skala zur Bestimmung der Intensität der Schmerzen, ein Test zur Bestimmung der Gelenksteifigkeit und einer zur Bestimmung der Greifkraft. In der kombinierten Gruppe schieden nur drei Personen aus, so daß ein statistischer Vergleich vorgenommen werden konnte.

Die zweiundzwanzig Versuchspersonen der Gruppe mit den homöopathischen Mitteln zeigten zum Schluß weniger Schmerzen, mehr Flexibilität und eine größere Greifkraft als die einundzwanzig Personen der Placebo-Gruppe. Als man die Ärzte bat, die Versuchspersonen zu beurteilen, stuften sie drei der homöopathisch behandelten Personen als «schlimmer» ein, bzw. stellten «keine Veränderung» im Vergleich zu sechzehn Personen mit Placebo-Behandlung fest. Von den homöopathisch behandelten Versuchspersonen wurden neunzehn als «etwas besser» oder «viel besser» im Vergleich zu fünf Personen aus der Placebo-Gruppe eingeschätzt. Bei keiner der Versuchspersonen aus der homöopathischen Gruppe wurden schädliche Nebenwirkungen festgestellt.[15]

Kritiker der Untersuchung mögen einwenden, daß die Versuchspersonen ihre übliche Medikation beibehielten, und es daher schwierig sei zu bestimmen, inwiefern die homöopathischen Mittel zu einer Besserung geführt hätten. Dem kann man entgegenhalten, daß die Personen mit Placebo-Behandlung ebenfalls orthodoxe Medikation erhielten, jedoch keine Besserung zeigten. Kritiker könnten ebenfalls darauf hinweisen, daß die Besserung zwar signifikant, aber geringfügig gewesen sei. Als Antwort darauf läßt sich bemerken, daß drei Monate eine sehr kurze Zeit sind, um den Wert einer Behandlung zu beweisen. Zudem war diese Studie die Wiederholung einer früheren Untersuchung, bei der keine Kontrollen angewandt wurden; jene Studie erstreckte sich jedoch über ein Jahr, und zweiundvierzig Prozent der Versuchspersonen konnten die orthodoxe Medikation ganz absetzen.

Bevor endgültige Schlüsse gezogen werden können, müssen jedoch weitere Forschungen angestellt werden. Was man daraus lernen sollte, ist, daß nicht-allopathische Behandlungsmethoden mit der gleichen Strenge geprüft werden können wie die allopathischen. Die Wissenschaft ist ein Prozeß, der uns hilft, Selbstbetrug zu vermeiden. Wenn die Gesundheit und das Wohl von Menschen auf dem Spiel stehen, werden Heilverfahren umso erfolgreicher sein, je weniger Praktiker sich selbst betrügen.

DREIZEHNTES KAPITEL

Spiritistische Medien in Brasilien

Kurz nach seiner Veröffentlichung wurde Hahnemanns Buch nach Brasilien gebracht und ins Portugiesische übersetzt. Hahnemanns Begriff der «Lebenskraft» paßte gut in das Realitätsmodell einer Gruppe brasilianischer Intellektueller und Adliger, die glaubten, daß sie für Heilungen, Ratschläge und andere Formen der Unterstützung Verbindung mit der Geisterwelt aufnehmen konnten. 1818 wurde aus einigen Anhängern jener angeblichen Geisterwelt eine Gruppe gegründet, die die Prinzipien der Homöopathie vertrat.

Unterdessen hatte ein französischer Arzt, der sich auf Kräuterheilkunde spezialisierte, Aufsätze über Hypnotismus gelesen. Dieser Arzt, Hippolyte Rivail, war überzeugt, daß Hypnotismus bloß eine vorübergehende Modeerscheinung war, ebenso wie die noch spektakuläreren Praktiken des «Tischrükkens» und des «Geisterschreibens», von denen er ebenfalls gelesen hatte. 1855 besuchte er einen Salon, an dem die Gastgeberin die Gruppe in die Praktik des «Tischrückens» einführte. Sehr zu Rivails Erstaunen schien der schwere Fuß des Tisches mit Rück- und Klopfbewegungen Fragen zu beantworten und sogar Botschaften zu buchstabieren.

Rivail untersuchte das Phänomen ein Jahr lang bei verschiedenen Leuten zuhause und entschied, sollte es tatsächlich Geister geben, seien diese ernst zu nehmen. Eines Abends wurde er angewiesen, einen Bleistift zu halten und den Geistern zu gestatten, seine Hand zu manipulieren, um mit ihr zu schreiben. Dies funktionierte erstaunlich gut bei ihm, doch bemerkte er, daß nicht jeder, der es versuchte, imstande war, einen Bleistift schreiben oder einen Tisch klopfen zu lassen. Rivail folgerte, daß nur bestimmte Menschen diese Fähigkeit besaßen. Er nannte sie «Medium» (Vermittler), weil sie imstande waren, zwischen den Menschen und der geistigen Welt zu vermitteln. Als Rivail mit seinen Untersuchungen fortfuhr, wurde ihm von einem Geist mitgeteilt, er solle den Namen Allan Kardec annehmen – angeblich ein Druidenlehrer, dessen Körper in einer früheren Inkarnation von Rivails Seele bewohnt war.

Unter dem Namen Allan Kardec veröffentlichte er 1857 sein erstes Buch, *Das Buch der Geister.* Das Buch erregte Aufsehen in Frankreich und später in England, wo man von Kardecs Anhängern als «Spiritisten» sprach, um sie von den Spiritualisten zu unterscheiden – ein Begriff, der von einer amerikanischen Gruppe benutzt wurde, die ebenfalls behauptete, die Rück- und Klopfbewegungen eines Tisches und Botschaften aus dem Jenseits deuten zu können. 1858 nahm ein Mitglied des kaiserlichen Hofes Kardecs Buch mit nach Brasilien und es wurde sofort ein Erfolg. Es wurde in Zeitungen und Zeitschriften besprochen, und im ganzen Land fanden spiritistische Versammlungen statt. Kardecs spätere Werke, *Das Buch der Medien* und *The Gospel as Explained by Spirits*, waren ebenfalls erfolgreich.

Brasilien bot Kardecs Ideen idealen Boden, um Wurzel zu fassen. Die afrikanischen Sklaven hatten eine bunte Schar von Göttern mitgebracht. sie synkretisierten ihre Götter geschickt mit dem Christentum, statt sie aufzugeben. So wurde *Iemanja*, die Göttin des Wassers, zur Jungfrau Maria. *Ogun*, der Gott der Waffen, wurde der heilige Georg. *Obatala*, der Gott des Himmels, wurde Jesus Christus. Der Kontakt mit den Indianern beeinflußte ihre prächtige Schar, und so fügten sie ihnen die

Indianer der Sieben Wege (oder *caboclos*) hinzu. Die Weisen Alten Schwarzen Sklaven tauchten als heilende Geister auf, und die ganze Gefolgschaft wurde in Kerzen- und Trommelzeremonien verehrt. 1830 kauften drei schwarze Freigelassene eine verlassene Mühle und gründeten Brasiliens erstes ständiges Zentrum für Candomblé, wie diese einmalige afro-amerikanische Religion genannt wurde.

Die brasilianische Oberschicht, die das begeisterte Tanzen und die pulsierende Trommelmusik des Candomblé nicht mochte, war sehr erfreut, als Kardecs Ideen sich verbreiteten. Hier war ein Credo, das auf die gebildeten Schichten beschränkt werden konnte. Die Zeremonien konnten in anständig eingerichteten Häusern abgehalten werden statt in abgelegenen Hütten oder baufälligen Gebäuden. Außerdem stammte es aus Frankreich, und Französisch war die zweite Sprache der Intelligenz und des Adels. Die Lehre der Reinkarnation bot eine Erklärung für die Ungleichheiten des Lebens, und ermutigte die Anhänger von Kardec, ein nützliches Leben zu führen. 1869 erschien die erste brasilianische Spiritisten-Zeitschrift im Druck. Herausgeber war L. E. Teles de Menezes, der ein Jahrhundert später geehrt wurde, indem er auf einer Briefmarke abgebildet wurde – ebenso wie Allan Kardec.

Kardec und de Menezes lehrten, daß die Seele, die einen fleischlichen Körper bewohnte, von einem feinstofflichen eigenen Körper, «Périspirit» genannt, umhüllt sei. Der Périspirit ist demnach eine Flüssigkeit, die auch Elektrizität enthält. Die Behandlung mit homöopathischen Mitteln ist erfolgreich, weil sie mittels des Périspirits wirkt. Wenn eine Person stirbt, kann der Périspirit auf der Erde verweilen, zur geistigen Welt zurückkehren oder reinkarnieren. Außerdem werden viele Krankheiten als Folge davon betrachtet, daß bestimmte Geister zu lange auf Erden bleiben und versuchen, die Energie lebender Personen anzuzapfen. Spiritistische Medien haben eine Reihe von Ritualen entwickelt, um diese Seelen auf ihren Weg zu geleiten, damit sie die Lebenden nicht heimsuchen.

Seit unserer ersten Begegnung mit brasilianischen Kardecianisten haben wir an mehreren spiritistischen Sitzungen teilgenommen. Wir haben Jarbas und Carmen Marniho beobachtet, sowie andere bekannte Heiler wie Hernani Andrade und Marta Gallego. Die Heilzentren sind normalerweise mit Bildern von Kardec, dem legendären de Menezes und zeitgenössischen Spiritisten sowie von Jesus Christus und verschiedenen christlichen Heiligen geschmückt. Kardec selbst verehrte Jesus Christus und schrieb einen Kommentar über das Leben Jesu, der ihm angeblich von Geistführern diktiert worden war. Die von kardecianischen Medien inkorporierten Geistführer variierten zwar je nach Ort, doch waren nur in wenigen Fällen die *caboclos* und die Weisen Alten Schwarzen Sklaven der Anhänger der Umbanda dabei.

Während unseres ersten Besuchs bei der Spiritistischen Vereinigung von São Paulo beobachteten wir, daß die kranke Person von einem der Medien empfangen wird, das eine rasche Einschätzung des Klienten vornimmt. Man gibt ihm (ihr) eine bunte Karte, die ihn (sie) auf eine bestimmte Art von Behandlung verweist. Zuerst werden jedoch alle in einen Vortragssaal geschickt, wo ein Vortrag über Kardec und seine Überzeugung, daß eine physische Krankheit eine geistige Krankheit widerspiegeln kann, gehalten wird. Es wird behauptet, daß die körperliche Krankheit unter Umständen wiederkehren kann, wenn man auf geistiger Ebene nicht wächst. Für die nächste Phase der Behandlung verwendet man die bunte Karte. Die Heiler in den verschiedenen Zimmer benutzen «Passes», um mit dem Périspirit des Patienten zu arbeiten. Diese Heiler sind eine bestimmte Art Medium, andere spezialisieren sich auf diagnostische Arbeit, Beratung, oder die «Übermittlung» von Literatur, Musik und Kunst aus der geistigen Welt.

Zur letzten Phase der Behandlung gehört die spirituelle Beratung. Die Probleme des Patienten werden erörtert und das weitere Vorgehen wird beschlossen. Manchmal enthält dieser Rat Aussagen von Geistern, die durch Medien, die in einem anderen Zimmer sitzen, übermittelt werden. Jeder erhält ein Stück Papier mit dem Namen eines Klienten. Ein(e) Sekretär(in) schreibt jede Aussage auf, die durch ein Medium vermittelt wird, und dieser Rat wird dem Berater, der mit dem Klienten arbeitet, zugestellt. Hier ein paar Beispiele:

«Pflegen Sie Sicherheit. Streben Sie nach Einigkeit in Ihrer Familie. Erzeugen Sie gute Schwingungen in Ihrem Heim. Ändern Sie Ihre Lebensweise. Beten Sie. Seien Sie standhaft. Suchen Sie einen Arzt auf. Verwenden Sie homöopathische Medikamente. Kommen Sie wieder, wenn Sie einen Arzt besucht haben.»

In besonders kritischen Fällen kann es vorkommen, daß die Medien über dieselbe Person berichten und über die Diagnose und Behandlung ein Mehrheits- oder sogar ein einstimmiger Beschluß gefaßt wird. Das Bündnis mit der Homöopathie dauert fort, und viele Patienten werden zu homöopathischen Ärzten geschickt. In einigen Fällen wird als Behandlung die Ausbildung zum Medium angeraten. Die Fähigkeit, Geister zu inkorporieren, wird für einige Patienten als notwendig für die Genesung empfunden, und die Krankheit wird als Möglichkeit gesehen, sich vermehrt in den Dienst der Menschheit zu stellen.

Die meisten Medien arbeiten nicht vollzeitlich im Zentrum, da für die dort angebotenen Heilungsdienste keine Gebühr erhoben, und somit niemand bezahlt wird. 1983 wurde uns gesagt, daß zwischen vierzehn- und fünfzehntausend Menschen jede Woche von rund dreitausend Medien untersucht werden, die freiwillig ihre Dienste anbieten. Spenden werden gern gesehen, und eine breite Palette von wohltätigen Diensten werden von der Vereinigung finanziell unterstützt, einschließlich verschiedener Heime für ältere Leute, Behinderte und notleidende Kinder.

1983 traf Stanley Krippner Doña Marta Gallego bei der Spiritistischen Vereinigung. Ihren Ruf von den Geistern hatte sie als junge Frau erhalten. Bald darauf begann sie, Geister zu inkorporieren, wobei sie die «wunderbaren Farben und köstlichen

Geschmacks- und Geruchseindrücke» genoß, die mit ihrer Ankunft einhergingen. Doña Martas wichtigster Geistführer ist Noël, und später errichtete sie ihm zu Ehren eine Klinik. Die Patienten, die zum ersten Mal zur Klinik kamen, wurden befragt, und es wurde eine Karte mit Namen, Vorgeschichten und Leiden ausgefüllt. Dann begaben sich die Patienten in ein großes Zimmer, in dem ein Medium die Bibel und Kardecs Schriften las. Anschließend wurden sie in kleinen Gruppen in ein kleineres Zimmer geführt, in dem zum Klang klassischer Musik Heilungssitzungen abgehalten wurden.

Doña Marta dirigierte das Ganze, indem sie den Leuten sagte, welchen Stuhl sie zu nehmen und wann sie sich zur Mitte des Raumes zu begeben hatten. Sie teilte dem Patienten ein Medium zur Handauflegung zu. Das Medium hält seine Hände einige Zentimeter vom Körper des Patienten, angeblich auf dem Périspirit. Die Kardecianer sind, wie gesagt, der Meinung, daß es am wichtigsten ist, am Périspirit zu arbeiten, da jede Veränderung, die dort stattfindet, leicht im physischen Leib umgesetzt wird. Nach ein bis zwei Minunten des Heilens wird der Patient zu einem Stuhl an der Seite des Raumes geführt. Dort beobachtet er stillschweigend die anderen Heilungen und reflektiert über seine eigene Erfahrung. Er erhält Ratschläge über Diät, Gebet, Änderung der Lebensweise und erfährt, wann er wieder kommen sollte.

Die Trance-Tänzer

Neben dem kardecianischen Spiritismus und Candomblé stellt Umbanda die drittgrößte spirituelle Bewegung Brasiliens dar. Ihr Gründer behauptet, in Verbindung mit einem *caboclo* zu stehen, der ihn lehrte, wie die afrikanischen Riten zu «reinigen» seien, die im Candomblé vorherrschten, jedoch in der kardecianischen Bewegung praktisch fehlten. Einige Umbanda-Gruppen gebrauchen Trommeln und bringen Opfer dar. Statt der im Candomblé üblichen afrikanischen Namen werden christliche Namen für die Geister verwendet. Während unseres ersten Besuches in Saõ Paulo verfaßte Alberto Villoldo einen Bericht über unsere erste Umbanda-Sitzung (manchmal *macumba* genannt):

«Man sagte uns, in Saõ Paulo gebe es ungefähr vierzehn, lose verbundene Umbanda-Gruppen, die alle eine Reihe wöchentlicher Zeremonien sponsorten. Wir fanden heraus, wo sich eine der Gruppen traf, doch warnte uns der Empfangschef unseres Hotels davor, jenen Stadtteil aufzusuchen. Mehrere Taxifahrer sagten uns das gleiche und warnten, daß wir unter Umständen nicht lebend zurückkämen. Schließlich fanden wir jedoch einen Taxifahrer, der uns zu unserem Bestimmungsort brachte.

Als wir dort eintrafen, wurden wir herzlich begrüßt. Die Glaubensgemeinschaft war bereits versammelt und saß an den Seitenwänden einer Halle, die zum Wohnzimmer des Hauses führte. Dort tanzten Priester und Priesterinnen in weißen Gewändern im Kreis zum Schlag einer Conga-Trommel. In einer Ecke des Zimmers befand sich ein kunstvoller Altar, der mit Dutzenden von Bildern und Statuen afrikanischer Gottheiten und christlicher Heiliger geschmückt war sowie mit Photographien älterer Leute – verstorbene Verwandte, deren Geist ermuntert wurde, an der Handlung teilzunehmen.

Nach einer halben Stunde Tanz schienen die Priester und Priesterinnen in einen stark veränderten Bewußtseinszustand eingetreten zu sein. Sie begannen aus allen Poren zu schwitzen. Ihre bunten Perlenketten – die Farben stellten ihren Schutzgeist dar – schwangen hin und her. Einer der Priester schritt mit einem rauchenden Weihrauchgefäß duch die Gemeinde, um uns für die Heilungszeremonie zu reinigen.

Während der ersten Sitzung des Monats inkorporierten die Umbanda-Priester und -Priesterinnen die Indianer der Sieben Pfeile. Dasselbe wird an der zweiten Sitzung des Monats für die Geister der Weisen Alten Schwarzen Sklaven getan. Dann kommen die Geister der Säuglinge, die im Säuglingsalter gestorben sind, an die Reihe. Während der letzten Woche des Monats werden die Geister der toten Vorfahren der Gemeinschaft inkorporiert. Die mächtigeren Gottheiten, so glaubt man, können nicht inkorporiert werden, weil es sonst aufgrund der unerträglichen Konzentration von Kraft und Macht eine Explosion gäbe.

Als wir die zweite Sitzung des Monats besuchten, inkorporierten die Priester und Priesterinnen die Weisen Alten Schwarzen Sklaven. Nachdem sie einen Geist aufgenommen hatten, pflegten sie sich zu krümmen, als hätten sie einen kleineren Anfall. Nach einigen Minuten begannen sie weiter zu tanzen.

Alle Mitglieder der Gemeinschaft, die der Heilung bedurften, wurden dann in den Kreis genommen. Nachdem wir unsere Schuhe ausgezogen hatten, betraten wir das Wohnzimmer und setzten uns vor eine Priesterin. Ich hatte unter Schmerzen in der Gegend meiner rechten Niere gelitten. Nach der Massage und den rituellen Handbewegungen der Priesterin verschwand der Schmerz und tauchte nie wieder auf.»

Stanley Krippner war, nachdem er 1983 die Stadt Salvador besucht hatte, soweit, die Umbanda mit dem Candomblé zu vergleichen. Allein in Salvador und im Staat Bahia gibt es drei Zweige der Sekte und über dreihundert Tempel. In vielen Tempeln dürfen nur Frauen Medien sein, und sie verehren die ursprünglichen afrikanischen Gottheiten wie Iemanja, Ogun und Obatala statt der entsprechenden christlichen Gottheiten. Allerdings gibt es auch hier Ausnahmen, d.h. Christus nimmt in vielen Tempeln einen Ehrenplatz ein.

Krippner traf Mae («Mutter») Meninhina de Gantois, deren Großmutter vor hundert Jahren eine Gruppe von Abtrünnigen der ursprünglichen alten Gruppe angeführt hatte. «Großmutter konnte eine Person anschauen und ihre ganze Lebensgeschichte erzählen. Ich kann das nicht, weil ich nur die Enkelin bin», erinnert sie sich. Mae Meninhinas Großvater war nicht begeistert von der Geisterverehrung seiner Frau. Er wunderte sich, warum die Geister hatten zulassen können, daß er Sklave wurde, wenn sie doch so mächtig waren, wie sie behauptete.

Auch Mae Meninhinas Vater war nicht erfreut, als sie in Träumen und Visionen dazu berufen wurde, ein Medium zu werden. Sie meinte, der Widerwillen ihres Vaters gegen ihre Initiation sei der Grund, weshalb er als Krüppel starb.

Nach Mae Meninhinas Meinung darf man keinen anderen Weg gehen, wenn die Geister rufen. Verschmäht oder ignoriert man den Ruf, wird man unter Umständen körperbehindert oder geistesgestört. Mae Meninhina hatte einige Tage vorher ihren dreiundachtzigsten Geburtstag gefeiert; sämtliche führenden Politiker, Künstler und Schriftsteller Bahias hatten am Fest teilgenommen und damit bestätigt, daß sie ihr Leben in den Dienst am Menschen stellte.

In Afrika waren heilige Rituale vor allem ein Privileg der Männer. In Brasilien waren die männlichen Sklaven jedoch mit der Arbeit auf den Feldern beschäftigt, und so fielen die zeremoniellen Aufgaben oft den Frauen zu. Außerdem gewannen eine Reihe von Sklavinnen zusätzlich Macht, indem sie die Konkubinen ihrer portugiesischen Herren wurden und behaupteten, die Ausübung ihrer afrikanischen Riten sei notwendig, um ihre sexuelle Tüchtigkeit beizubehalten. Schließlich sorgten die freigelassenen Sklavinnen, die den ersten Tempel des Candomblé errichteten, dafür, daß die Männer von Ämtern mit größerer Verantwortung ausgeschlossen wurden, doch erlaubte man ihnen, während der Rituale als Assistenten zu dienen und die Trommel zu schlagen. Dies mag ein weiterer Grund gewesen sein, weshalb Mae Meninhinas Großvater und Vater keine begeisterten Anhänger der Sekte waren.

Es muß auch daran erinnert werden, daß die Besitzer der Sklaven nicht auf die Stellung der Sklaven achteten, die diese innehatten, bevor sie nach Brasilien gebracht wurden. Prinzen und Arbeiter, Köche und Heiler, religiöse «Beamte» und Ammen wurden bunt durcheinandergemischt. Es ist bemerkenswert, daß überhaupt Spuren der afrikanischen Religion in den drei Jahrhunderten, die von der Ankunft der Sklaven bis zur Gründung des Candomblé verstrichen, überlebten.

Für eine mächtige, hochverehrte Priesterin wie Mae Meninhina ist die Unterscheidung zwischen Schamane und Medium fragwürdig, doch kann die Mehrheit der Medien eindeutig nicht als Medium bezeichnet werden. Sie sind den Geistern ausgeliefert, statt daß diese ihnen als Berater dienen. Zudem wissen sie selten, ob sie in der Lage sein werden, ihr Bewußtsein genügend zu verändern, um einen Geist zu inkorporieren. Wenn sie erfolgreich sind, wissen sie gewöhnlich nicht, welcher Geist erscheinen wird (es sei denn, es gäbe einen wöchentlichen Zeitplan wie bei der Umbanda). Sowohl die Schamanen als auch die Medien begeben sich also in veränderte Bewußtseinszustände und erhalten wichtige Informationen von der anderen Welt. Beide können Verbindung mit Geistern aufnehmen und beide sind eine Unterstützung für die Gesellschaft. Allerdings ist der Schamane Teil einer Stammeskultur, während der brasilianische Spiritist jeden Tag oder jede Woche eine verschiedene Klientengruppe empfängt. Schamanen haben ein größeres Maß an Kontrolle über ihre Einfälle in die nicht gewöhnliche Realität und beschäftigen sich nicht ausschließlich mit Geistern, ohne sich um andere Angelegenheiten zu kümmern, die außerhalb ihres Lebensbereichs liegen. Und schließlich gibt es Schamanen, die überhaupt nicht mit Geistern in Verbindung treten, sondern auf andere Arten ihre Kräfte anwenden und Informationen gewinnen.

Voodoo-Medien in Haiti

Im Gegensatz zu den Menschen in technologischen Gesellschaften betrachten sich Menschen von Stammesvölkern als wesentlichen Bestandteil des Kosmos. Die Sklaven, die von der Westküste Afrikas nach Amerika kamen, gehörten zwar verschiedenen Stämmen an, doch hatten sie alle diesen einen Glauben. Der Schöpfer der natürlichen Ordnung wurde oft «Hoher Gott» genannt, es gabe geringere Gottheiten, die verschiedene Teile des Universums kontrollierten – die Winde, die Meere, die Flüsse, Krankheit und Gesundheit, Glück und Unglück. Unter diesen Gottheiten waren die Ahnengeister, die alles in ihrer Macht Stehende taten, um ihren Nachkommen behilflich zu sein und dafür sorgten, daß die sittlichen Gebote von den Lebenden befolgt wurden. Manchmal gab es noch andere Geister – jene, die Tiere, Bäume, Steine und andere Teile der Natur bewohnten.

Bei den Bewohnern von Dahome, zum Beispiel, nannte man den «Hohen Gott» Nana Buluku. Er wurde anerkannt, aber nicht direkt verehrt; er galt als gleichgültig gegenüber menschlichen Belangen. Seine beiden Sprößlinge, Mawu und Lisa, die Mann und Frau, Mond und Sonne, Alter und Jugend repräsentierten, waren leichter zugänglich. Ihre Abkömmlinge waren die geringeren Götter und Göttinnen, die kollektiv «Voodoo» genannt wurden – ein Begriff, der ebenfalls verwendet wurde, um heilige Gegenstände, die Gottheiten darstellten, zu bezeichnen. Legba, der Gott, der Eingänge bewachte, war der göttliche «Trickster» der Fon, der dazu bewogen werden konnte, Botschaften abzuwandeln und das Schicksal zu ändern. Bei den benachbarten Yorubas nannte man ihn Trickster Exu, und dieser wurde vom Candomblé in Brasilien übernommen, um das manchmal verderbliche, manchmal mitfühlende Element der göttlichen Ordnung darzustellen, das in Trommel- und Kerzenzeremonien angefleht werden konnte.

Die Portugiesen waren in verschiedener Hinsicht die am wenigsten harten Sklavenherren ganz Amerikas, es gab keine Inquisition in Brasilien wie etwa im spanischen Peru, und die Sklaven konnten einige Überreste ihrer früheren Religion beibehalten, obwohl sie formal zum Übertritt zum Katholizismus veranlaßt wurden. Die Franzosen waren die strengsten Sklavenherren der Neuen Welt und trieben die Sklaven oft mit Peitschen in die Kirchen, um sie als Christen zu taufen. Aber es war genau jene Macht, um die sie die nach Haiti gebrachten Sklaven beneideten; sie dachten, daß sie sich etwas von dieser Macht aneignen konnten, wenn sie die europäische Religion mit der ihren verbanden. Wie in Brasilien gab es auch hier eine synkretistische Bewegung. Legba, zum Beispiel, wurde zum heiligen Petrus, dem Verwalter der Schlüssel zum Himmel.

Es waren die Priester, die afrikanische und christliche Gottheiten und Heilige paarten, und damit versuchten, ihre Stellung zu erhalten. Schließlich verschmolz ihre Rolle mit derjenigen des Heilers und Hexenmeisters. Wegen der Grausamkeit der Franzosen bekam die Rolle des Hexenmeisters eine besondere Bedeutung, da man Hexensprüche brauchte, um gegen die Unterdrücker zu kämpfen. Man verband den von den Fon verwendeten Begriff «vodu» und ein ähnliches Wort «vodun» (Geist) mit dem allgemeinen afrikanischen Begriff «juju» (beschwören) und schuf daraus «Voodoo».[2]

Heutzutage inkorporieren sowohl der *houngan* (Voodoo-Priester) als auch die *mambo* (Voodoo-Priesterin) eine breite Palette von Gottheiten und Geistern, von Legba und seinen Kollegen bis hin zu Vorfahren und kürzlich verstorbenen Freunden und Verwandten. Die *houngans* und *mambos* sind Medien und behaupten, sich nicht an das zu erinnern, was zwischen der Ankunft der Geister und ihrem Verlassen des Körpers geschieht. Sie sind auch nicht «luzid» oder bewußt während dieses Zustandes. Man lehrt den *hounsis*, oder Initianden, daß eine Kontrolle der Geister nicht wünschenswert ist. Ihre Erfahrung wird als «Besessenheit» beschrieben (im Gegensatz zum brasilianischen Begriff «Inkorporation», der impliziert, daß es sich um einen willkürlichen Prozeß handelt). Sie betrachten sich als Vehikel für die göttlichen Reiter – die Geister reiten sie wie Pferde.[3]

Im Volksmund bedeutet der Begriff Voodoo soviel wie Zauber und Hexereien. Diese gehören zwar zur Rolle des *houngan* und der *mambo*, doch besteht ihre Hauptfunktion im Heilen.

1980 besuchte Stanley Krippner mehrere Voodoo-Gemeinschaften in Haiti. Er beobachtete die Rituale und interviewte mehrere Priester und Priesterinnen. Einige *hougans* und *mam-*

bos spezialisieren sich auf Kenntnisse über Kräuter. Da Haiti die ärmste Nation der westlichen Hemisphäre ist, ist ein Arzt dort ein Luxus, den sich viele Haitianer nicht leisten können, und so müssen sie sich auf die üppig gedeihende Vegetation verlassen. Andere Voodoo-Medien verwenden nächtliche Zeremonien, um verschiedene physische und geistige Krankheiten zu lindern – Krankheiten, auf die sie von anderen Mitgliedern der Gemeinschaft aufmerksam gemacht wurden. André Pierre, ein *houngan*, ist ein international bekannter Künstler, der eine ganze Gemeinde dadurch unterstützt, daß er seine Bilder, von denen die meisten Voodoo-Themen darstellen, verkauft.

Die Mythologie des Voodoo ahmt die Mythologie Dahomes nach, mit ihrem Glauben an eine Erste Quelle, die sich in Spezialisierungspaare des Männlichen und Weiblichen aufteilt. Auch wird jede Person als zwillingshaft gesehen: der physische Körper ist verbunden mit dem spirituellen Körper oder «gros-bon-age», einem metaphysischen Double, das Kardecs Begriff des Périspirit entspricht. Nach dem Tod macht der «gros-bon-age» eine Zeit der Reinigung durch und darf dann zu den Lebenden zurückkehren. Während der Besessenheit vertreibt ein Geist vorübergehend den «gros-bon-age» einer Person und wird zur treibenden Kraft jenes physischen Körpers. Die ganze Folge von Ereignissen – Leben, Tod, Besessenheit, Auferstehung ist miteinander verknüpft wie eine Perlenkette.

Man vergißt nie, daß die Voodoo-Gottheiten von Menschen erhalten werden. Sie werden wiederbelebt, indem sie Medien besitzen, durch das Blut von Tieropfern und durch Gesang und Tanz zu ihren Ehren. Sie weinen, wenn sie vernachlässigt werden, weil sie schließlich sterben, und das Universum seine humanisierende Kraft verliert, wenn die Menschen vergessen, sie anzubeten. Die Voodoo-Religion ist also einmalig, insofern als darin die Gottheiten ebenso abhängig sind von den Menschen wie die Menschen abhängig sind von ihnen.

Für die *hougans* wie auch für die *mambos* und *hounsis* ist die Trommel ein wichtiges Hilfsmittel zur Veränderung des

Bewußtseins. Ihr rhythmischer Schlag dient als akustische Treibkraft, die die gewöhnliche Wahrnehmung sprengt und damit den Zustand der Besessenheit erleichtert. Im haitianischen Voodoo gibt es zwei Arten von Trommeln, so wie es auch zwei Arten von Zeremonien gibt. Mit den «Petro»-Zeremonien wird die indianische Version der Gottheiten geehrt, während mit den «Rada»-Zeremonien der afrikanischen Version gehuldigt wird. Das Rada-Trommeln geschieht im Takt, das Petro-Trommeln nicht. Bei Rada-Zeremonien verwendet man normalerweise drei Größen von Trommeln: «mama», «papa», und «le petit», bei Petro-Zeremonien nur eine Größe. Petro-Riten werden nie auf Rada-Trommeln abgehalten, und die Trommeln beider Riten gelten als heilig.

Jeder Gott und jede Göttin hat ein Rada- und ein Petro-Pendant. *Legba* ist der Rada-Trickster und Gott der Wege und Kreuzungen, während *Carrefour* sein Petro-Gegenstück ist. *Ghede* ist der Rada-Gott des Todes und der Erotik; *Baron Samedi* ist sein Petro-Gegenstück. *Erzulie-Freda* ist die Rada-Göttin der Liebe, *Erzulie-LeRouge* die Petro-Liebesgöttin. Erstere beschäftigt sich mit Schönheit, Tanz und schönen Kleidern; letztere äußert kosmische Wut über den Betrug ihrer früheren Liebhaber und schwört Rache, mit Gestöhn und Geschrei. Die Petro-Götter und Göttinnen sind strafend, die Rada-Götter und Göttinnen hingegen gütig. Es waren die Petro-Zeremonien, die den geflüchteten Sklaven die innere Kraft und die eigentliche Organisation lieferten, um sich zu verschwören, sich zu schulen und schließlich den Rest der Sklaven in der Revolte von 1804 anzuführen, die Haiti zur zweiten freien Kolonie des Westens machte.

Ghede ist der gütige Todesgott, der die Menschen ins Jenseits führt; *Baron Samedi* ist der strafende Todesgott, dessen Name vom indianischen Wort *zemi* kommt. Von diesem Wort stammt auch der Begriff «Zombie»: Zombies sind die «lebenden Toten» oder wiederbeseelten Leichen, die angeblich aus dem Grab herausgeholt wurden, nachdem der *gros-bon-age* den

Körper verlassen hatte. Ihre Meister benutzten sie als Sklaven, und sie werden als die bedauernswertesten Geschöpfe betrachtet, weil sie ihre geistige Essenz verloren haben.

Lange Zeit wurde die Existenz von Zombies bezweifelt, doch 1983 wurde ihr Vorhandensein nicht nur belegt, sondern sogar erklärt. Lamarque Douyon und E. W. Davis untersuchten fünfzehn Menschen, die als Zombies gebrandmarkt worden waren, und stellten fest, daß sie an Epilepsie, Retardierung, Alkoholismus oder an einer Geisteskrankheit litten. In einem anderen Fall beobachteten sie, daß ein Mann, der 1962 für tot erklärt worden war, wieder aufgetaucht und von über zweihundert Leuten identifiziert worden war. Sie machten auch einen weiblichen Zombie ausfindig, die nach ihrem angeblichen Tod wieder erschienen war. Der Mann behauptete, daß er von seinen Brüdern vergiftet worden war, weil er sich weigerte, beim Verkauf ihres Familiengrunds mitzumachen. Die Frau war vergiftet worden, weil sie sich weigerte, den Mann zu heiraten, den ihre Familie für sie ausgewählt hatte, und weil sie das Kind eines anderen im Leib trug.

Das verwendete Gift wurde ausfindig gemacht und enthielt Wirkstoffe von einer Kröte und einem Kugelfisch. Der chemische Stoff der Kröte wirkt auf das Herz, während das Fisch-Gift das Nervensystem angreift. Man glaubt, daß den Zombies bei der Wiederbelebung und dem Herausholen aus dem Grab eine Paste aus *Datura*, einer stark bewußtseinsverändernden Pflanze, gegeben wird. Benommen werden sie dann weggeführt, um als Sklaven zu arbeiten. Ihre Todesurkunde existiert, weil es aufgrund der ihnen verabreichten toxischen Stoffe schwierig ist, Lebenszeichen zu erkennen.[4]

Schamanismus, Medialität und Schizophrenie

Einige Forscher haben den Begriff Schamanen sehr weit gefaßt und würden nicht zögern, ihn ebenso auf die brasilianischen Spiritisten wie auch die haitischen *hounsis* und *mambos* anzuwenden. Wir wollen kurz begründen, warum wir die Schamanen von den Medien (oder Wahrsagern) unterscheiden: Schamanen sind einer Stammesgruppe angegliedert, die ihnen ihre Funktion zugewiesen oder sie zumindest bestätigt hat; Medien sind nicht unbedingt mit einer sozialen Gruppe verbunden und ihre Identität kann von ihnen selbst definiert worden sein. Medien tauchen in höher entwickelten Gemeinschaften auf als die Schamanen, die den Jäger- und Sammlergesellschaften sowie den halbseßhaften Gesellschaften mit geringer gesellschaftlicher Integration oder sozialer Schichtung angeschlossen sind

Schamanen begeben sich in verschiedene Zustände veränderten Bewußtseins, von denen einer mit der Inkorporation von Geistern einhergeht. Selbst dann hat der Schamane ein großes Maß an Kontrolle über den Zustand, ist in diesem Zustand «luzid» und erinnert sich an das Erlebte, wenn es vorbei ist. Hingegen hat das Medium bei der Inkorporation eines Geistes oder im Zustande der Besessenheit gewöhnlich keine, oder zumindest weniger Kontrolle und erinnert sich häufig nicht an das Erlebte. Schmananische und mediumistische Behauptungen müssen im Lichte ihrer Rollen als Darsteller und Schauspieler betrachtet werden; exhibitionistische Bedürfnisse spielen eine unbestimmte Rolle im ungewöhnlichen Verhalten dieser Praktiker, und etwas von der beobachteten Intensität ihres veränderten Zustandes kann als theatralisches Drama verstanden werden.

Einige Autoren sind der Ansicht, daß Schamanen und/oder Medien schizophren sind. Diese Autoren weisen auf die seltsamen emotionalen Erfahrungen hin, die oft für die Berufung des Schamanen typisch sind; der Initiand kann Stimmen hören, Visionen haben und bekunden, was viele Psychiater und Psychologen als «Halluzinationen» und «Wahnvorstellungen» bezeichnen würden. Manchmal sind diese Manifestationen furchterregend; nicht selten berichtet der Initiand, daß er Dämonen kreischen hört oder sieht, wie sein Körper in Stücke gerissen wird. Der Ruf zum Schamanen wird auch mit einem psychotischen Schub verglichen, da dieser ebenfalls die Unfähigkeit widerspiegelt, die kulterell definierten Grundprobleme des Lebens zu lösen, und der Betreffende stattdessen einen ausgefalleneren eigenen Weg einschlägt.

Um diesem Problem direkt zu begegnen, muß man untersuchen, was im *Diagnostic and Statistical Manual of Mental Disorders*, 1980 von der American Psychiatric Association ausgearbeitet, über Schizophrenie gesagt wird. Darin wird festgestellt, daß der Gedankeninhalt von Schizophrenen in der Stimmung offenkundig negativ ist, wobei ungefähr bei der Hälfte aller Schizophrenen «Paranoia» bestehe.

Dies ist verbunden mit «Wahnvorstellungen, die oft multipel, fragmentarisch oder irreal sind. Nicht selten besteht ein einfacher Verfolgungswahn, der mit dem Glauben einhergeht, daß andere einem nachspionieren, falsche Gerüchte über einen verbreiten oder einem Schaden zufügen wollen. Auch einen Beziehungswahn, bei dem Ereignissen, Gegenständen oder anderen Personen eine besondere und ungewöhnliche Bedeutung beigemessen wird, die meist negativ oder zersetzend ist, beobachtet man recht häufig.»[5]

Es gibt Wahnvorstellungen, die für die Schizophrenie viel typischer sind als für andere psychotische Störungen:

«Der Glaube oder die Erfahrung, daß die Gedanken, sobald sie auftauchen, direkt vom Geist an die Außenwelt übertragen werden, so daß andere sie hören können (‹Gedankenübermittlung›); daß die Gedanken einem nicht gehören und einem in den Kopf eingeführt werden (‹Gedankeneinführung›); daß einem Gedanken aus dem Kopf weggenommen wurden (‹Gedankenentnahme›) oder daß die eigenen Gefühle, Impulse, Gedanken oder Handlungen nicht die eigenen sind, sondern einem von einer äußeren Kraft auferlegt wurden (‹Beherrschungswahn›).»[6]

Selbst die oberflächlichste Untersuchung der Berichte von Schamanen über ihre Erfahrungen läßt erkennen, daß diese negativen, ungewollten und unfreiwilligen Formen des Eindringens fehlen. Außerdem ist der Schamane imstande, zwischen der gewöhnlichen bewußten Erfahrung und einem veränderten Bewußtseinszustand zu unterscheiden. Schamanen kennen auch den Unterschied zwischen innerer und äußerer Erfahrung. Schizophrene haben mit beiden Unterscheidungen Mühe. Der Schamane kann einen veränderten Bewußtseinszustand meistern und beherrschen; der Schamane kann die Innen- und die Außenwelt voneinander unterscheiden und verwechselt sie nicht.

Das *Manual* beschreibt auch schizophrene Halluzinationen: «Weitaus am häufigsten sind akustische Halluzinationen, bei denen das Individuum oft Stimmen hört, die von außerhalb seines Kopfes zu stammen scheinen. Die Stimmen können dem Individuum vertraut sein und äußern oft Beleidigungen. Die Stimmen können einzeln oder mehrfach auftreten. Besonders charakteristisch sind Stimmen, die direkt das Individuum ansprechen oder sein Verhalten kommentieren. Halluzinierten Befehlen wird manchmal Folge geleistet, was für das Individuum oder andere gefährlich sein kann.»[6]

Der/die Schizophrene wird von diesen Stimmen schikaniert, erbarmungslos kritisiert und verhöhnt, und hat keine Kontrolle über die Halluzinationen.

Hingegen ist die Erfahrung der Schamanen meist visueller Natur. Wenn sie akustisch ist, sind die Stimmen der Geister meist positiv, hilfreich und heilend. Der Schamane sucht den Rat, den ihm die Geister geben. Joan Halifax' Sammlung visionärer Berichte in ihrem Buch *Shamanic Voices* enthält nicht eine, die auch nur im entferntesten den keifenden, anklagenden und aufdringlichen Stimmen eines Schizophrenen ähnelt.[7] Überdies mag zwar die Visionssuche des nordamerikanischen Schamanen mit dem «Sehen» von Geistern oder «Krafttieren» einhergehen, doch ähneln die Dialoge zwischen diesen Wesenheiten nicht den akustischen Halluzinationen, denen Schizophrene unterliegen.

Im *Manual* wird der Begriff «magisches Denken» verwendet, wenn eine Person glaubt, daß ihre Gedanken, Worte oder Handlungen Auswirkungen haben könnten, die in irgendeiner Weise den normalen Gesetzen von Ursache und Wirkung widersprechen. Mit anderen Worten, der Schizophrene glaubt an synchronistische Ereignisse. Diesbezüglich besteht eindeutig eine Ähnlichkeit zwischen Schizophrenen und Schamanen. Aber man sollte nicht vergessen, daß bei Menschen in primitiven Kulturen ebenfalls das «magische Denken» vorherrscht, ebenso wie bei Kindern, traditionellen östlichen Philosophen, von C. G. Jung beeinflußten Psychotherapeuten und anderen Menschen, die die Synchronizität als mögliches Naturphänomen akzeptieren. Diese Art des Denkens mag zwar unreif oder Einbildung sein, sie ist jedoch nicht auf Schizophrene beschränkt.

Deshalb wird im *Manual* darauf hingewiesen, daß die mit Schamanismus verbundenen psychischen Zustände nicht die gleichen sind wie diejenigen, die man im Falle einer Schizophrenie beobachtet.[8] Verschiedene Autoren haben eine ähnliche Aussage gemacht, als sie zum ersten Mal Beschreibungen von psychedelischen Zuständen, die durch Peyote, Pilze und LSD-artige Drogen hervorgerufen wurden, veröffentlichten. Man nannte diese Substanzen «psychotomimetisch». Es herrscht allgemeine Übereinstimmung, daß es mehr Unterschiede als Ähnlichkeiten zwischen diesen beiden Erfahrungen gibt.[9]

Die Behauptung, daß der Schamane in Wirklichkeit ein Schizophrener sei, der seine Erfahrung zum persönlichen oder gesellschaftlichen Wohl einsetze, hat einige Autoren dazu verleitet, romantische Vorstellungen von schizophrenen Störungen zu entwickeln. Sie behaupten, daß der Schizophrene als «Reisender ins Innere» betrachtet werden, und man ihm gestatten sollte, seine Reise fortzusetzen. Statt Schizophrene zu hospitalisieren und medizinisch zu behandeln, sollten sie als potentielle Schamanen behandelt und durch ihre Halluzinationen und Wahnvorstellungen geleitet werden, bis ein gewisses Maß an persönlicher und sozialer Integration erreicht sei. Es stimmt, daß einige Fallstudien vorliegen, in denen eine solche erfolgreiche Führung stattgefunden zu haben scheint. Eine genauere Untersuchung dieser Berichte läßt jedoch vermuten, daß diese Personen eigentlich auf die Beschreibung der «schizophreniformen» Persönlichkeiten im *Manual* passen, d.h. es handelt sich wahrscheinlich um eine viel weniger ernsthafte Störung. Die meisten Schizophrenen sind in der Tat Reisende, doch vermitteln sie den Eindruck, daß sie auf einem Schiff umhertreiben, das nicht weiß, wohin es steuert und nie einen Hafen erreicht.

Auch die Ergebnisse von Persönlichkeitstests widerlegen das Argument, daß Schamanen Schizophrene sind.[10] In einer solchen Studie gab man zwölf Apachen-Schamanen den Rohrschach-Test. Ihre Antworten wurden verglichen mit denen von zweiundfünfzig Apachen, die keine Schamanen waren und sieben Apachen, die sich für Schamanen hielten, von ihrer Gemeinschaft jedoch nicht dazu ausersehen worden waren. In allen drei Gruppen gab es männliche und weibliche Versuchspersonen. Die Antworten der Schamanen wiesen weder auf das Vorhandensein von Schizophrenie hin, noch darauf, daß sie sich von einem schizophrenen Schub erholt hatten. Im allgemeinen waren sie psychisch gesünder als die anderen Mitglieder ihrer Gesellschaft, hatten eine größere Fähigkeit, die Wirklichkeit zu prüfen und ihre Phantasie zu benutzen. Sie zeigten eine Neigung zu «Hysterie», was angesichts ihrer intensiven Beschäftigung mit Körperprozessen und ihrer lebhaften Phantasie nicht erstaunlich ist. Ihre Antworten bezogen sich häufig auf anatomische und sexuelle Vorstellungen. Die Pseudo-Schamanen zeigten weniger Persönlichkeitsintegration als die Schamanen und auch die Nicht-Schamanen.[11]

Wenden wir uns den Wahrsagern, Spiritisten und Medien zu, so stellen wir eine etwas größere Übereinstimmung mit der Beschreibung schizophrener Wahnvorstellungen im *Manual* fest als im Falle der Schamanen. Zum Beispiel könnte man die Behauptung von Schizophrenen, daß ihre «Gefühle, Impulse,

Gedanken und Handlungen nicht ihre eigenen sind, sondern ihnen von einer fremden Macht aufgezwungen werden», auch auf die Zustände der Besessenheit bei Medien anwenden. Allerdings stellt auch beim Medium, wie beim Schamanen, der veränderte Bewußtseinszustand nur einen kleinen Prozentsatz seines Alltags dar. Medien und Schamanen beschäftigen sich im allgemeinen mit praktischen Aufgaben der Alltagswelt – der Gründung einer Familie, Zubereitung von Speisen und mit Geschäftsunternehmungen. Schizophrene befinden sich größtenteils in veränderten Zuständen und sind nicht in der Lage, im Bereich des gewöhnlichen Alltags zu funktionieren. Auch sind ihre veränderten Zustände weder kulturell anerkannt, noch der gesellschaftlichen Gruppe dienlich, wie diejenigen der Schamanen und Medien, die sich Aufgaben der Heilung widmen.

Eileen Garrett war eines der berühmtesten Medien des 20. Jahrhunderts und das Medium, das sich der größten Anzahl von Psychiatern, Psychologen und Parapsychologen für Prüfungszwecke zur Verfügung gestellt hat. Ihre wichtigsten Kontrollgeister waren *Uvani*, der angeblich ein Soldat aus Indien war; *Abduhl Latif*, angeblich ein arabischer Arzt; *Tehotah*, der behauptete, ein Symbol der Schöpfung zu sein, und *Rama*, angeblich ein Symbol der Lebenskraft.

Der Psychiater Ira Progoff interviewte E. Garrett und jeden ihrer Kontrollgeister eingehend. Er stellte fest, daß Tehotah und Rama aus einer tieferen Bewußtseinsschicht stammten als die anderen beiden Geister, und daß sie den von C. G. Jung beschriebenen Archetypen oder universellen Symbolen entsprachen. I. Progoff hatte das Gefühl, daß E. Garrett eine äußerst komplexe Person war, die ihre medialen Fähigkeiten und Geister in findiger Weise zu ihrer eigenen Persönlichkeitsintegration benutzte.[12]

Es ist diese Zielgerichtetheit, die Wahrsager, Spiritisten und Medien von Schizophrenen unterscheidet. Die Inkorporation von Geistern kann zu persönlichem Wachstum führen oder den

Heilungs-, Informations- oder Trostsuchenden eine Hilfe sein. Die Geister selbst stellen die nicht-gewöhnliche Realität dar, entweder in einem Bereich außerhalb der Persönlichkeit des Mediums oder in einem Bereich, der tief in der Psyche des Mediums verborgen liegt. Viele Psychotherapeuten haben beobachtet, daß bei ihrer Arbeit mit Patienten während der Hypnose, der geführten Meditation oder emotionalen Katharsis, «sekundäre Persönlichkeiten» auftauchen. Die meisten von uns kennen Personen, deren Persönlichkeit sich drastisch zu ändern scheint, wenn sie unter Alkoholeinfluß stehen. Es gibt den Schüchternen, der nach ein paar Gläsern mit jeder Frau flirtet, die vorbeigeht. Dann gibt es die friedliebende Person, die mit jedem Streit anfängt, sobald sie Alkohol getrunken hat. Oder die Frau, die, gewöhnlich ruhig, auf einem Fest laut lacht und redet, wenn sie getrunken hat. Es gibt auch Studenten, die während der Woche gewissenhaft arbeiten und am Wochenende große Zechgelage veranstalten. Dies sind Beispiele dafür, daß ein anderer Aspekt der Persönlichkeit – die sekundäre Persönlichkeit – in den Vordergrund tritt, sobald die entsprechenden Bedingungen geschaffen worden sind. In Fällen multipler Persönlichkeit nehmen diese sekundären Persönlichkeiten eine eigene Identität an und lassen sich oft auf abscheuliche Erfahrungen ein, von denen die normale Persönlichkeit keine Ahnung hat. In den meisten Fällen übernehmen die sekundären Persönlichkeiten keine solche autonome Macht.

Sekundäre Persönlichkeiten tauchen oft während der Hypnose auf. In einer Studie wurden achtundsiebzig Studenten hypnotisiert, nachdem man festgestellt hatte, daß sie sich ziemlich leicht in andere Bewußtseinszustände und in tiefe Hypnose begeben konnten. Sie wurden aufgefordert, zurückzugehen bis zur Zeit vor der Geburt und jemand anderes zu sein. Dies war für zweiunddreißig Studenten ein leichtes – und psychiatrische Interviews ergaben, daß sie psychisch gesünder waren als diejenigen, die nicht in der Lage waren, sekundäre Persönlichkeiten zu erzeugen.[13] Manifestierten sich bei den hypnotisierten Studenten sekundäre Persönlichkeiten? Erinnerungen an ein früheres Leben? Geistwesen? Jede (oder alle) Möglichkeit(en) könnte(n) stimmen, und weitere Untersuchungen sind erforderlich. Unterdessen sollte klar geworden sein, daß Medien und andere Individuen, die Geister inkorporieren, nicht unbedingt emotional gestört sein müssen und oft kreative, psychisch gesunde Personen sind.

Mit der Widerlegung der Behauptung, daß Schamanen und Medien schizophren sind, behaupten wir nicht, daß diese Individuen niemals emotionale Probleme entwickeln. Westliche Ärzte werden manchmal arzneimittelabhängig, Psychiater begehen manchmal Selbstmord und Psychologen entwickeln manchmal Neurosen, die schlimmer sind als die ihrer Patienten. Dasselbe kann bei Schamanen und Medien geschehen, besonders wenn ihre Fähigkeiten abzunehmen beginnen, oder wenn Gemeinschaft und Patienten sie nicht mehr unterstützen.

Es sollte auch festgehalten werden, daß man sich nicht in einen veränderten Bewußtseinszustand begeben muß, um zu diagnostizieren oder zu heilen; die meisten Ärzte und Psychotherapeuten würden behaupten, daß es für sie eher eine Behinderung wäre, mit ihren Patienten unter solchen Bedingungen zu verkehren. Nicht-schamanische Stammesheiler, wie etwa Kräuterspezialisten, begeben sich zum Heilen gewöhnlich nicht in einen anderen Bewußtseinszustand. Medien und Schamanen haben jedoch ihre Stellung teilweise aufgrund ihrer Überzeugung – und derjenigen, denen sie dienen – erhalten, so daß ihnen im Trancezustand Informationen zugänglich sind, zu denen gewöhnliche Sterbliche keinen Zugang haben.

Um diese Information zu erhalten, inkorporieren die Medien Geister. Schamanen haben ein größeres Repertoire an Möglichkeiten, je nach Ausbildung und kulturellem Hintergrund.

Larry Peters und Douglas Price-Williams untersuchten zweiundvierzig Gesellschaften aus vier verschiedenen kulturellen Gebieten, um den Umfang schamanischer Bewußtseinszuständen zu bestimmen und festzustellen, was den Zuständen gemein ist.[14] Sie identifizierten achtzehn Gesellschaften, in denen die Schamanen Verbindung zu Geistern aufnahmen, jedoch keine außerkörperlichen Erfahrungen hatten. In zehn Gesellschaften begaben sich die Schamanen auf Astralreisen, inkorporierten jedoch keine Geister. In elf Gesellschaften waren die Schamanen fähig, beides zu tun, und in drei Gesellschaften nahm ihr veränderter Bewußtseinszustand eine andere Form an.

Für Peters und Price-Williams waren die gemeinsamen Elemente in den meisten dieser Zustände eine willkürliche Kontrolle über den Beginn und die Beendigung des Zustandes, eine exakte Erinnerung an die Erfahrung und die Fähigkeit, während der Bewußtseinsveränderung mit Zuschauern zu kommunizieren. Ein Beispiel für diese Tatsache ist der Jivaro-Schamane aus Amazon Valley; obwohl unter dem Einfluß bewußtseinsverändernder Pflanzen, widmet sich der Schamane dem «Wölben und Saugen», wodurch er das verletzende Objekt vom Körper des Klienten zu entfernen scheint, und diskutiert den ganzen Prozeß. Während der Voodoo-Besessenheit in Haiti redet, lacht, scherzt und flirtet der Geist häufig mit Mitgliedern der Gemeinde. Dieser Austausch deutet darauf hin, daß bei diesen Zeremonien ein nicht unwesentlicher Teil aus «Rollenspiel» besteht. Dies sollte einen jedoch nicht erstaunen, angesichts des hohen Maßes an Theatralischem im Schamanismus und der historischen Verkettung zwischen Schamanismus und der Schauspielkunst. Zudem kann Rollenspiel mit einem beträchtlichen emotionalen und psychischen Engagement einhergehen, was jeder Schauspieler bestätigen wird.

Trommeln und veränderte Bewußtseinszustände

Der veränderte Bewußtseinszustand eines bestimmten Individuums ist ein Zustand, in dem er oder sie einen Wechsel oder eine Veränderung in bezug auf das normale psychologische

Funktionieren erlebt. Diese Veränderung ist für Außenstehende oft erkennbar, die Veränderungen im Verhalten des Individuums bemerken. Diese Veränderungen sind wichtig für Wissenschaftler, die Methoden entwerfen, um diesen Wechsel zu messen und aufzuzeichnen. In einer Pionieruntersuchung wurden die Auswirkungen von rhythmischem Trommeln auf das Bewußtsein demonstriert. Die Versuchspersonen wurden einer akustischen Stimulation mit niedriger Frequenz und hoher Amplitude unterworfen, erzeugt durch eine ähnliche Trommel wie die Hirschleder-Trommeln vieler nordamerikanischer Indiander-Schamanen. Bei Änderungen der Frequenz (z.B. von sechs auf acht Schläge pro Sekunde) wurden größere elektroenzephalographische Veränderungen festgestellt. Die Versuchspersonen berichteten von visuellen und akustischen Bildern bei geschlossenen Augen. Der veränderte Bewußtseinszustand wurde verstärkt durch Streß und Anstrengung (mit daraus resultierender Adrenalin-Sekretion), durch Hyperventilation (tiefes und schnelles Atmen) und durch Fasten (was eine Verminderung des Blutzuckers verursacht). Alle diese Faktoren findet man in verschiedenen indianischen Geistertänzen und Sonnentänzen. Die Trommelrhythmen waren am wirksamsten, wenn sie dem Theta-Hirnwellenmuster (vier bis sieben Hertz) entsprachen. Diese Art des Trommelns charakterisiert eher das Trommeln im haitianischen Voodoo als das nordamerikanische indianische Trommeln.[15]

Normalerweise verbinden die nordamerikanischen Indianer das Trommeln und Tanzen mit anderen Verfahren zur Bewußtseinsveränderung. Das berüchtigte kanadische Gesetz von 1884 gegen das rituelle Tanzen, und die Verbannung des Sonnentanzes der Sioux seitens der amerikanischen Regierungsbehörden, ebenfalls in diesem Jahrzehnt, zeugen von ihrem Erfolg. Angeblich wurden die Bestimmungen in Kraft gesetzt wegen der häufig beobachteten «unzivilisierten» Selbstquälerei, doch der wahre Grund lag darin, daß sie das den Riten innewohnende nationalistische Potential erkannten.

1951 wurde das kanadische Gesetz aufgehoben, und die Schamanen reisten zu den Salischen Stämmen der Westküste, um den Geistertanz wieder einzuführen. Die Wiederherstellung dieser Zeremonie half vielen entfremdeten und entmutigten Indianern, eine positive kulturelle Identität zu erlangen. Die Schamanen nannten diese Probleme «Krankheit des Geistes», und der Tanz war eine Form der Psychotherapie. Menschen, von denen man glaubt, sie litten an einer «Krankheit des Geistes», werden einem Ritual unterzogen, in dem sie vom Schamanen symbolisch zu Tode geprügelt werden. Dann werden sie symbolisch wieder zum Leben erweckt und «wiedergeboren», nachdem sie in der Abgeschiedenheit eines dunklen Zeltes, ähnlich wie im Mutterleib, einige Tage verbracht haben. Mit Hilfe von «indianischen Geistern» und Krafttieren, die in Visionen erscheinen, finden sie ihr eigenes «Geisterlied» oft in einer Vision oder einem Traum. Begleitet vom Singen und Trommeln der Musiker, treten sie aus dem Zelt, rennen durch die Wälder, werden in einem Räucherhaus gebadet und erhalten Kraft vom Schamanen, der seinen Atem in das «neugeborene Baby» bläst und es so voll ins Leben zurückbringt.[16]

Der Sonnentanz der Sioux wurde in den sechziger Jahren wiedereingeführt und findet jährlich einmal statt. Die Teilnehmer behaupten, daß sie durch Träume und Visionen zum Tanz angewiesen wurden. Sie werden von Schamanen geschult und müssen vor Beginn des Sonnentanzes eine Zeitlang dursten und fasten. Nicht nur Sioux-Indianer sind vertreten, sondern auch andere Prärie-Stämme. Die Initianden reinigen sich in der Schwitzhütte, reichen die Pfeife im Kreis herum und betreten dann in einer von den Sonnentanz-Häuptlingen und dem Träger des heiligen Büffelschädels angeführten Prozession die Arena. Abwechselnd stürmen sie auf den Pfahl in der Mitte zu, der den Lebensbaum, eine Quelle kosmischer Kraft, darstellt, und weichen wieder zurück.

Der erste Tänzer wird mit Lederseilen an den Pfahl gebunden. Diese Seile sind an Spießen befestigt, die die Sonnen-

Tanz-Häuptlinge durch die supramamillare Haut der Brust des Initianden schieben, nachdem sie mit einem rituellen Messer kleine Einschnitte gemacht haben. Der Initiand bläst in seine Pfeife aus Adlerknochen und hält einen Kraftstab, um sich zu schützen, während er stundenlang tanzt und an den Seilen zerrt, bis sein Fleisch zerrissen ist. Erschöpft fällt er nieder, nachdem er eine Vision empfangen hat, und wird so hingelegt, daß sein Kopf zum Lebensbaum weist.

Einige Tänzer mögen zwar auf die Spieße verzichten, doch tanzen auch sie so lange, bis sie die Vision empfangen. Dann werden sie emporgehoben und durch etwas auf den Boden geworfen, was sie als mächtigen Stoß empfinden. Diese Bewegung ist typisch im Schamanismus und erinnert an den tungusischen Begriff *«saman»* – einer, der erregt, bewegt und erhoben wird. Daher stammt das Wort «Schamane». Diese Tänzer werden ebenfalls mit dem Kopf zum Pfahl, der Quelle der Kraft, die sie jetzt erfüllt, hingelegt. Man glaubt, daß der Geist der Tänzer den Körper verlassen hat, um ins Jenseits zu reisen. Etwas später erlangt der Tänzer wieder das Bewußtsein, neu beseelt und verwandelt.

Der Geistertanz und andere schamanische Zeremonien dieser Art sind wichtige Heilungsrituale. Ihre Wiedereinführung deutet darauf hin, daß eine gesellschaftliche Heilung und Integration stattfindet. Psychologisch gesehen gibt es mehrere Faktoren, einschließlich veränderter Bewußtseinszustände, die zu einer Integration führen können.

Dazu gehören Zustände einer erhöhten äußeren Stimulierung und motorischer Überaktivität, abwechselnd mit solchen herabgesetzter äußerer Stimulierung und motorischer Unterfunktion. Es gibt andere Faktoren, wie etwa die Macht der Suggestion, die Macht des Rituals, eingebildete oder wirkliche Schmerzen, und die soziale Unterstützung, welche das Auftreten des Heilungsliedes oder der Heilungsvision ermöglichen und fördern. Wahrscheinlich werden auch Endorphine und andere chemische Stoffe des Gehirns freigesetzt, die dem

Initiand ermöglichen, den Schmerz und die Anstrengung im Zustand der Euphorie und Ekstase zu ertragen.[17]

Träume sind ein weniger dramatischer, aber universellerer veränderter Bewußtseinszustand, in dem eine Heilung stattfinden oder eine Diagnose gestellt werden kann. Viele Schamanen erhalten ihren Ruf zum Schamanismus in Träumen. Bei den Wintu- und Shasta-Stämmen in Kalifornien sind es Träume von verstorbenen Verwandten, die den Ruf zum Schamanismus kennzeichnen. Bei zwei anderen kalifornischen Stämmen, den Dieguenos und Luisanos, kann man zukünftige Schamanen angeblich schon im Alter von neun Jahren aufgrund ihrer Träume erkennen. Bei mehreren amerikanischen Indianerstämmen enthalten Initationsträume Geschöpfe wie Bären, Hirsche, Adler und Eulen, die den Träumer anweisen, ihre Macht zu ergreifen und mit der schamanischen Ausbildung zu beginnen. Im Falle des Washo-Initianden kommt die Macht durch einen Traum, und er wird von einem Pfeifton geweckt. Er folgt dem Pfeifton, der sich langsam in einen Flüsterton verwandelt, und dieser stellt ihm eine Aufgabe. Zum Beispiel kann es sein, daß ihm gesagt wird, er solle jeden Morgen baden und vier Nächte hintereinander eine kranke Person behandeln. Wenn dieser Klient sich von der Krankheit erholt, wird der Initiand in seiner Funktion als Schamane bestätigt.[18]

Bei den Cashinatua-Indianern Perus bitten Stammesangehörige die Kräuterspezialisten, ihnen Arzneien zu geben, um sie am Träumen zu hindern, weil sie glauben, daß dies das Jagdgeschick beeinträchtige. Dagegen glauben die Cashinatua-Schamanen, daß ihre Macht um so größer wird, je mehr Träume sie haben; deshalb entwickeln sie Methoden, um «Träumen nachzugehen». Die Irokesen Nordamerikas haben eine komplexe Theorie: Träume stellten die verborgenen Wünsche des Träumers dar und konnten somit dem Schamanen Anhaltspunkte liefern, was getan werden könnte, um die Gesundheit dieser Person wiederherzustellen, und zwar durch die Erfüllung der Wünsche in einer Weise, die mit der Gesellschaftsstruktur des

Stammes vereinbar ist. Einmal im Jahr fand eine Zeremonie statt, bei der jeder aufgefordert wurde, wichtige Träume zu erzählen. Dies war ebenfalls eine gesellschaftlich anerkannte Möglichkeit, unbewußte Wünsche freizusetzen.

Bei den Maricopa-Indianern gelten unangenehme Träume als Ursache von Krankheit, insbesondere Erkältungen, Diarrhoe und anhaltenden Schmerzen. Kinder von Paviotso-Indianern können krank werden, wenn die Träume ihrer Eltern ungünstig sind oder wenn Gäste unangenehme Träume haben. Beide Fälle erfordern ein Eingreifen des Schamanen, um die Wirkung zu stoppen. Bei den Taulipang in der Karibik wenden sich die Stammesangehörigen an die Schamanen zur Interpretation ihrer Träume. Wenn die Cuna-Indianer aus Panama von einer drohenden Krankheit oder Katastrophe träumen, verabreicht der Schamane ihnen verschiedene Mittel, um zu verhindern, daß diese auftreten. Der Cuna-Schamane benutzt unter Umständen eine einmalige Erfahrung-aus-dem Körper-heraus zu diagnostischen Zwecken, d.h., er verläßt seinen eigenen Körper und dringt in den Körper des Patienten ein, um sich die körperlichen Beschwerden genau anzusehen. Somit kann der Schamane seine eigenen Träume und die seines Stammes für viele Zwecke verwenden: zur Bestimmung seines Rufes zum Schamanismus, zur Diagnose und Behandlung von Kranheit, zur Schaffung neuer Tänze und Lieder, zur Entdeckung neuer Zaubermittel und Kuren, um Kriminelle zu identifizieren, verlorene Gegenstände ausfindig zu machen, militärische Aktionen zu planen oder auch Neugeborenen einen Namen zu geben.

Wir wollen noch einmal daran erinnen, daß der Schamane in seinem primitiven Stamm wahrscheinlich eine außergewöhnliche Person war. Aus physischen, psychischen und/oder gesellschaftlichen Gründen war der Schamane phantasiebegabt, erinnerte sich also häufiger als andere Stammesangehörige an Träume und ging kreativ mit ihnen um. Zu dieser Phantasiebegabung gehörte auch die Kenntnis «synchronistischer» Ereignisse, das Talent, Geschichten zu erzählen, die kulturelle Mythen enthielten, die Kraft der Einbildung und Visualisierung, und die Fähigkeit, sich schnell, tief und dennoch mit einem gewissen Maß an Luzidität und Kontrolle in kulturell sanktionierte, veränderte Bewußtseinszustände zu begeben.

Wenn diese Individuen ein wesentlicher Bestandteil der Gesellschaft werden wollten, mußten sie eine gesellschaftliche Funktion erfüllen. Möglicherweise fehlte ihnen die körperliche Geschicklichkeit, um ein wertvoller Jäger zu sein, oder die Führungsqualitäten, um Häuptling zu werden. Es ist jedoch anzunehmen, daß weder der Jäger noch der Häuptling die notwendige Sensitivität und Erkenntnis besaßen, um die Kranken zu pflegen, Verbindung mit den Geistern aufzunehmen oder Wetterveränderungen vorauszusagen. Dies waren Aufgaben für einen «Techniker des Heiligen», und das war die Rolle, die jene phantasiebegabten Individuen annahmen, wollten sie überleben.

Später wurden viele ihrer Funktionen vom Priester, Wahrsager-Medium und dem Hexer übernommen. Mit der Institutionalisierung von Religionen wurden persönliche Visionen mißbilligt oder sogar bestraft. Heilige Aufgaben waren Sache des Priesters, während Zaubertechniken Sache des Hexenmeisters waren. Das Medium pflegte immer noch direkten Kontakt mit dem Jenseits, doch übernahm es keine Verantwortung für den Inhalt seiner Äußerungen, sondern schrieb sie dem Geist zu, von dem es in dem Augenblick besessen war. Oft interpretierte der Priester die Äußerungen für die Patienten, wie etwa in Delphi, was die einst von den Schamanen besessene direkte Verbindung zum Heiligen zusätzlich schwächte. Das Medium behauptete gewöhnlich, sich nicht an die Botschaften zu erinnern, sobald es ins Normalbewußtsein zurückkehrte, und leugnete damit wiederum, daß es sich um seine eigene Erfahrung handelte.

Selbst in der technologischen Welt von heute gibt es eine kleine Anzahl von Stammesgruppen. Diejenigen, zu denen ein

Schamane gehört, stehen Wissenschaftlern zu Untersuchungszwecken zur Verfügung, wobei man heute versucht, jene sozialen Sitten zu verstehen, anstatt sie zu verurteilen oder in einen westlichen Rahmen zu zwängen. Ebenfalls untersucht werden die Medien, die in vielen zeitgenössischen Gesellschaften immer mehr auftauchen. Daß es heute auch im Westen soviele Medien gibt, ist möglicherweise ein Ausgleich für diejenigen, die die Verbindung zu anderen Dimensionen des Lebens vermissen und damit zufrieden sind, sich diese aus zweiter Hand durch eine Sitzung beim Wahrsager, eine Séance oder eine spiritistische Zeremonie zu nähern.

Wir leben in einer Welt, die ihrer heiligen Dimension entfremdet ist. Vielleicht werden die von Schamanen und Medien entwickelten Heilungszustände nicht nur ihren einzelnen Klienten, sondern ganzen Gesellschaften zugute kommen.

VIERZEHNTES KAPITEL

Viele Systeme – viele Modelle

Seit Jahrhunderten werden von Wissenschaftlern Daten gesammelt, die die große Vielfalt von Heilsystemen in der ganzen Welt widerspiegeln. Im Bestreben, der universellen Erfahrung von Krankheit und versuchter Heilung einen Sinn zu geben, definiert jedes System die Krankheiten und klassifiziert sie nach Ursachen und Heilmethoden.

Man kann den Brauch des Heilens bis auf prähistorische Zeiten zurückverfolgen, als man den Fluch eines Hexers, die Rache eines bösen Geistes oder Ähnliches für die Ursache einer Krankheit hielt. Die Behandlung bestand aus passenden Ritualen, die die Ursache neutralisierten oder aufhoben. Diese Riten erforderten gewöhnlich die aktive Mitwirkung des Leidenden sowie der Familie und der Mitglieder der Gemeinschaft. Wahrscheinlich mobilisierten eine derartige soziale Unterstützung und das persönliche Engangement die selbstheilenden Kräfte der kranken Person in genügend Fällen, um die Weiterbenutzung dieser Techniken zu rechtfertigen.

Im Laufe der Jahrtausende fand man eine naturkundliche Erklärung für einige Krankheiten, und die Verwendung von Kräutern, Bewegung und das Fasten wurden Teil der Stammesmedizin. Manchmal wurden diese naturkundlichen Ursachen und Kuren von außerhalb eingeführt und stellten die Beweglichkeit und Anpassungsfähigkeit eines Heilsystems auf die Probe. Die Navajo-Indianer, zum Beispiel, haben die Krankheiten in Kategorien unterteilt, die eine Behandlung von verschiedenen Spezialisten erfordern. Sie meinten, Tuberkulose und Blindarmentzündungen würden am besten von allopathischen Ärzten behandelt. Die «Blitzkrankheit» und «Eidechsenkrankheit» werden am besten von Navajo-Schamanen behandelt, während Schlangenbisse von beiden Arten von Praktikern behandelt werden können.

Die Schamanen oder *kahunas* auf Hawai haben ihre raffinierte Form des Heilens schon seit Jahrhunderten praktiziert. Sie sind der Überzeugung, daß Krankheit die Folge von Gedankenkonflikten und gestörter emotionaler Energie sind. Keime und Mikroben existieren zwar für sie, doch gäbe es keine Krankheit, wenn die Leute keine Angst oder übermäßige Spannung hätten, selbst wenn Krankheitserreger vorhanden sind. Geheilt wird hauptsächlich so, daß man den «Energiestrom» im Körper anregt, um die spannungsbedingte Krankheit aufzulösen. Kräuterspezialisten arbeiten mit den *kahunas* zusammen, um diesen «Energiestrom» anzuregen, da er durch Heilkräuter, Teile von Fischen und Tieren, und sogar bunte Lichter, Kleidung und Kraftobjekte heraufbeschworen werden kann. Die Ernährung ist ein wichtiger Bestandteil der Behandlung, weil Nahrungsmittel wie rohe Früchte und Gemüse «Lebensenergie» enthalten, die dem Patienten hilft, wieder gesund zu werden.

Im Jahre 1975 verpflichtete sich die Weltgesundheitsorganisation (WHO) einem ehrgeizigen Ziel – der weltweiten Gesundheitsvorsorge bis zum Jahr Zweitausend. Man hatte erkannt, daß dieses Ziel die Fähigkeiten des in westlicher Medizin ausgebildeten Personals übersteigt, und so ließ sich die WHO auf eine unorthodoxe Lösung des Problems ein. Diese beinhaltete die Ausbildung von eingeborenem Pflege-Hilfspersonal, Hebammen und Heilern. Halfdan Mahler, der Generalsekretär der WHO, schrieb in der November-Ausgabe von

World Health 1977, daß der Einsatz von eingeborenem, in der Gesundheitspflege tätigem Personal «einigen Politikern sehr unangenehm scheinen mag, doch wenn die Lösung die richtige ist, weil sie den Menschen hilft, sollten wir den Mut haben, darauf zu bestehen, daß dies langfristig die beste Politik ist.»

Die WHO hatte bereits 1972 eine Konferenz abgehalten, um die Ausbildung und den Einsatz von eingeborenen Geburtshelfern zu fördern.

1977 wurde von der 14. Vollversammlung der WHO festgehalten, daß «traditionelle Medizinsysteme in Entwicklungsländern ein Erbe öffentlicher Anerkennung haben, in der Gesundheitspflege eine wichtige Rolle gespielt haben und auch weiterhin spielen.»

Die Versammlung nahm eine Resolution an, in der die Regierungen dringend aufgefordert wurden, «dem Einsatz ihrer traditionellen Heilsysteme genügend Bedeutung beizumessen». Die WHO äußerte auch ihre Unterstützung für die Organisation von Bildungs- und Forschungstätigkeiten zur Erforschung eingeborener Medizinsysteme und theoretischer Modelle, auf denen sie beruhen. Und die WHO hat begonnen, in mehreren Ländern Kräuterheilmittel zu untersuchen, was eine völlige Umkehr gegenüber den Gesetzen bedeutet, die Mitte des letzten Jahrhunderts in den britischen Kolonien Afrikas erlassen wurden, wonach die Zubereitung von Kräuterheilmitteln bestraft wurde. Ein Gegensatz auch zu den Verfügungen der Missionare, daß Kräuterkenner «unwissenschaftlich» und «unhygienisch» seien.

Eine WHO-Resolution aus dem Jahre 1979 verlangte dringend «die Aufnahme von eingeborenen medizinischen Praktikern in die Teams der primären Gesundheitspflege zu unterstützen». Weniger als fünfzehn Prozent der Weltbevölkerung werden von allopathischen Ärzten und Krankenschwestern untersucht; die WHO hat klugerweise diese Tatsache erkannt und sich auf Wege konzentriert, die echten alternativen Systeme der Gesundheitspflege zu unterstützen.

1980 revidierte die amerikanische Ärztegesellschaft ihren Moralkodex und gab den Ärzten die Erlaubnis, sich an Praktiker ohne orthodoxe medizinische Ausbildung um Rat zu wenden, von ihnen überwiesene Patienten zu behandeln und Patienten an sie zu überweisen. Dieser Schritt bot vielen Ärzten die Gelegenheit, mit Schamanen, Kräuterkennern, Spiritisten und anderen nicht allopathischen Heilern in den Vereinigten Staaten zusammenzuarbeiten.

Systeme und Modelle

Die in diesem Buch behandelten verschiedenen Heilsysteme Amerikas zeigen, wie viele verschiedene Modelle zur Linderung von Krankheiten es gibt. Auch ist offensichtlich, daß keine einzige Kultur das Recht hat, ihre Konzepte für Diagnose und Therapie einer anderen aufzudrängen. Die einzige Ausnahme könnten Situationen bilden, in denen es relevante und wissenschaftlich erwiesene Gründe gibt, daß das, was in einer Gesellschaft entdeckt worden ist, für eine andere nützlich sein könnte. Zum Beispiel ist jetzt erwiesen, daß ein Zusammenhang besteht zwischen der Phenylketonurie genannten Stoffwechselkrankheit bei Kindern und einer schweren geistigen Retardierung im Anschluß daran. Man weiß ebenfalls, daß eine bestimmte Diät, wenn früh genug damit begonnen wird, die Retardierung auf ein Mindestmaß reduzieren oder sie verbessern kann. Die westlichen Kulturen können mit gutem Recht diese Art von Information an andere Kulturen weitergeben und sie ermutigen, die entsprechenden Schritte zu unternehmen.

Allerdings haben die westlichen Kulturen nicht das Recht, nicht erwiesene Konzepte anderen aufzudrängen. Zum Beispiel glauben die meisten westlichen Psychotherapeuten, daß abweichendes sexuelles Verhalten bei Erwachsenen durch traumatische Kindheitserlebnisse verursacht wird. Es gibt jedoch keine festen Anhaltspunkte für diese Ansicht. Eine Stammesgesellschaft könnte darauf bestehen, daß abweichendes Sexualverhalten die Folge eines Verstoßes gegen ein Tabu, oder von Ereignissen in einem früheren Leben sind – und wären ebenso berechtigt, diese Behauptung aufzustellen.

Manchmal kann abweichendes Sexualverhalten als gesellschaftlicher Vorzug gelten. Bei vielen amerikanischen Stämmen kann der *berdache*, der männliche Transvestit, in einem Traum oder einer Vision zum Schamanismus berufen werden. Als Reaktion auf den Traum wird der *berdache* die soziale Rolle und die Kleidung des anderen Geschlechts annehmen, selbst soweit, daß er sich einen Gatten nimmt. Der *berdache* gilt oft als besonders mächtiger Schamane. Bei anderen Schamanen und Medien kann es vorkommen, daß sie während der Rituale Kleider des anderen Geschlechts tragen oder Geister des anderen Geschlechts inkorporieren. Auf diese Weise sollen sie die Macht des anderen Geschlechts benutzen, um ihre eigene Macht zu ergänzen und um so stärker daraus hervorgehen.

Schamanen suchen auch Macht, indem sie ihr persönliches Krafttier, ihren Kraftvogel, ihr Kraftobjekt oder sogar einen Kraftort ausfindig machen, sei dies nun ein Fluß, ein Hügel oder ein Baum. Pflanzen sollen ebenfalls Kraft besitzen. Manchmal ist die Kraft magischer Art, nämlich wenn sie benutzt werden kann, um jemanden zu bezaubern oder die Wirkungen eines Zauberers aufzuheben. Oder sie ist heilig, etwa wenn sie eine Vision oder eine Botschaft aus der geistigen Welt auslöst. Meistens jedoch dient die Pflanze mit besonderen Kräften medizinischen Zwecken. Eine Zusammenstellung von Pflanzenheilmitteln, die von 48 eingeborenen amerikanischen Kulturen verwendet werden, enthüllte 1305 Arten in 534 Gattungen von 119 Familien, die auf 4869 verschiedene Arten medizinisch gebraucht worden sind.[2]

Man hat viele Jahre lang die medizinische Verwendung von Kräutern unterschätzt; westliche Ärzte behaupteten häufig, daß jeglicher Nutzen in Verbindung mit ihrem Gebrauch auf eine Placebo-Wirkung zurückzuführen sein müsse, d.h. auf die

Kraft des eigenen Glaubens an ein Heilmittel. Neuere Untersuchungen haben ergeben, daß dies nicht alles erklärt. Aus Fingerhut, einem alten englischen Volksmittel gegen Wassersucht, wird heute Digitalis, ein Herztonikum, das Millionen von Menschen einnehmen, hergestellt. Die Alabama-Indianer benutzten Streifen von Weidenrinde und Weidenwurzeln, meist gekocht, um Fieber zu senken, die Chickawaw verwendeten sie gegen Kopfschmerzen, und die Klallam gegen Halsentzündungen; der griechische Arzt Dioskurides empfahl Weide gegen Gicht. Heute dienen diese Bäume als Quelle für Salizylsäure, dem Rohmaterial für Aspirin.

Die Frauen der Shoshonen und mehrerer anderer amerikanischer Indianerstämme kauten als Empfängnisverhütungsmittel Steinsame, und nun hat man festgestellt, daß es östrogenartige Substanzen enthält, die denjenigen in der Pille gleichen. Einige indianische Stämme benutzten Stechapfel, um verschiedene nervöse Leiden zu behandeln; heute werden chemische Präparate aus dieser Pflanze für Beruhigungsmittel und zur Augendilatation destilliert.

1952 gelang es Forschern, Reserpin, den wirksamen Bestandteil der Rauwolfia-Wurzel, die seit Jahrhunderten von Indianern als Beruhigungsmittel benutzt wurde, zu isolieren. Heute verwenden es Psychiater für denselben Zweck. Penicillin stammt ursprünglich von dem Schimmel auf Ysopblättern. Die Chinarinde aus Peru wurde als Quelle für Chinin, einem Malariamittel, benutzt. Brechwurz, eine weitere südamerikanische Pflanze, liefert Emetin, ein Brechmittel, das in Fällen von Magenvergiftungen benutzt wird.

Es gibt Anhaltspunkte, daß die amerikanischen indianischen Kräuter alles in allem wirksamer waren, als die Medikamente, die die europäischen Siedler in die Neue Welt einführten. Schätzungsweise sechzig Prozent der vom Stamm der Pappahannock benutzten Heilpflanzen hatten unbestrittenen medizinischen Wert, während die europäischen Arzneimittel höchstwahrscheinlich nur halb so wirksam waren. 1962 überprüfte die

Nationale Akademie der Wissenschaften der USA die Wirksamkeit von allen Medikamenten, die seit 1938 auf dem Markt waren; von viertausenddreihundert geprüften Substanzen konnten nur für vierzig Prozent der Wirksamkeitsnachweis erbracht werden – und nur in der Hälfte dieser Fälle stimmte die von den Herstellern behauptete therapeutische Wirkung. Diese schockierende Entdeckung führte zu den strengen Prüfverfahren, die heute von der U.S. Food and Drug Administration verlangt werden.

In einigen Fällen waren die von eingeborenen Heilern angewandten Verfahren allerdings töricht und sogar schädlich, insbesondere die Aphrodisiaka oder Liebesstränke, die je nach Ort Spargel, Karotten, Sellerie, Pfeffer und Hopfen enthielten. Doch auch die Geschichte der westlichen Medizin hat viele Fälle von Torheit gekannt. Früher setzte man den Patienten Blutegel an, um einen Blutüberschuß auszusaugen, oder – noch drastischer – man schnitt ein Blutgefäß durch, um eine Person mit «zuviel Blut» «zur Ader zu lassen».

Grundlegende Heilprinzipien

Die Beschreibung der grundlegenden Prinzipien des Heilens stammt nicht von uns. E. F. Torrey hat vier grundlegende Prinzipien für eine wirksame Psychotherapie erkannt, die auch für die allopathische Medizin und die in diesem Buch behandelten alternativen Heilsysteme zuzutreffen scheinen:

1. Eine gemeinsame Weltanschauung, die die Diagnose und die Benennung ermöglichen.
2. Positive persönliche Eigenschaften des Heilers, die die Genesung des Patienten fördern.
3. Die Erwartung des Patienten, gesund zu werden; (was den Heilungsprozeß unterstützt).
4. Spezifische Techniken, Substanzen und Heilverfahren, die für die Krankheit geeignet und der Genesung dienlich sind.

Alle vier Komponenten scheinen universell gültig zu sein, obwohl viele von der Kultur, in der das Heilsystem wirkt, beeinflußt werden. Ein Arzt kann jedem Patienten mit einer bestimmten Art von Infektion Penicillin verabreichen, und dieser Patient wird wahrscheinlich gesund werden; Penicillin hängt nicht von einer gemeinsamen Sprache oder einer gemeinsamen Weltanschauung ab. Manche Gesellschaften glauben jedoch an Krankheiten, die die westliche Medizin nicht kennt – etwa die «Eidechsenkrankheit». Wenn ein Patient in Peru darauf besteht, daß er an *susto* (Schock) leidet, und der Arzt darauf besteht, daß es keine solche Krankheit gibt, findet der Kranke unter Umständen einen Schamanen, der in der Lage ist, die nötigen Rituale durchzuführen, um das Leiden zu beseitigen.

Die Heilsysteme, die wir in Nord- und Südamerika gesehen haben, lassen erkennen, daß man bei Krankheiten einen der drei folgenden Faktoren für die Ursache hält: biologische Ereignisse, empirische Ereignisse oder methaphysische Ereignisse. Der dritte Faktor, der von der westlichen Medizin abgelehnt wird, ist die Basis vieler anderer Traditionen. Somit muß nicht nur die Krankheit benannt werden, sondern die Diagnose muß auch die gemeinsame Weltanschauung des Heilers und Patienten widerspiegeln, um wirksam zu sein. Fehlt eine gemeinsame Realität, dann ist das der Grund, weshalb eine interkulturelle Theorie oft fruchtlos ist. Mexikanische Amerikaner z.B. suchen selten einen Psychiater auf, sondern ziehen den örtlichen *curandero* oder die *curandera* vor. Selbst innerhalb einer bestimmten Kultur bestehen Unterschiede bei der Weltanschauung zwischen Heilern der Oberschicht und Patienten der Unterschicht, ja sogar zwischen den Personen verschiedener Geschlechter und Rassen. Wenn jedoch Patient und Heiler gut zueinander passen, kann der bloße Akt der Benennung einer Krankheit eine heilende Wirkung haben. Die Angst des Patienten wird durch das Wissen verringert, daß ein Heiler, den er achtet und dem er vertraut, versteht, was ihm fehlt. Die Diagnose kann der erste Schritt zur Heilung sein.

Beim zweiten Prinzip erfolgreichen Heilens geht es um die persönlichen Eigenschaften des Heilers, und zwar sowohl die tatsächlichen wie diejenigen, die ihm der Patient zuschreibt. Diese variieren je nach Kultur. Ein Beobachter der nordamerikanischen Yakut-Indianer berichtete, daß ihre Patienten die «innere Kraft» des Schamanen kannten; diese bleibt innerhalb bestimmter Grenzen und verletzt den Patienten nicht, doch kennt er ihre Macht.[4] Ähnliche Eindrücke beschrieben die Patienten der Heiler, die wir besuchten.

Der amerikanische Psychotherapeut Carl Rogers stellte fest, daß ein angemessenes Einfühlungsvermögen des Therapeuten, seine nicht besitzergreifende Wärme und persönliche Autorität die Hauptfaktoren waren, die in Beziehung zu einer Reihe signifikanter Veränderungen bei seinen Patienten standen. Rogers bemerkte, daß zwar die intellektuelle Schulung und die Aneignung von Informationen viele wertvolle Auswirkungen auf den Therapeuten hat, doch war das nicht ausschlaggebend für den Erfolg einer Behandlung.

Das dritte Prinzip erfolgreichen Heilens, nämlich die Erwartungshaltung des Patienten, wurde von Sigmund Freud erkannt. Er beobachtete, daß sowohl die Psychoanalyse als auch die eingeborenen Stammestherapien die «Erwartungshaltung» benutzten, um positive Veränderungen zu bewirken.[6] Alle von uns untersuchten Heilsysteme weckten die Hoffnungen des Patienten, und zwar dadurch, wie die Umgebung für die Heilung angeordnet war, durch die für die Heilung verwendeten Utensilien und durch den Ruf, den der Heiler genoß. Untersuchungen über die Placebo-Wirkung liefern weitere Anhaltspunkte für die Kraft der selbsterfüllenden Prophezeiungen. Das Bestreben des Heilers, die positive Erwartungshaltung des Patienten zu verstärken, kann ebenso therapeutisch wirken wie irgendeine spezielle auf die Krankheit angewandte Technik.

Aber auch das Gegenteil stimmt; man weiß, daß der Voodoo-Tod eintritt, wenn ein Opfer daran glaubt, daß der Zauber eines Hexers mächtig genug ist, eine tödliche Wirkung zu haben.

Das vierte Prinzip wirksamen Heilens beinhaltet Techniken, die auf die Linderung der Symptome bzw. Probleme des Patienten zielen. Zu den Körpertherapien gehören u.a.:

Medikamente (etwa die Antibiotika des Allopathen / die Brombeerwurzel des amerikanischen Indianers)

Schocktherapie (die Elektrotherapie des Allopathen / das plötzliche Schleudern von Wasser ins Gesicht des Patienten seitens des mexikanischen *curandero*)

Ernährung (Vitamine in der westlichen Medizin / das Süßholz der Medizinfrau für Fußschmerzen)

chirurgische Eingriffe (die Krankenhausoperation der westlichen Medizin / das «Trepanieren» oder Öffnen des Schädels des Inka-Chirurgen)

Entspannung (der vermehrte Einsatz von Biofeedback und Meditation im Westen / das Streichen über den Körper bei Umbanda-Geistheilern)

Bewegung (die Empfehlung seitens der westlichen Medizin, Yoga zu machen oder zu joggen / die indianische Praktik des Tanzens nach der Schwitzhütte)

Verwendung von Placebos (die Zuckerpillen des Allopathen / die «Geierleber» des Schamanen)

Massage (die westliche Esalen-Massage / die «Lomi»-Massage auf Hawai).

Der Psychotherapeut kann folgende Verfahren in der Therapie benutzen: *die Anamnese* (der Psychotherapeut befragt sowohl die Familie als auch den Patienten / das gleiche tut der haitische *hougan*)

Abreagieren von Emotionen (Primärtherapien, das Entlokken von Schreien / die Ermutigung seitens des amerikanischen Peyote-Häuptlings einheimischer Kirchen, schmerzliche Erfahrungen nochmals zu durchleben)

Suggestion (die post-hypnotischen Suggestionen des Hypnotherapeuten / der Gebrauch von Suggestion bei den Apachen- und Washo-Schamanen, nachdem sie die Aufmerksamkeit des Klienten konzentriert haben)

Traumdeutung (sowohl die Hopi-Heiler wie Jungsche Psychotherapeuten suchen universelle «archetypische» Symbole in Träumen)

Freie Assoziation (Ute-Schamanen und Psychoanalytiker ermutigen ihre Klienten alles zu sagen, was ihnen in bezug auf ein Problem in den Sinn kommt)

Konditionierung (Der Verhaltenstherapeut kann einen Klienten in bezug auf eine Angst oder ein Problem «entsensibilisieren» / die gleiche Wirkung kann durch rituellen Gesang erzeugt werden)

Maltherapie (die Bilder der Patienten und auch die Sandmalerei eines Stammes können Heilungssymbole enthalten)

Musiktherapie (die Patienten können aus sich herauskommen, während sie Musik hören oder an einer Trommelzeremonie teilnehmen)

Bewegungstherapie (Patienten sind sowohl beim therapeutischen als auch beim Geisttanz des Salish-Stammes körperlich und emotional beteiligt)

Rollenspiel (das Wiederdurchspielen eines Traumes bei den Irokesen / das Spielen verschiedener Rollen in der Gestalttherapie)

Zu den Sozialtherapien gehören:
Gruppentherapie (Anonyme Alkoholiker / Voodoo-Rituale)
Milieutherapie (ein gestörter Klient lebt in einer «therapeutischen Wohngemeinschaft» / ein gestörtes Mitglied des Pueblo-Stammes wird in einen neuen Clan aufgenommen)
Krankenhaustherapie (Psychotiker werden hospitalisiert / ein stark gestörter Patient zieht in eine brasilianische Spiritisten-Klinik)

Familientherapie (der Sozialarbeiter besucht die ganze Familie zusammen / die *curandera* ebenfalls)

Was die Psychotherapie und Sozialtherapie anbelangt, so meint der Psychiater, E. Fuller Torrey, daß es mehr Ähnlichkeiten als Unterschiede zwischen Schamanen und Psychotherapeuten gibt, und daß beide etwa die gleiche Erfolgsquote haben.[7]

Selbstheilende Kräfte des Körpers

Der folgende, wahre Fall eines Patienten mit bösartigem Lymphosarkom, einer Krebsart, mag die Bedeutung positiver Erwartungen illustrieren. Der Patient mußte mit einer Maske Sauerstoff zu sich nehmen; er hatte orangengroße Klumpen im Unterleib, in der Brust, in der Leistengegend und im Hals. Die Milz und die Leber waren stark vergrößert. Der Patient, resistent gegen sämtliche Therapien, war vollkommen bettlägrig, und man gab ihm nur noch wenige Wochen.

Trotz seiner Lage hegte der Patient noch Hoffnung, weil er von einem Krebsmittel namens Krebiozen gehört, und entdeckt hatte, daß es in dem Krankenhaus, in dem er lag, getestet werden sollte. Seine Bitte, dieses Medikament zu bekommen, wurde widerwillig erfüllt.

Die Reaktion des Patienten war erstaunlich. Nach einem Behandlungstag schrumpften die Tumorklumpen auf die Hälfte ihrer ursprünglichen Größe zusammen. Innerhalb von zehn Tagen waren alle Symptome verschwunden, und er wurde entlassen. Nach zwei Monaten erschienen jedoch widersprüchliche Berichte über Krebiozen in den Zeitungen. Der Patient verlor die Hoffnung und die Tumore kehrten zurück.

Sein Arzt sagte ihm jedoch, er solle das, was er gelesen hatte, nicht glauben und beteuerte, daß am nächsten Tag eine neue, aufs Beste verfeinerte und doppelt so starke Form von Krebiozen eintreffen sollte. Die optimistische Erwartungshaltung des Patienten war wiederhergestellt, und er erhielt Wasserinjektionen. Die Genesung war sogar noch nachhaltiger als vorher. Er wurde entlassen und war mehr als zwei Monate lang frei von Symptomen.

Diese zweite Heilungsphase dauerte an, bis die Zeitungen eine Erklärung der amerikanischen Ärztegesellschaft veröffentlichten, in der es hieß, daß nationale Tests ergeben hätten, daß Krebiozen nutzlos sei. Innerhalb von wenigen Tagen wurde der Patient wieder ins Krankenhaus aufgenommen und starb weniger als achtundvierzig Stunden später.[11]

In diesem Fall handelte es sich um eine schwere Krankheit. Die Hoffnung des Patienten bewirkte eine Selbstheilung, doch nur solange, wie die Hoffnung durch die Medien und seine Ärzte verstärkt wurde. Die Behandlung war im Grunde eine Placebo-Behandlung. Die Krankenhausumgebung und der Arzt unterstützten den Patienten, doch die Außenwelt – in Form von Medienberichten – zerstörte seine Hoffnungen. Manchmal glaubt der Patient eher an einen Heiler als an eine Behandlung oder ein Medikament; und manchmal glaubt der Patient an Gott, doch kann seine Einstellung auf jeden Fall eine entscheidende Rolle für den Erfolg einer Behandlung spielen.

Ein weiteres Beispiel findet man in der siebenjährigen Studie von Carlos A. Leon, einem kolumbianischen Psychiater, über Personen, die behaupteten, von bösen Geistern besessen zu sein. Er befragte alle Opfer und ihre Familien, führte psychologische Tests durch und zeichnete ihre Hirnwellen auf. Leon diagnostizierte fünf Fälle von Hysterie, vier Fälle von Epilepsie, zwei von chronischer Ängstlichkeit und einen Fall von Schizophrenie.

Die Opfer behaupteten, daß sie von den Geistern geschlagen, gebissen, gekratzt, gestochen, gepeitscht und sexuell mißbraucht worden waren. Zudem hätten die Geister Möbel kaputt gemacht, Haushaltsgegenstände verbrannt, Steine geworfen und Geschirr durchs Zimmer geschleudert. Sie hätten an Wände geklopft, Nahrung verschüttet, Kleider beschmutzt, Dinge gestohlen, kultische Gegenstände zerstört und Gott verflucht. Einige Opfer behaupteten, daß ihr Zimmer eiskalt würde, wenn sie besessen waren, und daß sie Leute gesehen hatten, die sich vom Boden abhoben.

Leon folgerte, daß die bösen Geister zum Sündenbock für die destruktiven und aggressiven Impulse der betreffenden Person geworden waren. Mit anderen Worten, die bösen Geister stellten die unbewußten sekundären Persönlichkeiten einer Person dar, die Feindseligkeit nicht direkt äußern konnte. Leon wies darauf hin, daß Berichte von Levitation und fliegenden Gegenständen «nichts als die eingebildete Folge einer Bewußtseinsspaltung gepaart mit Gruppenpsychologie» oder der von Parapsychologen untersuchten «psychischen Kraft» sein konnten. Auf jeden Fall blieb der von römisch-katholischen Priestern durchgeführte Exorzismus erfolglos, doch konnten in acht von zwölf Fällen die Spiritisten die störende Wesenheit vertreiben. Ein böser Geist bemerkte, daß die Priester lateinisch gesprochen hätten, was er nicht verstand; daß der spiritistische Heiler jedoch in seiner eigenen Sprache mit ihm geredet habe.[12]

In dieser Studie zeigte sich Besessenheit ganz offensichtlich nicht im luftleeren Raum; die familiären und sozialen Faktoren bestimmten die Tendenz und die Form der vom Opfer ausgehenden Feindseligkeit. Man hat zwar mit römisch-katholischem oder protestantischem Exorzismus schon Erfolg gehabt, doch paßte er in diesen Fällen nicht zu der Weltanschauung der betreffenden Personen. Auch wenn die Opfer von bösen Geistern statt von sekundären Persönlichkeiten gequält wurden, würde die gleiche Erklärung gelten; möglicherweise waren die spiritistischen Heiler erfahrener in der Beendigung von Besessenheitszuständen als die Priester.

Forschung mit Schamanen und Medien

Als der Jungsche Psychoanalytiker Ira Progoff die Kontrollgeister von Eileen Garret befragte, fiel ihm ihre männliche Identität auf. Er folgerte, daß E. Garrets Ziel – d.h., ihre medialen Fähigkeiten zu vervollkommnen – in einer von Männern beherrschten Welt einen starken und aktiven Charakter erforderte. Um diesen Konflikt zu lösen, so meinte er, «brachte sie diese notwendige Anordnung mit außergewöhnlicher Fingigkeit zuwege». E. Garrett selbst schwankte zwischen der Auffassung, daß ihre Stimmen ihre eigenen sekundären Persönlichkeiten seien, und der, daß sie Kontrollgeister aus der Geisterwelt seien. Vom psychologischen Standpunkt her gesehen, spielt es keine große Rolle, weil sie dem Zweck der Persönlichkeitsintegration dienten. Zudem lieferten sie ihr Informationen, die sie in ihren normalen Bewußtseinszustand nicht kannte, Informationen, die ihre Patienten nützlich fanden.[13]

Diese Art von Forschung sollte mit anderen Medien und Schamanen durchgeführt werden. Larry G. Peters und Douglas Price-Williams halten den «magischen Flug» des Schamanen und die Inkorporierung oder das Besessensein bei Medien für äußerst psychotherapeutisch. Ihrer Auffassung nach scheint das gemeinsame Element das Abreagieren zu sein – d.h. die therapeutische Entladung emotionaler Spannung. Sie weisen auf die Ähnlichkeit vom magischen Flug mit psychotherapeutischen Methoden, wie der geführten Meditation, «Tagträumen» und dem Beschwören geistiger Bilder hin. Jede dieser Methoden kann mit beträchtlichen emotionalen Reaktionen einhergehen. Das Inkorporieren von Geistern, so Peters und Price-Williams, ähnelt der «tiefen Hypnose», dem Psychodrama und bestimmten Arten von kreativen Zuständen. In all diesen Fällen kann das Wachbewußtsein oder die «Luzidität» verlorengehen und emotionaler Stoff aus dem Unbewußten auftauchen.[14]

Die Anthropologin Ruth-Inge Heinze bemerkt, daß «der grundsätzliche Unterschied zwischen Schamanen und Medien zu sein scheint... daß Schamanen in der Lage sind, sich auf einen magischen Flug zu begeben und währenddessen die Handelnden zu bleiben, während Medien von Geistern besessen werden, die menschliche Körper benutzen, durch die sie wirken können. Das bedeutet, die Persönlichkeit des Mediums wird gelöscht, wenn ein Geist in seinen Körper eindringt.»[15]

Von Anthropologen wird geschätzt, daß es heute mindestens viertausend Gesellschaften gibt; etwa neunzig Prozent von ihnen haben mindestens eine Art von Verfahren zur systematischen Pflege bestimmter veränderter Bewußtseinszustände. Einer der Hauptzwecke ist der Eintritt in eine heilige Welt geistiger Realitäten, die der normalen Alltagswelt zugrundeliegen oder sie durchdringen.[16]

Neue Untersuchungen sind nötig, um die Phänomene zu verstehen, mit denen sich Schamanen und Medien beschäftigen. Dabei sollte man sich auf die Feldforschung, insbesondere auf die Ältesten eines Stammes oder einer Gesellschaftsgruppe konzentrieren, da sie den alten reinen Bräuchen, die das untersuchte Wissensgut repräsentieren, am nächsten sind. Die Wissenschaftler, die diese Studien durchführen, benötigen eine traditionelle Ausbildung in anthropologischen, soziologischen, psychologischen, parapsychologischen und medizinischen Techniken. Auch sie benötigen eine Schulung in veränderten Bewußtseinszuständen, damit sie bei ihren Feldstudien nicht nur zuschauen, sondern auch teilnehmen können.

Gleichzeitig sollten eine ausgewählte Anzahl Schamanen und Medien in Methoden der Selbstaufnahme und Selbst-Berichterstattung ausgebildet werden, damit sie Daten liefern können, während die Erfahrung noch frisch ist. Wenn die Wissenschaftler warten, bis es günstig ist, sie zu interviewen, kann ein Teil der Erfahrung bereits vergessen oder entstellt worden sein. Die geschulten Schamanen und Medien könnten auch helfen, andere Menschen mit besonderen Fähigkeiten zu identifizieren und zu erforschen, sogar wenn es sich um verschiedene Kulturen handelt. Dieses «Austausch-Programm» wurde während der Konferenz von 1982 in den Österreichischen Alpen, an der Heiler aus vier Kontinenten sich trafen und zusammenarbeiteten (Alpacher Konferenz über Heilen und Schamanismus), angekündigt.

Das interdisziplinäre Team von Wissenschaftlern, Ärzten und eingeborenen Heilern könnte auch, je nach Bedarf, andere

Spezialisten einbeziehen. Botaniker könnten Kräuterheilmittel untersuchen, Zauberer könnten den Parapsychologen bei der Beobachtung scheinbar «psychischer Kräfte» helfen, Ingenieure könnten parapsychologische Überwachungsgeräte entwerfen, um Hirnströme und andere Körperreaktionen zu messen.

Sobald man einige Daten gesammelt hat, müßten sie übersetzt und analysiert werden. Man könnte das entsprechende Wissen zum praktischen Gebrauch, wie etwa zur Ausbildung von Erziehern, Psychotherapeuten und Krankenschwestern, heranziehen, so daß diese Techniken sowohl in westlichen wie in eingeborenen Gesellschaften angewendet werden könnte. Gegebenenfalls könnte man den Gesellschaften für die von ihnen erhaltenen Informationen landwirtschaftliche und technologische Unterstützung gewähren.[17]

Die Einbeziehung verschiedener Heilungssysteme

In mehreren puertorikanischen Gemeindezentren für geistige Gesundheit hat man mit Erfolg ein Projekt gefördert, mit dem westliche Psychotherapie in das eingeborene System eingegliedert werden soll. Die Schriften Allan Kardecs gelangten über Spanien, wo sie positiv auf eine Gruppe von Freidenkern und Intellektuellen gewirkt hatten, nach Puerto Rico. Dort, wo seine Lehre als *esperitismo* bezeichnet wird, ist das Medium in erster Linie Berater und Heiler. Der *esperitismo* verwandelte und legitimierte die puertorikanischen *curanderos* und *curanderas* des neunzehnten Jahrhunderts, die von medizinischer Seite scharf kritisiert worden waren; man war nämlich der Ansicht, daß die Kontrollgeister die Praktiker zu den richtigen Heilpflanzen führen und den Betroffenen Ratschläge erteilen konnten.

In einem der Zentren für geistige Gesundheit trafen sich spiritistische Heiler und Gesundheitsspezialisten drei Jahre lang zweimal pro Woche. Im Verlauf der ersten wöchentlichen Sitzung wurden Vorträge von Gesundheitsfachleuten und spiritistischen Heilern gehalten, während bei der nächsten Zusammenkunft Fälle besprochen wurden, d.h., beide Gruppen gaben ihren Kommentar und nannten ihre Daten über bestimmte Patienten, die das Zentrum aufsuchten. Man stellte fest, daß die Spiritisten äußerst motiviert und engagiert waren, und daß die spiritistische Therapie wesentlich emotionaler war. Die von den spiritistischen Heilern praktizierte Therapie bestand aus Ritualen und dem Gebrauch von Kräutern. Die Patienten wurden aufgefordert, sich geistig zu entwickeln; während der Sitzungen konzentrierte man sich häufig auf den Sinn des Lebens und die Verbindung des einzelnen zum Kosmos. Oft holte man die Familie und entfernte Verwandte des Patienten hinzu, und die Ratschläge waren kostenlos. Auch die Psychotherapeuten des Zentrums erteilten Ratschläge, doch konzentrierten sie sich mehr auf die praktischen Aspekte. Häufig verschrieben sie Medikamente und bezogen nur selten die Familien des Kranken mit ein.

In einem ungewöhnlichen Fall untersuchten beide Praktiker eine Patientin. Als sie ins Zentrum kam, wurde sie wegen ihrer Depressionen und optischen Halluzinationen medizinisch behandelt. Der Spiritist nahm vier Kollegen zu Hilfe, die acht Geister beschworen. Nach einer Woche wurde sie glücklich und mit der Absicht, ihre Ausbildung als Sekretärin zu beenden, entlassen.

Im Laufe der Therapie brachten einige Teilnehmer ihre Angehörigen den Praktikern des anderen Systems zur Behandlung. In mindestens acht Fällen suchten die Fachleute für geistige Gesundheit selbst Rat bei den Spiritisten. Ein Psychologe konsultierte einen Spiritisten während seines Scheidungsverfahrens und erhielt offenbar Hilfe von seinen Kontrollgeistern, um den Prozeß zu gewinnen. Er heiratet wieder, nachdem er mit Hilfe des Spiritisten die Beziehung verarbeitet hatte. Er erzählte, daß in seinem Falle der *esperitismo* viel wirksamer gewesen war, als die Psychotherapie, der er sich vorher unterzogen hatte.[19]

Im Südwesten Amerikas hat man hie und da den Navajo-Schamanen gestattet, in Krankenhäusern mit indianischen Patienten zu arbeiten. Der Navajo-Schamane erlernt im Laufe mehrerer Lehrjahre zeremonielle Gesänge, von denen es etwa zehn wichtige gibt. Hosteen Klah, der berühmte Zwitterschamane der Navajo-Indianer (1937 gestorben), kannte mehr Gesänge als andere Heiler seiner Zeit. Er brauchte sechsundzwanzig Jahre, um den neuntägigen *Yeibichai*-Gesang zu lernen. Ein Gesang besteht aus Hunderten von Liedern; es gibt Gesänge, die zwei Nächte, fünf Nächte und neun Nächte dauern. Die Gesänge werden von verschiedenen Reinigungsritualen eingeleitet und von Sandmalerei begleitet, die normalerweise den Helden eines Mythos darstellt. Dann legt man den Patienten auf das Sandbild und berührt ihn mit Sand des Bildes an den entsprechenden Stellen seines Körpers. Dann wird der Patient mit Sand gemalt, wobei man die Macht des Bildes auf die betroffene Person überträgt. Nach Vollendung des Rituals wird das Sandbild zerstört und der Patient in die Gemeinschaft zurückgeschickt, transformiert durch die symbolische Identifizierung mit Geistern.

Der Gesang (*chantaway*), ist stark in der Gemeinschaft verankert; große Vorbereitungen sind erforderlich, und es können Hunderte von Zuschauern anwesend sein. Die Kosten des Schamanen sind zwar unterschiedlich, doch meistens ziemlich hoch, ebenso wie die Kosten für die Vorbereitung des Gesangs. Großzügigkeit bei materiellen Angelegenheiten gilt als starkes Zeichen dafür, daß sich die Gemeinschaft um die kranke Person kümmert.[20] Die amerikanische Regierung hat einmal ein Stipendium gewährt, um die Ausbildung von Navajo-Schamanen zu finanzieren, damit die Tradition nicht verlorengeht. In San Francisco erhielt Leslie Gray, eine Navajo-Schamanin, die Doktorwürde in klinischer Psychologie und verband beide Traditionen in ihrer Arbeit.

Die Forschung kann viele praktische Resultate liefern; wichtig ist, zu verstehen, in welcher Weise der Mensch seine körperlichen und geistigen Funktionen willkürlich regulieren kann. Selbstregulierung der Körperfunktionen ist ein wichtiger Aspekt der ganzheitlichen Gesundheit. Allerdings ist diese Vorstellung nicht neu; im alten Sparta sprach man von einem «gesunden Geist in einem gesunden Körper», der Islam kennt die «ethische Zurückhaltung», das Christentum die «Selbstbeherrschung», und der Konfuzianismus die «innere Selbstregulierung». Es hat schon Fälle gegeben, in denen Personen fähig waren, einzelne motorische Einheiten zu steuern: Kreislauf, Schmerzen, Blutdruck, Hirnströme und Pulsschlag können bis zu einem gewissen Grad selbst reguliert werden.[21]

Die Kenntnis des Körpers und der Wechselwirkung zwischen Körper und Geist gehört zwar zur grundsätzlichen Selbstkenntnis, doch wird das an westlichen Schulen nicht gelehrt. Einige Formen der Selbstregulierung erfordern die Beherrschung von Muskel- und Knochenbewegungen, andere die Beherrschung der Vorstellungskraft und der Aufmerksamkeit.

Viele außergewöhnliche Menschen, die wir in diesem Buch beschrieben haben, legen eine weitreichende Selbstregulierung an den Tag. Die Fähigkeit, den bewußten Entscheidungsprozeß aufzugeben, erfordert ein beachtliches Können, besonders wenn die Person dann in der Lage ist, chirurgische Operationen durchzuführen, komplexe Verse zu singen oder sehr schnell technisch überragende Bilder zu malen. Auch die Fähigkeit, Körperfunktionen zu regulieren, ist außergewöhnlich, besonders wenn sie zur Besserung epileptischer Symptome beiträgt, einem ermöglicht, unverletzt durch Feuer zu laufen und die harten Prüfungen schamanischer Initiation zu überstehen.

1984 hielt Rolling Thunder einen Vortrag am Saybrook Institute, jener Universität, an der Stanley Krippner doziert. Er stellte folgende Behauptung auf: «Wir sind nicht zu unserem eigenen Nutzen in diesem Leben, sondern um uns gegenseitig zu helfen.» Viele indianische Praktiker Amerikas können dank ihrer Heilkraft dieses Ideal und diese Vision verwirklichen. Er bemerkte auch, daß sie sich in diese Heilungszustände begeben, wenn «wir trommeln und tanzen». Diese treffende Metapher kann uns allen den Weg zeigen, wenn wir uns auf den Tanz des Lebens einlassen und uns in unserem Tun stets vom Rhythmus des Kosmos leiten lassen.

Anmerkungen

ANMERKUNGEN

Kapitel 1:

1 Roll, William, *The Changing Perspective on Life After Death*, in: Advances in Parapsychological Research, Bd. 3, Stanley Krippner Hrsg., New York, Plenum Press, 1983.

2 Ibid.

3 Jung, C. G., «*A Review of the Complex Theory*», in: Gesammelte Werke, Bd. 8.

4 Jung, C. G., *Erinnerungen, Träume, Gedanken*, Jaffé, A. (Hrsg.), Zürich 1962.

5 Manning, Matthew, *The Link*, Gerrards, Cross, London 1974.

6 Krippner, Stanley, *Human Possibilities*, Garden City, New York, Anchor Books 1980.

7 Allison, Ralph, mit Schwarz, Ted, *Minds in Many Pieces*, New York, Rawon, Wade 1980.

8 Ibid., S. 183.

9 Ibid., S. 184.

Kapitel 2:

1 Fuller, J.G. Arigo, *Surgeon of the Rusty Knife,* New York, Crowell, 1974.

2 Kluft, R.P., *Hypnotherapeutic Crisis Intervention in Multiple Personality,* American Journal of Clinical Hypnosis, 1983, 26, 73–83.

Kapitel 3:

1 Die westliche Medizin betrachtet Epilepsie als eine Störung des Zentralnervensystems verbunden mit einer abnormalen elektrischen Tätigkeit des Gehirns. Symptome sind u.a. Anfälle, kurze Episoden von Verwirrung, Perioden von Bewußtlosigkeit und ungewöhnliche Sinneswahrnehmungen – alles wird größer oder kleiner, heller oder dunkler, lauter oder leiser. Ärzte vertreten den Standpunkt, daß alles, was die Nervenzellen im Gehirn schädigt, Epilepsie verursachen kann; daneben gelten manche Fälle als erblich und etwa zehn Prozent sind unbekannten Ursprungs. Epilepsie kann normalerweise mit Antiepileptika erfolgreich behandelt werden, doch treten häufig unangenehme Nebenwirkungen auf. Chi-

rurgische Eingriffe sind in manchen Fällen erfolgreich, doch hat der Alterungsprozeß die beste heilende Wirkung; fünfundsiebzig Prozent der Fälle lösen sich zehn Jahre nach Beginn der Erkrankung. (vgl.) Strudler, L.A. & Perlman, L.G. (Hrsg.), *Basic Statistics on the Epilepsies.* Philadelphia, F.A. Davis, 1975.

Kapitel 5:

1 Vilenskaya, Larissa, *Firewalking,* Psi Research, 1984, 3 (2), 102–118.

2 Vilenskaya, Larissa, An Eyewitness Report: *Firewalking in Portland,* Oregon. Psi Research, 1983, 2 (4), 85–98.

3 Ibid.

4 Benson, Herbert, *Beyond the Relaxation Response,* New York: Times Books, 1984.

5 Miller, Don, *It's More Than Just Playing with Fire,* Santa Cruz Sentinel, 1984.

Kapitel 12

1 Boyd, D. *Rolling Thunder,* Erfahrungen m. e. Schamanen d. neuen Indianerbewegung, Trikont, 1978, New York: Random House, 1974.

2 Wasson, R.G., *The Wondrous Mushroom: Mycolatry in Mesoamerica.* New York: McGraw-Hill, 1980.

3 Halifax, J. (ed.), *Shamanic Voices: A Survey of Visionary Narratives.* New York: E.P. Dutton, 1979. *Die andere Wirklichkeit der Schamanen,* Barth, 1981.

4 Estrada, A., *Maria Sabína: Her Life and Chants.* Santa Barbara, California: Ross-Erickson, 1981. Marta Sabína: *Botin der hl. Pilze,* Trikont, 1980.

5 Furst, P. *Hallucinogens and Culture.* San Francisco: Chandler & Sharp, 1976.

6 Eliade, M., *Schamanismus und archaische Ekstasetechnik,* Rascher, 1957. *Shamanism: Archaic Techniques of Ecstasy.* New York: Pantheon Books, 1964.

7 Hall, E.T., *The Dance of Life: The Other Dimension of Time.* Garden City, New York: Anchor Press, 1984.

8 Campbell, J., *The Masks of God: Creative Mythology.* New York: Viking Press, 1968.

9 Winkelman, M., *A Cross-Cultural Study of Magico-Religious Practicioners.* Doctoral dissertation, School of Social Sciences, University of California, Irvine, California, U.S.

10 Estrada, siehe 4.

11 Siegler, M., & Osmond, H., *Models of Madness, Models of Medicine.* New York: Macmillan, 1974.

12 Ibid.

13 Bahr, D.M., Gregorio, J., Lopez, D.I., & Alvarez, A., *Piman Shamanism and Staying Sickness*. Tucson, Arizona: University of Arizona Press, 1974.

14 Vithoulkas, G., *Homeopathy: Medicine of the New Man*. New York: Avon, 1972.

15 Gibson, R.G., Gibson, S.L.M., MacNeill, A.D., & Buchanan, W.W., «*Homeopathic Therapy in Rheumatoid Arthritis:* Evaluation by Double-Blind Clinical Therapeutic Trial.»

16 Frank, J.D., *Persuasion and Healing*. Rev.ed. Baltimore: Johns Hopkins University Press, 1974. *Die Heiler,* Klett-Cotta, 1981.

Kapitel 13

1 McGregor, P., *The Moon and Two Mountains*. London: Souvenir Press, 1962.

2 Haskins, J., *Voodoo and Hoodoo,* New York: Stein & Day, 1978.

3 Deren, M., *Divine Horsemen: The Voodoo Gods of Haiti*. New York: Delta, 1970.

4 Wallis, C., «*Zombies: Do They Exist?*» Time, October 17, 1983.

5 American Psychiatric Association. *Diagnostic and Statistical Manual of Mental Disorders*. 3rd ed., Washington, D.C.: American Psychiatric Association, 1980, p. 182.

6 Ibid.

7 American Psychiatric Association, p. 183.

8 Halifax, J., siehe 12/3.

9 Noll, R., «*Shamanism and Schizophrenia: A State-specific Approach to the ‹Schizophrenia Metaphor› of Shamanic States.» American Ethnologist, 1983, 10, 443–459.*

10 *Kleinman, J.E., Gillin, J.C., & Wyatt, R.J., A Comparison of the Phenomonology of Hallucinogens and Schizophrenia from Autobiographical Accounts*. Schizophrenia Bulletin, 1977, 3, 560–586.

11 Noll, R., siehe 9.

12 Boyer, L.B., Klopfer, B., Brawer, F.B., & Kawai, H., *Comparisons of the Shamans and Pseudo-Shamans of the Apaches of the Mescalero Indian Reservation: A Rorschach Study.* Journal of Projective Techniques, 1964, 28, 173–180.

13 Progoff, I., *Image of an Oracle*. New York: Garrett Press 1964.

14 Kampman, R., *Hypnotically Induced Multiple Personality: An Experimental Study.* International Journal of Clinical and Experimental Hypnosis, 1976, 24, 215–217.

15 Peters, L.G., & Price-Williams, D., *Towards an Experimental Analysis of Shamanism*. American Ethnologist, 1980, 7, 397–418.

[16] Neher, A., «Auditory Driving Observed with Scalp Electrodes in Normal Subjects.» EEG and Clinical Neurophysiology, 1961, 13, 499–451. Neher, A., «A Physiological Explanation of Unusual Behavior in Ceremonies Involving Drums.» Human Biology, 1962, 34, 151–160. Prince, R., «Can the EEG be Used in the Study of Possession States?» In R. Prince (Ed.) Trance and Possession States (pp. 121–137). Montreal: McGill University, 1968.

[17] Jilek, W.G., *Indian Healing: Shamanic Ceremonialism in the Pacific Northwest Today.* Surrey, British Columbia: Hancock House, 1982.

[18] Jilek, W.G., *Altered States of Consciousness in North American Indian Ceremonials.* Ethos, 1982, 19, 326–343.

[19] Rogers, S.L., *The Shaman: His Symbols and His Healing Power.* Springfield, Illinois: Charles C. Thomas, 1982.

[20] Krippner, S., & Hooper, J., *Shamanism and Dreams.* Dreamnetwork Bulletin, March-April, 1984, pp. 14–17.

Kapitel 14

[1] Lowie, R., *Primitive Religion*, New York: Grosset & Dunlap, 1952.

[2] Moerman, D.E., *American Medical Ethnobotany: A Reference Dictionary.* New York: Garland, 1977.

[3] Torrey, E.F., *The Mind Game: Witch Doctors and Psychiatrists.* New York: Bantam Books, 1973.

[4] Levy, R.I., *Tahitian Folk Psychotherapy.* International Mental Health Research Newsletter, 1967, 9 (4), 1215.

[5] Rogers, C.R., *The Necessary and Sufficient Conditions of Therapeutic Personality Change.* Journal of Consulting Psychology, 1957, 21, 95–103.

[6] Freud, S., *Collected Papers,* Vol.I., 2nd Ed., London: Hogarth Press, 1940.

[7] Torrey, E.F., siehe [3].

[11] Shapiro, D., *Psychological Aspects of Medication,* L.L. Leif, (ed.) The Psychological Basis of Medical Practice. New York: Harper & Row, 1963.

[12] Leon, C.A., *El Duende and Other Incubi.* Archives of General Psychiatry, 1975, 32, 155–162.

[13] Progroff, I., *The Image of an Oracle,* New York: Garret Press, 1964.

[14] Peters, L.G., & Price-Williams, D., *A Phenomenological Overview of Trance.* Transcultural Psychiatric Research Review, 1983, 20, 5–39.

[15] Heinze, R.I., *Shamans or Mediums: Toward a Definition of Different States of Consciousness.* Phoenix: Journal of Transpersonal Anthropology, 6, 25–44.

[16] Bourguignon, E., *World Distribution and Patterns of Possession States*. In R. Prince (Ed), Trance and Possession States. Montreal: R.M. Bucke Memorial Society, 1968.

[17] Harner, M., *The Way of the Shaman,* New York: Harper & Row, 1980 *Der Weg des Schamanen,* Ansata, 1982.

[19] Koss, J.D., *The Therapist-Spiritist Training Project in Puerto Rico: An Experiment to Relate the Traditional Healing System to the Public Health System*. Social Science and Medicine, 1980, 14, 255–266.

[20] Sandner, D., *Navaho Symbols of Healing*. New York: Harcourt, Brace, Jovanivich, 1979.

[21] Walsh, R., & Shapiro, D.H., (eds.) *Beyond Health and Normality.* New York: Van Nostrand Reinhold, 1983.